Pascale Hugues

Marthe und Mathilde

Eine Familie zwischen Frankreich und Deutschland

Deutsch von Lis Künzli

Rowohlt Taschenbuch Verlag

Die Arbeit der Übersetzerin am vorliegenden Text wurde vom
Deutschen Übersetzerfonds gefördert.

Sonderausgabe Oktober 2012

Veröffentlicht im Rowohlt Taschenbuch Verlag,
Reinbek bei Hamburg, Oktober 2012

Lektorat Frank Wegner
Umschlaggestaltung ZERO Werbeagentur, München,
nach einem Entwurf von any.way, Hamburg
(Abbildung: privat)
Satz Arno Pro OTF (InDesign)
Gesamtherstellung CPI – Clausen & Bosse, Leck
Printed in Germany
ISBN 978 3 499 62983 9

«O may she live like some green laurel
rooted in one dear perpetual place»
W. B. Yeats

Für meine Großmütter Marthe
(20. 9. 1902–29. 9. 2001)
und Mathilde
(20. 2. 1902–7. 12. 2001)

Und für ihre deutsch-französischen Urenkel
Kaspar und Taddeo

Inhalt

Marthe und Mathilde

Meine Großmütter hießen Marthe und Mathilde. Ihre Vornamen begannen mit denselben Buchstaben. Sie sind im selben Jahr, 1902, geboren. Mathilde am 20. Februar, Marthe am 20. September. Sie sind beide im Jahr 2001 gestorben. Mit ein paar Wochen Abstand, ganz am Anfang des neuen Jahrhunderts, kurz vor ihrem hundertsten Geburtstag.

Marthe und Mathilde haben das zwanzigste Jahrhundert Seite an Seite durchwandert. Sie waren Freundinnen, seit sie sechs waren. Auf den Stufen einer Vortreppe, die am Vogesenwall 6 im Viertel Saint Joseph hinter dem Bahnhof von Colmar zu einem winzigen Garten hinunterführt, sind sie sich zum ersten Mal begegnet. Mathilde war in einem barocken Gebäude der Glacisstraße in der pfälzischen Kleinstadt Landau zur Welt gekommen. Von ihrer frühen Kindheit behielt sie als einzige Erinnerung ein Foto ihres weißen Babykörpers auf einem Lammfell. Karl Georg Goerke, ihr Vater, Champagner- und Kaffeevertreter, war – wie viele Deutsche – ins reiche Elsass emigriert, das 1871 durch den Frieden von Frankfurt dem Reich angegliedert wurde. Er hoffte, im neuen Reichsland Elsass-Lothringen, der rheinländischen Handelsdrehscheibe, zu Vermögen zu kommen. 1906 ließ er sich mit Adèle van Cappellen, seiner belgischen Frau, und den beiden Töchtern Georgette und Mathilde in Colmar nieder. Zwei Jahre später mietete die Familie Goerke die Wohnung im zweiten Stock am Vogesenwall 6. Im Erdgeschoss wohnten Henri und Augustine Réling, die Elsässer Eigentümer des Gebäudes, mit ihren Töchtern Alice und Marthe.

Es war noch mild an jenem Tag. Der wilde Wein kletterte mit seinen rot gefärbten Blättern über das schmiedeeiserne Geländer. Die drei belaubten Stauden brachten etwas Anarchie unter die Geranientöpfe, die sich in militärischer Reihe der Mauer entlangzogen. Marthe kam näher. Streckte Mathilde eine Handvoll Karamellbonbons entgegen. Die Tochter des Elsässer Eigentümers und die Tochter des neuen deutschen Mieters begannen miteinander zu spielen. Das ist das erste Foto von Marthe und Mathilde: Sie sitzen mit ihren Puppen im Gärtchen am Boden. Zwei kleine Mädchen in weißen Rüschenschürzen. Marthe ist braunhaarig. Mathilde ist blond. Ein paar Tage später werden die Kleinen Kaiser Wilhelm über den Champ de Mars defilieren sehen.

Marthe und Mathilde verbrachten ihr ganzes Leben in Colmar. Ihre Kinder, mein Vater und meine Mutter, heirateten einander. Beide sind in den Wirren des Börsenkrachs von 1929 geboren. Mit sechzehn Tagen Abstand. Meine Mutter, die Tochter Mathildes, am 8. Dezember. Mein Vater, der Sohn Marthes, am 24. Dezember. Die Hochzeit ihrer Kinder schmiedete das Schicksal meiner Großmütter auf Gedeih und Verderb aneinander. Ihre Enkel, mein Bruder und ich, verbrachten sämtliche Ferien bei den «Kamaradle», wie wir die beiden nannten. Mein Bruder wohnte bei Mathilde, die zwei Mädchen hatte und sich immer einen Jungen wünschte. Ich wohnte bei Marthe, die zwei Jungen hatte und immer von einem Mädchen träumte. Beide hatten wenige Monate nacheinander ihr zweites Kind im Erwachsenenalter verloren. Schweigend teilten sie diesen irreparablen Schmerz bis an ihr Lebensende.

Diese Zufälle sind frappierend. Die Übereinstimmungen verblüffend. Die Ähnlichkeiten verwirrend. Man hätte die beiden Großmütter austauschen können, wären nicht ihre Charaktere so unterschiedlich gewesen. Mathilde war «launisch». Marthe «stets sich selbst treu». Mit diesen Formeln beschrieben meine Eltern ihre jeweiligen Mütter. «Wenn es nicht deine Großmutter wäre», begehrte Marthe hin und wieder vor mir auf, «dann wären wir schon längst zerstritten. Diese Mathilde hat aber auch einen schlechten Charakter!» Marthe jedoch steckte die Gemeinheiten weg. «Ich bin nicht nachtragend, ich kann schon was verkraften. Aber wenn ich etwas nicht verknusen kann, dann, wenn man mir schmollt!» Und wenn Mathilde auf Deutsch ihr Verdikt aussprach: «*Ein Licht ist ausgegangen!*[1]», dann begann Marthes Leidensweg. Drei Tage lang schmollte Mathilde. Starrte in die Ferne, antwortete mit einem finsteren Murren auf die versöhnlichen Fragen, die Marthe nur zaghaft zu stellen wagte. Mathildes Mund zog sich in einer verächtlichen Kurve nach unten, und Marthe war verzweifelt. «Sie hat den ‹*Weltschmerz*›, deine Großmutter», flüsterte mir Marthe zu und hob die Augen zum Himmel. Dieser imposante deutsche Ausdruck allein vermochte die unermessliche Qual zu fassen, die Mathilde ergriffen hatte. Marthe betrachtete Mathildes bockiges Gesicht, ihre schwere Stirn. Der

1 Kursive Stellen weisen darauf hin, dass der Text im Original Deutsch ist. Auch einzelne elsässische Formulierungen und Wörter wurden kursiviert. (A. d. Ü.)

Nachmittag war verdorben. Und dann, nach drei Tagen, fing Mathilde auf einmal ohne ersichtlichen Grund wieder zu reden an. «*Na Marthele, was esch?*», fragte sie, die Arglosigkeit in Person. Marthe verzieh ihr auf der Stelle, und das Leben nahm wieder seinen Lauf.

«Die Liebe zanket nicht,
Die Liebe streitet nicht,
Die Liebe wanket nicht,
Die Liebe weichet nicht.
Meiner lieben Tilde
Zur steten Erinnerung von ihrer Marthe»,

schreibt Marthe am 14. Februar 1916 in Mathildes Poesiealbum. Marthe hat ihr Versprechen der ewigen Liebe gehalten. Weder Mathildes Schmollereien noch die Erschütterungen der elsässischen Geschichte konnten diese lange Freundschaft ins Wanken bringen. Marthes und Mathildes Fotoalben sind beinahe austauschbar. Auf den kartonierten Seiten sind dieselben Erinnerungen, dieselben Personen anzutreffen. Die Treppe unter dem Vordach in Marthes Haus dient den Familienfotos als Dekor. Der Reihe nach sind die Hauptakteure aus Marthes und Mathildes Leben da, schauen in allen möglichen Zusammenstellungen und in jedem möglichen Alter ins Objektiv. Ihre Väter: Henri Réling und Karl Georg Goerke in ein Gespräch unter Männern vertieft. Ihre Mütter: Augustine Réling und Adèle Goerke Arm in Arm. Ihre Schwestern: Alice mit ihrer Gießkanne und Georgette mit ihrer Zeitung. Ihre Kinder: meine frisch vermählten Eltern. Als sich ihre Enkelkinder auf den Treppenstufen in Pose setzen, ist das Glasdach durch ein Wellblech ersetzt worden. Die Zeit ist so schnell vergangen.

Die Lebenslinien von Marthe und Mathilde verlaufen parallel nebeneinanderher. Als hätte ein perfektionistischer Geometer ihre Schicksale nach den Gesetzen der Symmetrie zu beiden Seiten einer unsichtbaren Achse gezogen. Nur kurz, während der fünf Jahre des Zweiten Weltkriegs, trennen sie sich. Marthe, die Witwe eines französischen Offiziers, eines Verdun-Veteranen, durfte das 1940 wieder deutsch gewordene Elsass nicht mehr betreten. Als «franzosenfreundlich» und «unerwünscht» eingestuft, war sie gezwungen, den Krieg im besetzten Frankreich, in Tours, zu verbringen. Mathilde, die mit einem Elsässer verheiratet war, der im Ersten Weltkrieg dem Deutschen Reich in Flandern gedient hatte, blieb in Colmar im angeschlossenen Elsass. Nach der Befreiung treffen sich ihre Leben wieder, um von neuem gemeinsame Wege zu gehen.

Als Marthe 1945 mit ihren beiden Söhnen ins Elsass zurückkehrt, kommen alle Nachbarn auf die Straße. Der schwarze Citroën gleitet über den Boulevard und hält vor dem elterlichen Haus. Als Erstes steigen die Jungen aus. Sie tragen graue Pelerinen, die Socken bis zu den Knien hochgezogen. Sie sind sechzehn und vierzehn Jahre alt. Augustine und Henri Réling rennen aus dem Haus, um sie in die Arme zu schließen. Fünf Jahre haben sie ihre Enkelsöhne nicht mehr gesehen. Die Nachricht von Marthes Heimkehr hat sich in der Stadt rasch herumgesprochen. Lange hat Mathilde auf die «Heimkehrer» gewartet. Sie lässt alles stehen und liegen und läuft zu ihrer Freundin. Ab jetzt sehen sich die Kamaradle wieder jeden Tag. Stundenlang erzählen sich Marthe und Mathilde vom Krieg, von ihren Kindern, ihren Ehemännern, von dieser ganzen Zeit, die sie getrennt voneinander verbracht haben. Sie schwören einander, sich nie mehr aus den Augen zu verlieren.

Die Sonntagsausflüge in die Berge werden wieder aufgenommen. Ein Foto zeigt Marthe und Mathilde, die mit ihren vier Kindern im Wald auf einer Decke liegen. Es ist ihr erstes Picknick nach dem Krieg. Marthe hat die Rundungen einer jungen Frau verloren. Zum ersten Mal wagt sie es, einen gepunkteten Foulard über ihr Trauerkleid zu legen. Ihr Mann ist vor sieben Jahren gestorben. Im Schatten ihrer Mütter beäugen sich die Söhne Marthes und die Töchter Mathildes. Nach bestandenem Abitur lädt Pierre, Marthes ältester Sohn, Yvette, Mathildes zweite Tochter, auf ein Glas Limonade in der Stadt ein. Von diesem Tag an haben sich meine Eltern nie mehr getrennt.

Bis an ihr Lebensende telefonierten Marthe und Mathilde täglich miteinander, um sich über die kleinen Ereignisse des Tages auszutauschen: Die Schneiderin geht nächstes Jahr in Rente, der Doktor hat neue Tabletten verschrieben, in der Rue des Clefs ist eine Baustelle, und beim Gemüsehändler sind frische Schwarzwurzeln eingetroffen. Marthe und Mathilde sahen am Ende aus wie ein Gespann zweier untrennbarer Gäule, die sich, vom Alter gebeugt, aneinanderklammern, um nicht zu stolpern, wenn sie durch die Stadt spazieren. «Zwei alte Ziegen wie uns reißt man nicht mehr auseinander!», verkündete Marthe eines Morgens mit ihrer lauten Stimme, als Mathilde mal wieder ihre Launen hatte.

Bei Mathildes Beerdigung verwechselten die Leute vom Bestattungsinstitut, die wenige Wochen vorher Marthe zu Grabe getragen hatten, ihre Vornamen auf dem Sargschild. Mathilde war zu Marthe geworden. Ich war kein bisschen geschockt. Der Fehler kam mir ganz natürlich vor. Er bestätigte die Symbiose meiner Großmütter, die es geschafft haben, sogar ihren jeweiligen Abgang aufeinander abzustimmen.

Ein paar Tage später schickte eine Jugendfreundin ihr Beileidschreiben: «Ich habe heute vom Hinscheiden Ihrer zweiten Großmutter Mathilde erfahren. Ich glaube, Marthe ist sie holen gekommen, sie waren so große Freundinnen, sie haben diese Trennung nicht ertragen. Ich wünsche den beiden von Herzen, dass sie sich wiedergefunden haben … falls man sich da oben wiederfindet.»

Der hübsche Tod

Der Doktor hat keine Ahnung, woran wir mal sterben könnten!», sagten Marthe und Mathilde. Mit dieser Imponiergebärde hatten sie dem Tod den Kampf angesagt. Die Jahre zogen vorüber. Die Kamaradle hielten sich wacker. Mit fünfundachtzig fuhr Mathilde mit dem Rad einkaufen und besuchte einen Gymnastikkurs. Marthe zog jeden Morgen zu Fuß los, um am anderen Ende der Stadt ihre Baguette zu holen. Eine völlig überflüssige Tour, die sie sich nur verschrieb, um die Beweglichkeit ihrer Beine zu erproben. Mit fünfundneunzig war Mathilde älteste Benutzerin der städtischen Bibliothek, während Marthe seelenruhig das Gedächtnis verlor. Ihre Erinnerungen zerbröselten. Ihr Leben zerfranste. Auf dem Teppich fanden sich Aschespuren und im Backofen verkohlte Töpfe. Den Haushaltshilfen, die wir ihr aufzudrängen versuchten, knallte sie die Tür vor der Nase zu. Meine Großmütter waren die letzten Überbleibsel einer Epoche. Ihre Geschichte hatte keine Zeugen mehr. Ihre Freundinnen waren eine nach der anderen gestorben, genauso wie die Nachbarinnen, die Schneiderin und ihr alter Zahnarzt. Die Leinwandgrößen, die Chanson-Stars, die Fernseh-Moderatoren und Staatspräsidenten haben die Bühne vor ihnen verlassen. Sie hatten das Gefühl, man habe sie vergessen. Und wenn eine der beiden sterben sollte, kam es nicht in Frage, dass die andere ganz allein zurückblieb, am Rande des zu Ende gehenden Jahrhunderts. Sie wollten zusammen gehen.

Mathilde hatte ihre beiden Töchter im Krankenhaus zur Welt gebracht. Sie war modern. Sie wollte nicht zu Hause entbinden. *«Eine einzige Krankheit hat mir das Leben zur Hölle gemacht!»*, verkündete Marthe jedes Jahr zu Weihnachten. Die Inszenierung stand fest. Marthe nahm eine dramatische Pose ein. Straffte sich in ihren kleinen marineblauen Stöckelpumps, die sie sich anlässlich der Hochzeit meiner Eltern am 29. Dezember 1956 gekauft hatte und bis zu ihrem Tod jedes Jahr zu Weihnachen trug. Wir saßen im Kreis um sie herum. Warteten auf eine schreckliche Enthüllung. Gleich wird Marthe uns über eine Erbkrankheit aufklären, über einen unheilbaren genetischen Fehler, den sie uns zur Schonung immer verschwiegen hatte. *«Verstopfung!»*, warf sie in die Runde, ihrer Wirkung sicher.

Sie hatte, sagte sie, ein Mittel, das sie vor allen Krankheiten schützte. Jeden Abend vor dem Schlafengehen nahm Marthe eine Tasse Lindenblütentee und eine halbe Aspirintablette zu sich. Als Kind habe ich die Tablette mit dem kleinen Finger im Löffel umgerührt, bis sie sich aufgelöst hatte. Dann stürzte Marthe den weißen Cocktail wie ein stärkendes Schnäpschen in einem Zug hinunter. Vom Ende des Boulevards, von der anderen Seite der Eisenbahnbrücke, war Bremsenquietschen zu hören. Die feierliche Stimme des Bahnhofsvorstehers kündigte die Ankunft des Zuges aus Ventimiglia an. Zu später Nacht legte Marthe am Küchentisch ihre Patience. Saß ganz allein unter der Vierzig-Watt-Birne an der Decke und entschlüsselte das Schicksal jedes einzelnen Familienmitglieds. Prüfungen, Führerscheine, Arbeitsverträge, Scheidungen, Krankheiten und Schwangerschaften … Marthe wollte den Zufall unter Kontrolle bringen. Nachts steuerte sie das Geschick ihrer Sippschaft. «Ach, so ein Mist aber auch! Besser, man weiß nicht, was einen erwartet», verkündete sie, wenn sie sich in eine Sackgasse hineinmanövriert hatte, die nichts Gutes verhieß. Dann sammelte sie ihre Karten schleunigst wieder ein. Ließ das Gummiband um das Päckchen schnellen und legte es zwischen die Kaffeeschalen im Büfett zurück.

Seit dem Tod ihres jüngsten Sohnes glaubte Marthe nicht mehr an die Karten und nicht mehr an Gott. Setzte nie wieder einen Fuß in die Kirche Saint Joseph. Wenn sie mich in den Ferien sonntagmorgens in die Messe schickte, dann nur, damit ich ihr in der Küche nicht im Weg rumstand. Sie hegte einen persönlichen Groll gegen «*den da oben, der mir meinen Sohn genommen hat!*» Ich stellte mir meinen Onkel als Gefangenen des lieben Gottes unter das Himmelsgewölbe gefesselt vor. Als Marthe ihren Sohn verlor, hatte sie begriffen, dass sie das Schicksal nicht besänftigen konnte, indem sie auf dem rot gepunkteten Wachstuch ihrer Küche Kleeblatt-Asse aufdeckte. In die Kirche zu laufen und auf eine Bank niederzuknien half auch nichts. Wenn sie abends in ihrem Bett wie eine Grabfigur auf dem Rücken ausgestreckt lag, strich sie mit ihrer Handfläche das weiße Laken glatt, das sie über die Brust gezogen hatte, und stieß einen langen Seufzer aus. Eine Welle durchlief ihren kleinen energischen Körper. «C'est la vie», seufzte sie, so ist halt das Leben. Mit diesen Worten beschloss sie den Tag. Überließ sich ihrem Schicksal und dem Schlaf. Aus dem anderen Teil des Ehebettes betrachtete ich ihr besänftigtes Profil. Über die geblümte Tapete schwankten die Schatten des Boulevards.

Dass die Großmütter sterben könnten, schien nicht

im Bereich des Möglichen zu liegen. Wir konnten uns ihr Fortsein einfach nicht vorstellen. *«Derf net sterva»*, hatten wir ihnen eingeschärft. Auf Elsässisch schien uns dieser Befehl wirksamer zu sein. Sie hatten lange gewartet, bis sie sich die Erlaubnis gaben, uns zu verlassen. Marthe und Mathilde kokettierten gerne mit ihrer sensationellen Langlebigkeit. «Zwei Kriege und vier Nationalitäten», resümierte Marthe diese stolze Leistung, derer sich einzig eine Elsässerin ihres Alters rühmen konnte: 1902 durch Geburt Deutsche, 1918 Französin, 1940 Deutsche, 1945 Französin. «Das Elsass hat seine Meister gewechselt wie ein leichtes Mädchen die Betten!», kommentierte Marthe diesen Wankelmut. Sie missbilligte solche Grenzgeplänkel. Am Ende, als ihre Erinnerungen zu verschwimmen begannen, kam sie überhaupt nicht mehr zurecht damit. Sie wusste nur, dass sie kein Glück gehabt hatte. «Etwas habe ich wirklich gut hingekriegt: immer auf der Seite, wo es nichts zwischen die Zähne gab!» Marthe hatte sich den Abiturientenjargon ihrer Söhne zu eigen gemacht. «Ach, was habe ich bloß für eine Schreistimme!», beklagte sie sich. Sie sagte, nachdem sie allein zwei Buben aufgezogen und so viele Jahre ihre Hausaufgaben überwacht habe, könne sie nicht mehr mit normaler Stimme sprechen.

«Alt werden ist nicht schön, *Schatzele!*», sagte sie oft zu mir. «Jung zu Jung und Alt zu Alt», tröstete sie sich, wenn ihre Enkelkinder die Interrail-Reisen den langen Sommermonaten bei den Großmüttern vorzogen. Sie fand das ganz natürlich, dass die Generationen unter sich blieben. Im Wohnzimmer verwaiste ein Sessel nach dem anderen. Drei zentrale Personen waren verstorben und hatten einen unauslöschbaren Kummer hinterlassen. Die Enkel waren über die ganze Welt zerstreut. «Glanz und Elend», sagte Marthe, wenn sie ihr Wohnzimmer betrachtete, das nur noch von Schatten bevölkert war. Sie konnte es einfach nicht glauben, dass sie so plötzlich zum alten Eisen gehören sollte.

Marthe hatte eines Tages beim Zeitunglesen entdeckt, dass ihre Jugend unterhöhlt war. Sie hatte die Gewohnheit, die Hand an den Hals zu legen, um den Kopf abzustützen, wenn sie sich in «Les Dernières Nouvelles d'Alsace» vertiefte. An jenem Tag bekam ihre Hand nichts zu fassen zwischen Kopf und Schultern. «Mein Gott, ich habe keinen Hals mehr! Ich schrumpfe!», schrie sie mutterseelenallein in die Nacht. Marthe mochte diesen Safranflecken nicht, der unter der zarten Haut ihrer linken Schläfe erblüht war. Er wurde jeden Morgen mit einer Schicht Make-up eingerieben und gepudert. Am Ende des Tages machte eine ausgetrocknete Kittkruste dieses kleine Zeichen des Alters noch sichtbarer. Dieser letzte Anflug von Koketterie rührte mich. Nach und nach war ihr ganzes Gesicht von anarchischen Formationen kleiner brauner Punkte übersät. Als sie einmal aus den Ferien zurückkehrte, hatte sie diese pointillistische Zeichnung zum ersten Mal bemerkt. Marthe wetterte über den gelblichen Flaum ihrer Haare. «Ich sehe ja aus wie ein ausgeschlüpftes Küken!» Sie war überzeugt, dass sie nicht so viele Falten hätte, wenn sie in ihrem Leben nicht so viel gelacht hätte: «Lach nicht, *Schatzele,* sonst siehst du am Ende genauso zerknittert aus wie deine Großmutter!» Eines Abends nahm sie mir das Versprechen ab, niemandem ein Wort zu sagen, und zeigte mir eine kleine Dose Anti-Aging-Creme, die sie ganz hinten im Badezimmerschrank versteckt hatte. «Ein Vermögen, mein *Schatz*. Deine Ahnin sieht bald aus wie Marilyn Monroe. Gib mir Bescheid, wenn du etwas bemerkst!»

Dabei schien Marthe gar nicht wirklich unter dem Alter zu leiden. Für die Pralinenschachtel und die Wünsche nach einem langen Leben, die ihr der Bürgermeister von Colmar zu ihrem neunzigsten Geburtstag überreichen ließ, hatte sie nur Spott übrig. «Und zu meinem Hundertsten setzt er mich dann in die Zeitung!» Als Mathilde am 20. Februar 1992 ihren neunzigsten Geburtstag feierte, erschien ein lobender Artikel in «L'Alsace»: «Mme Mathilde Klébaur kann heute in einer bewundernswerten Form ihren 90. Geburtstag begehen.» Auf dem Foto posiert Mathilde mit einem aufgeschlagenen Buch in den Händen. Auf derselben Seite feiert das Ehepaar Vogt «fünfzig Jahre beständige Liebe». Mathilde fühlte sich geschmeichelt. Marthe aber wollte nicht wie ein Wunderwerk der Natur auf den Lokalseiten ausgestellt werden: «Das Guinness-Buch der Rekorde muss ohne meine Wenigkeit auskommen!» Sie hatte Horror vor diesen scheußlichen Hundertjährigen mit dem schiefen Lächeln, die über den Todesanzeigen paradierten. Ihre Töchter hatten sich ins Zeug gelegt, um sie präsentabel zu machen. In ein paar Monaten brauchten sie auf der Seite nur noch wenige Zentimeter nach unten zu rutschen, um den Platz einzunehmen, der ihnen zustand zwischen den «ewigen Andenken» und den «Wir werden Dich nie vergessen». Diese Taktlosigkeit des Layouts widerte Marthe an. Nein, diese Abschiedszeremonien, das war nichts für sie. Marthe machte der Angst den Garaus, indem sie sich selbst in Szene setzte. Das funktionierte wunderbar. Sie machte sich selbst zur Komödiendarstellerin. Sie mochte es, uns zum Lachen zu bringen. «Ach nein, das macht alt!», protestierte sie, als wir ihr vorschlugen, zum Ausgehen ein graurosa Chiné-Kostüm anzuziehen. Sie entschied sich für eine knallblaue Streifenbluse und eine speckig gewordene Wildlederweste. Sie wollte modern sein. Meinen Großmüttern war das Alter nicht anzusehen. Ihr Leben schien unendlich ausdehnbar zu sein. Sie haben meine Zeitvorstellung durcheinandergebracht. Für mich ist eine achtzigjährige Frau noch immer jung. Erst nach ihrem neunundneunzigsten Geburtstag näherte sich das Alter auf leisen Sohlen.

Aber die Zeit hat die beiden ewigen Großmütter schließlich doch eingeholt. Auf dieser Treppe im Haus ihrer Kindheit, auf der sich Marthe und Mathilde zu Beginn des Jahrhunderts zum ersten Mal getroffen hatten, unter dem kleinen Vordach, fand auch ihre letzte Begegnung statt. Mathilde war im Taxi gekommen, um ihre Freundin in der Avenue de la Liberté, wie ihre Straße inzwischen hieß, zu besuchen. Marthe war auf ihren dünnen, aber noch soliden Beinen die Stufen hinuntergekommen, um ihre Freundin zu begrüßen. Mathilde brauchte zum Gehen einen Stock. Das Treppensteigen bereitete ihr Mühe. «Die Beine, das geht noch! Bei mir ist es der Kopf, der nicht mehr will! Und bei Mathilde ist es umgekehrt!», lachte Marthe. «Marthe läuft bei Wind und Wetter, mit Grippe und einem verstopften Ohr draußen herum. Und ihr *Mandala* lässt sie ganz hinten im Schrank!», sorgte sich Mathilde. Marthe schaute Mathilde einen langen Augenblick in die Augen. Erforschte dieses Gesicht. Sie hat sie nicht wiedererkannt. Eine neunzigjährige Freundschaft und keine einzige Erinnerung mehr. Wie sie als kleine Mädchen auf der Straße gespielt, sich nachmittags in der Mansarde verkleidet hatten, die Heirat ihrer Kinder, die Picknicks in den Vogesen, Weihnachten in der Familie … Marthe hatte alles gelöscht. Die beiden uralten Damen nahmen einen surrealistischen Tee ein. Marthe, die Mathilde siezte. Mathilde den Tränen nahe. Marthe, die von ihrem letzten Tennisspiel sprach. Mathilde, die das Neuste von ihren gemeinsamen Urenkeln erzählte, um ihre Freundin an die Oberfläche dieses Frühlingstages zurückzuholen. Tieftraurig kehrte Mathilde nach Hause zurück. Und beschloss, diese grausamen Begegnungen zu vermeiden. Marthe und Mathilde haben sich nie wiedergesehen.

Schon lange stellte ich Prognosen: Wer würde als Erste gehen? Marthe oder Mathilde? Mathilde oder Marthe? Marthe hat gewonnen. Sie starb mit offenem Mund, die Zähne auf dem Nachttisch, der Körper in einem riesigen geblümten Nachthemd verloren. Marthe hätte sich über den Totenschein köstlich amüsiert, den der diensttuende Arzt ausgestellt hatte: «Natürlicher Tod. Das Hinscheiden stellt keinerlei gerichtsmedizinische Probleme, und die Verstorbene war von keiner der folgenden ansteckenden Krankheiten befallen: Pocken, Pest, Cholera, Milzbrand, Typhus, Paratyphus, Ruhr, Wundbrand, Blutvergiftung.» Kurz vor ihrem Tod hatte Marthe einen letzten Energieausbruch. Sie sang von morgens bis abends mit schriller Kleinmädchenstimme «Ah, vous dirais-je maman!», das Wiegenlied, das ihr der Vater beigebracht hatte. Henri Réling, aus dem Dorf Rombach-le-Franc in einem französischsprachigen Vogesental stammend, das den Herzögen von Lothringen gehört hatte, Frankreich-treuer Lehrer, hatte während der ganzen deutschen Periode darauf geachtet, dass seine Töchter ihre Muttersprache nicht verloren. Marthe und Alice sprachen mit ihrer Mutter elsässisch und mit ihrem Vater französisch. Sogar während des Kriegs, als die Deutschen verboten, die Sprache des Feindes zu sprechen, machte Henri Réling zu Hause weiter, was er wollte. Französisch war Marthes erste und letzte Sprache. Auf ihrem Totenbett hatte sie ihr Deutsch vergessen.

«Nein, nein, ich habe keine Angst vor dem Sterben. Nur etwas Angst vor dem Übergang», beteuerte Marthe. Meine Cousine, die Krankenschwester war, hatte ihr erzählt, der Tod sehe aus wie ein großes Feld voller Mohnblumen. «Sieh an, was für ein Glück, der Mohn ist doch meine Lieblingsblume!», rief sie entzückt. Marthe glaubte ihr: «Eine Krankenschwester weiß, wovon sie spricht!» Sie hatte beschlossen, so wie ihre Großmutter Adelgonde zu sterben. Adelgonde Surkopf verlangte mit einundneunzig Jahren vor dem Schlafengehen nach einem Canard: ein in ein *Schnappsele* getunktes Stück Würfelzucker. Sie tat einen hübschen Rülpser, schlief ein und wachte nicht mehr auf. Ihr Herz hatte zwischen den frischen Leinenlaken ihres großen Ehebettes sanft zu schlagen aufgehört. Sie war durch die Stimmen ihrer vier Töchter im Nebenzimmer in den Tod gewiegt worden. Nach und nach war die Wärme aus ihrem Körper gewichen. Die vier Töchter wachten drei Tage bei der Toten. Noch wochenlang lag der Maiglöckchenduft von Adelgondes Parfum in dem Raum. Marthe nannte dies «einen hübschen Tod», wie man vor einem hübschen Kleid in Entzücken ausbricht. Marthe stellte für den Tod Zeugnisse aus. Da gab es den «hässlichen Tod» wie den der Nachbarin am Ende der Schauenberg-Straße. Ihr waren die von Wundbrand verfaulten Beine amputiert worden. Da war der «traurige Tod», wenn sich das Alter jahrelang freudlos hingezogen hatte. Und der «brutale Tod» jener, die nicht rechtzeitig nach Hause zurückgekehrt waren und deren Herz ohne Vorwarnung eines Dienstagmorgens um Viertel nach zehn in der Bäckerei zu schlagen aufgehört hatte. Und da war noch «der kleine Tod», der von den wenig betroffenen Angehörigen stillschweigend übergangen wurde. Und der «große Tod», der viel Platz einnahm, eine ganze Seite Todesanzeige in den «Dernières Nouvelles d'Alsace». Am besten von all den Toden aber gefiel Marthe der «hübsche Tod». Der, den sie gewählt hatte. Der «hübsche Tod» passte zu ihr. Ein beinahe fröhlicher Tod.

Marthes Tod musste Mathilde wohl oder übel mitgeteilt werden. Ich ging im Flur des Altersheims auf und ab, bevor ich mich entschließen konnte, ihr Zimmer zu betreten. Ich hätte natürlich lügen können: Die beiden alten Damen lebten nicht in derselben Einrichtung. Ich hätte einfach nichts sagen können. Vielleicht hätte Mathilde gar nichts gemerkt. Aber eine solche Feigheit wäre dieser langen Freundschaft zwischen meinen Großmüttern unwürdig gewesen. Als ich endlich ins Zimmer trat, saß Mathilde in ihrem Sessel am Fenster. Erst sprachen wir über den strahlenden Herbst dieses Jahres. Bewunderten die Vogesen in der Ferne, das sanfte Blau der Gipfel, die üppigen Flanken der Weinberge. Die Weinlese hatte begonnen. Dann versiegte das Gespräch. «Weißt du was, Marthe ist gestorben.» Ich legte meine Hand in die Mathildes. Drückte sie ganz fest. Mathilde verbarg ihr altes Gesicht in den Händen: «Marthele, sie fehlt mir so sehr.»

Mathilde hat Marthes Abwesenheit nicht lange ausgehalten. Sie war wenige Tage vor ihrem Tod noch immer schön mit ihren weißen Haaren, ihren zarten Beinen, ihren blauen Augen. Sie bat mich, mit meiner Hand unter dem Laken ihr taubes Bein zu bewegen, das ihr weh tat. «Ich will nicht mehr, verstehst du, ma chérie. Sei nicht traurig, es ist jetzt einfach genug.» Mathilde hatte sich den Oberschenkelhals gebrochen. Sie war über eine Teppichecke gestolpert und hingefallen. Schlechtgelaunt lag sie auf ihrem Krankenhausbett und wusste, dass sie nie mehr würde gehen können. Durch das Fenster betrachtete sie die Vogesen in der Ferne. Sie dachte an ihren Mann Joseph, noch jung und so schön mit seinem Rucksack und seinem Hirtenstock. Sah ihre Töchter wie Zicklein über die Bergpfade hüpfen. Erinnerte sich an die letzten Wanderungen mit Marthe. Mathilde verabschiedete sich von den Bergen und von ihrem Leben. Es war kurz vor Weihnachten. In eineinhalb Monaten wäre meine Großmutter hundert geworden. Sie hatte keine Angst. Gleichgültig hörte sie sich die Ermutigungen der Pflegerin an, die mit ihr sprach wie mit einem quengeligen Mädchen: «Aber aber, meine liebe Madame Klébaur, wir werden uns doch ein bisschen anstrengen, um die hundert Jahre zu schaffen! Wir werden uns richtig schönmachen! Wir werden uns ein hübsches neues Kleidchen kaufen!» Ich organisierte bereits das Fest. Wir hatten so oft davon gesprochen. Ein Mittagessen, die ganze Familie, in einem Restaurant in den Vogesen, in dem man sie kannte, weil ihr Mann Joseph vor dem Krieg dort einen Kachelofen eingebaut hatte. Sie mochte es so gerne, wenn sie am Eingang begrüßt wurde, wenn ihr Mantel und Stock abgenommen wurden, wenn sie mit der den Stammgästen vorbehaltenen Beflissenheit am festen Arm des Patron, eskortiert von der ganzen Familie, an ihren Tisch geführt wurde. Dieser Status als alte Colmarerin beruhigte sie. Sie war nie ganz sicher gewesen, ob sie von der Stadt wirklich akzeptiert war. «Die Aussicht auf den hundertsten Geburtstag», versicherte mir der Arzt wie ein Trainer vor dem Endspurt seines Athleten, «hilft ihnen durchzuhalten!» Er hoffte, eine neue Trophäe an seine Tafel heften zu können. Aber Mathilde rebellierte gegen diese letzte Sportdisziplin, welche die Institution ihr aufzudrängen suchte. Sie wollte niemandem mehr zu Gefallen sein. Sie beobachtete unsere Geschäftigkeit. Und schwieg.

Sie hatte keine Lust mehr zu leben, und wir spürten es. Unsere Anstrengungen, sie zurückzuhalten, regten sie nicht einmal mehr auf.

Bei meinem letzten Besuch saß ich lange auf ihrer Bettkante. Mathilde hatte den Kopf auf meinen Schoß gelegt. Sie presste ihre offene Hand auf meine Wange. Ich strich ihr über die Haare. Sie rief mich mit dem Namen ihrer 1924 in Berlin gestorbenen Schwester. «Aber wovon werden wir leben, Georgette?», fragte sie besorgt. Es war das erste Mal, dass ihre Erinnerungen gegeneinanderprallten. Mathilde brachte Epochen und deren Protagonisten durcheinander. Das Morphin, das ihr in kleinen Dosen gegen die Schmerzen verabreicht worden war, brachte Georgette an ihr Bett. Ihre geliebte, vor langer Zeit so jung verstorbene Schwester war bei ihr. Mathilde war glücklich. Ich schwieg. Ich wollte sie diesem Glück nicht entreißen. Aber Mathilde kam wieder zu sich. Sie hatte die fernen Territorien der Kindheit verlassen, um zu mir, ihrer Enkelin, zurückzukehren, die aus Berlin gekommen war, um sich von ihr zu verabschieden. «Bleib, bis ich eingeschlafen bin, ma chérie, dann machst du das Licht aus, schließt leise die Tür und gehst.» Ein paar Tage später sagte Mathilde, aufrecht am Fenster sitzend, sie sei bereit, sie habe keine Angst. Und hörte zu leben auf.

Die Wächterin

In ihren letzten Lebensjahren bekam Marthe Sehnsucht nach der fernen Heimat ihres Mannes. Sie fühlte sich beengt in ihrem kleinen Elsass. Die Provence meines Großvaters Gaston war ihr Fenster zur großen weiten Welt. Jedes Jahr im September fuhr sie nach Ventavon, in Gastons Dorf in den Alpen der Haute Provence, am anderen Ende Frankreichs. Mein Vater brachte sie im Wagen hin. «Dieses Jahr nehme ich nur vier Koffer, zwölf kleine Taschen und einen Korb mit!», frohlockte Marthe, die ihrem Sohn zusah, der mit gekrümmtem Rücken wie ein Sträfling die Treppen hoch- und runterging. Sie rühmte sich, jedem meteorologischen Ereignis trotzen zu können. Marthe brachte für ihre Schwägerinnen Mireille und Germaine einen Münster-Käse mit, der wie ein Neugeborenes in eine Wolldecke gewickelt wurde. Mein Vater schimpfte jedes Jahr mit ihr: «Das stinkt noch 750 Kilometer lang nach Elsass! Du könntest ihnen doch auch Brezel, Eierspätzle oder einen Kugelhopf mitbringen! Unsere

Reise wäre um einiges angenehmer!» Aber Marthe betrachtete den Münster als einzigen würdigen Botschafter des Elsass. Und jedes Jahr zückte sie ihr Fläschchen «Heure Bleue»: «Ein paar Tröpfchen Parfum auf die Hinterbank, und neutralisiert ist er, der Käse», versicherte sie. Um ihren aufdringlichen Fahrgast für einen Augenblick zu vergessen und der bestialischen Geruchskombination zu entkommen, die aus der Verbindung von Guerlain und dem Münster erwuchs, legten Marthe und ihr Sohn in einem guten französischen Restaurant in der Nähe von Lyon einen Zwischenhalt ein. Eine Blutwurst mit Äpfeln, ein paar Andouillettes, diese Würstchen aus Innereien, und schon war der Münster, der im Auto in der prallen Sonne vor sich hin schwitzte, nur noch eine schlechte Erinnerung. Bei Einbruch der Nacht kamen sie in Ventavon an. Von all den überquerten Pässen und Straßenkehren war Marthe übel geworden. Mireilles beringte kleine Hände entkleideten den Münster von seinen Schichten aus Zeitungspapier und Wollstoffen. «Oh, schaut mal, wie er sich gehen lässt», sagte sie gerührt, wenn der nackte schwitzende Münster endlich zum Vorschein kam. Im ganzen Haus lag ein Duft von Aioli. Mireille und Germaine hatten zur Ankunft der Elsässer eine Drossel-Pastete und gefüllte Tauben vorbereitet. Ihre Männer

Louis und Julien kehrten von ihrer Boule-Partie zurück. Julien, Ehemann Mireilles und Bürgermeister des Dorfes, hatte eine Stimme, die Marthe durch Mark und Bein ging. Louis, Ehemann von Germaine und ehemaliger Drucker bei Paris-Match, war ein schüchterner, schmächtiger kleiner Mann, eines dieser Geschöpfe, die sich ständig zu entschuldigen schienen, dass sie da waren. «Die Güte in Person», sagte Marthe. Wenn auf der Terrasse der Pastis serviert wurde, hatte Marthe das Gefühl, auf einem anderen Planeten angekommen zu sein. Frankreich war ihr fremd.

Marthe bezog mit ihren Unmengen von Gepäck das für sie viel zu große Haus. Die Fenster überragten die Befestigungsmauern des Dorfes. In der Ferne sah sie das Durance-Tal und den Berg Faye. Jeden Tag unternahm sie riesige Spaziergänge, auf denen sie nie vergaß, wenn sie bei Einbruch der Dunkelheit zurückkehrte, einen Abstecher über den Friedhof zu machen, um einen Moment an Gastons Grab zu stehen. Seit dem Tod ihres Mannes am 13. September 1939 weigerte sich Marthe, am 20. September ihren Geburtstag zu feiern. «September ist eigentlich ein schöner Monat, finde ich. Meine Mutter hat es ganz richtig gemacht. Es wäre die schönste Zeit des Jahres, wenn mir der liebe Gott nicht ausgerechnet dann meinen Mann genommen hätte», klagte sie. Sie verweigerte die Blumen und Glückwünsche an jenem Tag. Noch ahnte sie nicht, dass auch sie im September sterben würde.

Abends spielte sie mit ihren Schwägerinnen, die sie lange Zeit «die Boche» genannt hatten, Tarot. Es war eher ein alter Reflex als ein Zeichen von Antipathie. Marthe hat übrigens nie Anstoß daran genommen. Seit ihrer Hochzeitsreise zur Familie ihres Mannes hat sie sich ihren Schwägerinnen stets ein wenig überlegen gefühlt. Sie hatte nicht vergessen, dass die Einwohner von Ventavon 1926 morgens mit ihrem Abortkübel aus dem Haus traten, um den Inhalt in das Wäldchen neben dem Friedhof zu kippen. Bei ihr zu Hause gab es Toiletten mit Spülung. Marthe war stolz, im Elsass zu wohnen. Die Deutschen hatten es modernisiert. Frankreich war für Marthe ein rückständiges Land mit barbarischen hygienischen Sitten. Germaine und Mireille mochten ihre stets fröhliche Elsässerin. Sie machten sich nur über ihren rauen Akzent lustig. Sie lachten, wenn Marthe die Grammatik misshandelte, sich über die richtige Reihenfolge der Wörter hinwegsetzte. Marthe war gekränkt: «Ich versteh das nicht! Meinen die etwa, ihr südlicher Akzent sei eleganter!? Ich finde das überhaupt nicht schön! Einfach lächerlich, diese rollenden ‹r›. Wie soll man die denn ernst nehmen? Man hat das Gefühl, sie singen von morgens bis abends! Und wenn sie mal nicht schnattern, dann essen sie.» Der Appetit ihrer Schwägerinnen beeindruckte Marthe. Sie, die abends eine Scheibe Brot und eine große Schale Milchkaffee zu sich nahm, konnte kaum fassen, dass man zweimal am Tag eine vollständige Mahlzeit mit Vorspeise, Hauptspeise und Nachtisch vertilgen konnte. Mireille rupfte am Frühstückstisch ihre Tauben. Ließ während der Siesta unter der Gartenlaube ihre Paprikas marinieren, und in der Abendkühle rollte sie ihren Mürbeteig aus. Bevor sie schlafen ging, ließ sie einen letzten mütterlichen Blick über die Töpfchen mit dem Ziegenfrischkäse im Kühlschrank gleiten. Manchmal inspizierte Marthe den Graben in der Mitte des Bettes von Mireille und Julien. Ihre Körper rollten nachts einander entgegen. Stießen aneinander, bis sich schließlich eine tiefe Spalte in die erschöpfte Matratze gegraben hatte. Frankreich war für Marthe das Land, in dem man von morgens bis abends ans Essen dachte.

Marthes Abwesenheit kam Mathilde endlos vor. Ohne ihre Freundin war sie verloren. «Marthe geht bald. Das macht mir Angst, ma chérie, das macht mir Angst», gestand mir Mathilde gegen Ende des Sommers, wenn Marthes Abreise näher rückte. Manchmal schmuggelte Mathilde einen Zettel in Marthes Koffer:

«Auf Wiedersehen. Bleib nicht so lange fort. À bientôt. Dina alt Kamaradla.» Die alljährliche Expedition nach Ventavon war der einzige Luxus, den sich Marthe gönnte. Sie hing an diesen zwei Monaten Sonne in der Heimat ihres Mannes. Mathilde flog im Frühling mit zwei Lederkoffern zu ihrer ältesten Tochter nach Marseille. Eine Ansichtskarte mit dem Prado-Strand kündigte Anfang Sommer ihre Rückkehr an: *«Marthala, Du besch mi noch net los!! Je reviens!»* «Du bist mich noch nicht los. Ich komme wieder.» Mathilde kehrte ganz braun gebrannt nach Hause zurück, neu eingekleidet in den schönsten Boutiquen der Côte d'Azur. Marthe lauerte vor Mathildes Haus dem Taxi auf. Sie hatte die Blumen gegossen, ein bisschen saubergemacht, den Kühlschrank gefüllt und ein kleines Essen für den ersten Abend vorbereitet. «Salut toi», «Grüß dich», rief sie ihrer Freundin entgegen und nahm ihr den Koffer ab. Mathilde war so glücklich, Marthe wiederzusehen, dass sie ganz vergaß, die erschöpfte Reisende zu spielen. Sie war erleichtert, wieder zu Hause zu sein. Marthe war da. Alles war gut.

Mathilde hatte Marthes Sprache übernommen. Untereinander sprachen die Kamaradle elsässisch. Für Mathilde war das Elsässische eine kleine sorglose Sprache zwischen zwei großen. Die zwar etwas verpönt war, den Elsässern aber nie unter Zwang aufgepfropft wurde wie – abwechselnd – das Deutsche und das Französische. Eine alemannische Sprache, die es Mathilde erlaubte, Deutschland ganz nah zu sein, ohne damit aus der Reihe zu tanzen. Das Elsässische machte niemandem Angst. Mathilde fühlte sich gut darin. Meine Großmütter hüpften übergangslos von einer Sprache zur anderen, wie die Wörter gerade kamen. Ein Satzanfang auf Französisch, die Fortsetzung auf Elsässisch, und ein gemischtes «*Allez, salut Du!*» zum Ende. Ein auf Französisch angefangener Satz bog rasch ab ins Elsässische. Ich hörte sie gerne in dieser Sprache reden, die mir verboten war. Mit mir haben Marthe und Mathilde nie elsässisch gesprochen. «Ach», sagte Marthe, «Elsässisch ist scheußlich, mein *Schatzele*. Und wenn du es einmal kannst, wirst du diesen fürchterlichen Akzent nie mehr los!» Marthe war der Überzeugung, dass das Elsässische von Mülhausen viel gröber war als das von Colmar, und das Straßburgische hielt sie für das Melodiöseste von allen dreien.

In den Fotoalben klebt Marthe wie eine siamesische Schwester an Mathilde. Ihre Silhouette ist schon durch das Seidenpapier zwischen den Seiten zu erkennen. 1908: Marthe und Mathilde Arm in Arm vor dem Gartengeländer. 1911: Marthe und Mathilde hoch auf dem

Holzwägelchen. 1915: Marthe und Mathilde fröhlich beim Nachmittagskaffee im Esszimmer der Goerkes. 1920: Marthe und Mathilde auf dem schmiedeeisernen Bett in dicke Bücher vertieft. Mathilde hat ihre Haare zu Zöpfen geflochten. Zwei Schnecken umrahmen ihr Gesicht. Marthes Stirn ist unter einem Seidenband verdeckt. 1921: Marthe und Mathilde mit breitkrempigen Hüten auf dem Kopf posieren am Fuß der Treppe ihres Hauses am Arm zweier junger Männer. Und nach dem zweiten Krieg geht es mit diesen Tandem-Fotos wieder von vorne los. 1946: Marthe und Mathilde mit ihren halbwüchsigen Kindern auf einem Ausflug in die Vogesen. 1950: Marthe und Mathilde schieben ihre Fahrräder durch die Kopfhausgasse. Sie haben sich nach dem Markt auf einen Kaffee getroffen. 1959: Marthe und Mathilde über meine Wiege gebeugt. 1968: Marthe und Mathilde spielen mit ihren Enkelkindern Boule. Marthe und Mathilde unter dem Weihnachtsbaum, vor den Houses of Parliament, am Ufer des Comer Sees, ihre Urenkel auf dem Arm. Marthe und Mathilde immer gebückter, immer zerknitterter, immer schmächtiger. 1999: Marthe und Mathilde sehr sehr alt, nebeneinander an einer festlich geschmückten Tafel. Es ist das letzte gemeinsame Foto. Marthe sieht verloren aus. Ihre Bluse ist falsch zugeknöpft. Gelbe Haarbüschel stehen von ihrem Kopf ab. Sie lächelt selig vor sich hin. Mathilde ganz Herrin der Lage in ihrer rosa Bluse, mit rundem Rücken und verkniffener Miene. Marthe sieht auf diesen Fotos wie ein Accessoire aus. Als würde sie eine Nebenrolle einnehmen, deren einzige Funktion darin besteht, die Hauptperson in Szene zu setzen. Immer ist es Marthe, die Mathilde ansieht. Den Kopf leicht abgeschrägt, den Oberkörper nach hinten geneigt. Manchmal kann man nicht einmal ihr Gesicht sehen. Marthe bewundert Mathilde, die spricht oder lächelt, die Augen direkt aufs Objektiv gerichtet.

Mathilde beanspruchte den ganzen Raum. Aber Marthe nahm es ihr nicht übel. Die Rolle der emsigen Herrin des Hauses, die ihr in der familiären Aufteilung zugefallen ist, behagte ihr. Sie träumte nicht, wie Mathilde, von einem vornehmeren, von allen Zwängen befreiten Leben. Sie las nicht wie ihre Freundin nachts im Bett dicke Wälzer. Diese liebestollen Heldinnen, die mit den bürgerlichen Konventionen brachen, waren ihr fremd. Sie hatte ihre Rolle im Gleichnis von Martha und Maria schnell erkannt. «Schau, Martha ist den ganzen Tag auf den Beinen, um anderen zu dienen! Wie ich. Meine Eltern haben meinen Vornamen gut gewählt.» Sagte sie und verschwand in der Küche, während Mathilde sich in einen Sessel gleiten ließ. «Was sich Marthe mit all den Besuchen für eine Arbeit aufbürdet, das ist schon fast heldenhaft. Aber sie mag es eben, anderen Freude zu bereiten», kommentierte Mathilde und schloss ihre Augen zu einem kleinen Nickerchen. Wenn Marthe später zurückkehrte, beugte sie sich über Mathilde und murmelte mit einer gleichzeitig zärtlichen und schelmischen Stimme das spöttische «Madame est servie!», «Es ist angerichtet!» Und dann stießen die beiden Damen gemeinsam auf dem violetten Samtsofa miteinander an. «Santé, Marthe!» – «*Zum Wohl*, Mathilde!» Bevor es zu Tisch ging, genehmigten sie sich ein großes Glas Suze.

Marthe hatte zeitlebens im selben Haus gewohnt. Als sie heiratete, zog sie einfach eine Etage höher. Sie war die Wächterin des Dekors von Mathildes glücklicher Kindheit. Mathilde war immer etwas eifersüchtig auf dieses Haus, das Marthe geerbt hatte. Théodore Surkopf, Marthes Großvater mütterlicherseits, ein reicher Gemüsegärtner, späterer Präsident der Colmarer Gartenbau-Gesellschaft, hatte es 1906 erbaut. Mein Ururgroßvater hatte dieses dreistöckige Gebäude im neuen Viertel Saint Joseph hinter dem Bahnhof errichten lassen, um seine Tochter Augustine und seinen Schwiegersohn Henri Réling unterzubringen. 1910 ergänzte er seine Rente durch den Bau eines Mietshauses ein paar Straßen weiter in der Rue de Soultz. Dieser leidenschaftliche Botaniker verbrachte seine letzten Lebensjahre damit, in den Gärtchen seiner Häuser eigenartige Kreuzungen zu züchten. Die Todesanzeige in der Zeitung ehrt diesen alten Colmarer, der im Alter von dreiundachtzig Jahren gestorben war: «*Eine Persönlichkeit unserer Stadt ist aus dem Leben geschieden, die sich allgemein des besten Ansehens erfreute. Zur Hebung des Garten- und Obstbaues hat H. Surcopf durch Abhaltung von Fachkursen und durch Vorträge während einer langen Reihe von Jahren in erheblicher Weise beigetragen. Die Gartenbesitzer, welche diese Veranstaltungen immer gerne besuchten, erinnern sich noch gut der klaren, von großer Sachkenntnis zeugenden Ausführungen des Papa Surcopf und seiner interessanten praktischen Demonstrationen.*»

«Dieses Haus ist ein Palast», jubelte Mathilde selbst dann noch, als die Wand abzublättern begann. «Halten Sie vor dem weißen Haus da an der Straßenecke!», wies sie die Taxifahrer an, die nur eine Fassade sahen, die gelb war wie ein alter Zahn. Marthes Haus symbolisierte für Mathilde alles, was ihr das Leben vorenthalten hatte: einen Großvater, der seine Nachkommen aller materiellen Sorgen enthob, indem er in Immobilien investierte. Ein unverbrüchlicher sozialer Status und so tiefe Wurzeln, dass sie durch keinen Friedensvertrag gekappt werden konnten. Dieses Haus war vor allem eine Erinnerung an die glücklichen Zeiten vor 1918, als die Familie Goerke noch vollständig im zweiten Stock wohnte. «Frag Marthe, sie kann es dir erzählen!», sagte Mathilde oft zu mir, wenn ich sie über ihre Eltern ausfragte. Und Marthe erzählte mir von dieser verwöhnten Prinzessin, die in weißen Satinlaken schlief und feine Lederstiefel trug.

Marthe war nicht eifersüchtig, dass sie im Schatten ihrer Freundin stand. Sie fühlte sich nicht erdrückt durch Mathildes launische Anfälle, ihre exzentrischen Ideen, ihre «starke Persönlichkeit». Ich glaube nicht, dass es Marthe bewusst war, welch wichtige Rolle sie in diesem auf den ersten Blick so ungleichen Paar spielte. Als ich die verborgene Lebensgeschichte Mathildes entdeckte, wurde mir klar, dass Marthe die einzige Konstante ihres Lebens war, das Verbindungsstück, das die beiden Teile vor und nach 1918 zusammenhielt. «Ach, das wird schon wieder, Mathilde. Du machst dir Sorgen für gar nichts! Komm, wir machen einen Spaziergang, und du denkst nicht mehr daran», redete Marthe ihrer Freundin zu, wenn diese in einem Sumpf trüber Gedanken versunken war. Marthe war sich ihrer Identität sicher. «Ich bin Elsässerin, und man lasse mich in Ruhe mit diesen ganzen Grenzgeschichten!», hatte sie verkündet, als ich herauszufinden suchte, ob sie sich eher als Deutsche oder Französin fühlte. Marthe stellte sich keine unnützen Fragen. War sie traurig, hörte sie sich auf ihrem riesigen Pathé-Marconi-Plattenspieler hintereinander Maurice Chevalier und Tiroler Jodler an.

Der Balkon

Marthe und Mathilde haben einen Logenplatz. Seite an Seite auf dem obersten Balkon genießen sie den Panoramablick auf den von Menschen überströmten Boulevard. Marthe trägt wie alle jungen Mädchen von Colmar an diesem Tag ihre Elsässer Tracht. Mathilde fällt mit ihrem Schottenrock und ihrer Baskenmütze etwas auf. Seit Tagesanbruch johlt die ganze Stadt mit Leibeskräften. Vive la France! Es leben unsere Befreier! Ein Jubel ohne Ende. Der Krieg ist vorbei. Die französische Armee paradiert durch die Straßen von Colmar, das glücklich ist, wieder zu Frankreich zu gehören. Heute, am 18. November 1918, defiliert die 169. Division des ersten Armeekorps des General Lacapelle in Begleitung von General Messimy, ehemaliger Kriegsminister, über den Vogesenwall, der bald schon in Avenue de la Liberté umgetauft werden wird. Vier Tage später lässt sich General Castelnau zujubeln. Dann sind Poincaré, Foch und Clemenceau an der Reihe. Meine Großmütter beklatschen diese schnurrbärtigen Generäle in Lederstiefeln, die meine Schulbücher zieren und den Avenuen der französischen Städte ihre Namen geben werden.

Marthe wird unter einer viel zu großen Haube zerdrückt. Gestern hatte sie mit ihrer Schwester Alice in Elsässer Tracht vor einer griechisch-römischen Amphore im Atelier des Fotografen posiert. Die Rélings gehen nur bei großen Gelegenheiten zum Fotografen: Taufe, Erstkommunion, Heirat. Der Einzug der französischen Truppen ist ein kleines Extra. Marthe und Mathilde auf ihrem Balkon spüren die Kälte nicht, die ihnen die Wangen rötet. Sie betrachten die Bajonette, die Clairons, die Trommeln, die Generäle auf ihren Rotfüchsen, mit den roten Käppis auf dem Kopf und den Medaillen auf der geschwellten Brust. Marthe und Mathilde halten sich gerührt an der Hand. Mathilde schweigt. Marthe jubelt den Soldaten zu. So viele Männer hat sie noch nie gesehen. Sie waren alle in den Krieg gezogen. Marthe ist erst sechzehn. Aber ihre vollen Lippen, ihre in den schwarzsamtenen Bolero gezwängten jugendlichen Rundungen zeigen, dass sie der Kindheit entwachsen ist. Sie hatte einen Text von Paul Géraldy in ein Heft geklebt, der die Rückkehr von Elsass-Lothringen nach Frankreich beschreibt: «Es müssten der Sprache der Liebe die wärmsten, die stürmischsten Wörter entliehen werden, es müssten die Wörter der Leidenschaft gewagt werden, denn wir sind Zeuge geworden, wie sich ein Volk und eine Armee in die Arme geschlossen und sich in einem Aufschrei den Kuss der geistigen Heirat gegeben haben. Wie schön sind die Küsse! Die Frauen schleudern sie unter Einsatz ihres ganzen Körpers von sich. Zitternd entreißen sie die Finger ihrem Mund, bogengleich spannen sie ihre Arme, um sie den Soldaten zuzuwerfen ...» Paul Géraldy, der Autor des Gedichtbands «Du und ich», ist als Dichter für Herzensangelegenheiten groß in Mode. Diese überströmende Lyrik ist der gewagteste Text, den Marthe in ihrem Leben je lesen wird. Mathilde sieht zu, wie ihre Freundin Kusshände auf den Boulevard hinunterwirft. Sie weiß genau, dass an diesem Tag kein französischer Soldat den Kopf heben wird, um einer jungen Deutschen zuzulächeln. Die Géraldy'schen Küsse sind nur für richtige Elsässerinnen bestimmt.

Marthe findet diese Soldaten, die den Krieg gewonnen haben, schneidiger als die öffentlich erniedrigten deutschen Offiziere, die ein paar Tage zuvor die Stadt mit gesenkten Köpfen in ihren zerschlissenen Uniformen verlassen haben. Der französische Generalstab ließ frische Truppen aus dem Hinterland anmarschieren. Sie tragen neue Uniformen. Sind bereit für Paraden und Bälle. Die französischen Generäle loben die «natürliche Würde und die geschmeidige Organisation» der französischen Truppen. Sie mokieren sich über die «stumpfsinnige Disziplin» und den «Kastengeist», die in der deutschen Armee herrschen. Die französischen Soldaten, die über den Vogesenwall defilieren, erinnern an eine Seiltänzertruppe. Elastischen Schrittes, beinahe tanzend schreiten sie voran. Ihre Uniformen sind farbenfroh. Sie machen mit der Hand kleine kokette Zeichen auf die Menge zu. Sie haben an den Ufern der Marne, der Aisne und der Meuse, unter den Mauern von Verdun gekämpft. Ihre Väter haben sich auf der Krim, in Italien, Mexiko, im Tonkin, in Madagaskar, Tunesien und Marokko ausgezeichnet. Diese exotischen Orte versetzen Marthe in die Dschungel und Wüsten der illustrierten Enzyklopädie ihres Vaters.

Am 18. November 1918 lobt General Messimy die natürliche Disziplin seiner Truppen: «Wir defilieren nicht in einem mechanischen ‹*Parade-Marsch*›. Der Soldat, der seinen Vorgesetzten grüßt, steht nicht stramm wie ein Automat. Zwischen uns und unseren Männern gibt es keinen Graben. Die distanzierte, hochmütige

Disziplin voller Dünkel und Arroganz des deutschen Offiziers von gestern ist für uns eher eine Karikatur von Disziplin. Die unsere erwächst sowohl aus der großen Zuneigung des Obersten für seine Truppe als auch aus dem Vertrauen der Truppe in ihren Chef.» Marthe findet ihn sympathisch, diesen Messimy, der die Kinder, die man ihm entgegenstreckt, auf den Arm nimmt. Mathilde wird ihre Freundin später mit schelmischem Vergnügen daran erinnern, dass Mata Hari sich rühmte, hintereinander in Berlin den Kronprinzen und in Paris den Kriegsminister Adolphe Messimy in den Armen gehabt zu haben. Mathilde war voller Bewunderung für den freizügigen Patriotismus der Femme fatale der Spionage.

Marthe hat nie ein Geheimnis daraus gemacht. «In die Uniform habe ich mich verliebt. Und zwar auf den ersten Blick.» Sie hatte sämtliche Uniformen ihres Mannes in einer Truhe auf dem Dachboden zwischen den hölzernen Bauernhoftieren meines Bruders und meinen augenlosen Babypuppen aufbewahrt. Der Stoff war mit Mottenkugeln gespickt wie ihr Sonntagsbraten mit Knoblauchzehen. Die Medaillen und Tressen in Seidenpapier eingewickelt. Die Käppis wie russische Matroschkas ineinandergeschachtelt. Marthe wählte die Männer, wie man Pferde aussucht. «Die Hände und die Zähne, *Schatzele*», riet sie mir. «Schau gut auf die Hände und die Zähne. Darauf kommt es an!» Für die Wahl ihres Ehemannes ist sie allerdings von diesem Prinzip abgewichen. Sie hatte als Erstes das goldgesäumte Käppi gesehen, die azurblaue Jacke, die blaue Hose und den Säbel an der Seite. Er fällt ihr sofort auf am Tag, als Gaston Hugues, junger Leutnant der Großen Armee, erhobenen Hauptes unter dem Balkon vorüberreitet. Er ist nicht sehr groß. Er hat ein schönes, vornehmes Gesicht. Einen dichten kleinen Schnurrbart. Dunkle Augen. Er ist am 19. Juli 1894 am Fuß der Alpen in Ventavon, einem winzigen Dorf hoch oben auf einer Bergnase, geboren. Als Sohn des Briefträgers Alfred Maximin Hugues und der Louise Marguerite Conchy ist Gaston ein Kind des Volkes. Er ist begabt. Die republikanische Schule gibt ihm seine Chance. Mit sechzehn verlässt er sein Dorf, um in die Unteroffiziersschule Saint-Maixent einzutreten. Ein echter Franzose. Ein Halbgott. Der Wunschtraum jedes elsässischen Mädchens. Sie hätten alle ihre Seele verkauft, um sich in den Armen eines dieser schönen Befreiungssoldaten zu wiegen. Marthe hat ihn auserwählt, diesen da, am Tag einer Militärparade kurz nach dem Krieg. Gaston Hugues, Oberleutnant des 152. Infanterieregiments, zieht mit ernstem Gesicht vorüber. Er hat die Festung

Douaumont in Verdun verteidigt. Er sieht das junge Mädchen nicht, das auf seinem Balkon eine Trikolore schwenkt. Da er farbenblind ist, ist Gaston Hugues der Einzige, der nicht durch den «Trikolorenglanz» geblendet wird, wie im Elsass der wahnsinnige Empfang genannt wird, der den französischen Soldaten 1918 bei ihrem Einzug in die wiedererlangte Provinz bereitet wurde. Die Stadt ist blau-weiß-rot. Gaston sieht nur gelb und grau. Bald wird er unter dem Balkon sein. Ohne die junge Elsässerin zu bemerken. Da stürzt sich Marthe ins Wohnzimmer von Mathildes Eltern. Packt das Bouquet weißer Rosen, das sie ihrer Freundin zum Geburtstag geschenkt hatte. Reißt die Blumen aus der Vase. Wasser perlt auf das gebohnerte Parkett. Marthe schmettert die gestohlenen Blumen mit ihrer ganzen Kraft hinaus. Der Strauß zerstiebt in einem Regen von Wassertropfen. Die weißen Rosen landen vor dem Pferd, das sich aufbäumt. Gaston hebt den Kopf. Sieht Marthes Augen. Lächelt ihr zu. Und reitet weiter. «Nicht mal vom Pferd gestiegen ist er, um die Rosen aufzuheben, der Flegel!» Marthe rennt vier Stufen auf einmal die Treppe hinunter, sammelt die angeschlagenen Rosen ein und stellt sie in die Vase zurück. Wenn der französische Soldat sie nicht will, kann Mathilde sie wiederhaben!

Ein paar Tage später trifft Marthe den schönen Soldaten im Tennisclub Sports Réunis. Die ledigen jungen Offiziere, die in Colmar in Garnison sind, verbringen dort ihre Sonntage. «Na, und das war's dann!», erzählte sie mir, so wie man von einer komplikationslosen Transaktion berichtet. «Na ja, man heiratet natürlich nicht irgendwen. Er muss einem schon gefallen! Ich habe ihn meinen Eltern vorgestellt. Die fanden ihn nett. Aber er musste wieder in den Krieg. Ich wollte ihn unbedingt, meinen Mann. Also habe ich auf ihn gewartet.» Am Tag nach ihrer Verlobung zieht Gaston ins marokkanische Rif-Gebirge, um gegen Abd el-Krim zu kämpfen. Am 14. Juli 1927, als Marthe in der Avenue de la Liberté an ihrer Aussteuer stickt, inspiziert Gaston in Sker die Truppen. Marthe hat ihrem Mann diese koloniale Expedition ein Leben lang vorgehalten: «Geht und holt sich in Marokko den Tod.» Gastons Regiment macht Zwischenhalt an einem Ort, an dem der Sanitäterdienst, der die Mücken vernichtet, noch nicht vorbeigekommen ist. Er zieht sich die Malaria zu. Weder die Kuren in Vichy noch die Wunderpastillen und Pülverchen, die Marthe in der Drogerie kauft, können etwas ausrichten. Elf Jahre hat Marthes Glück gedauert. Elf Jahre Garnisonsleben. Marthe hat einen Burschen, Visitenkarten mit «der Hauptmann und

Madame Hugues», zwei brave Kinder mit Mittelscheitel und einen «etwas misanthropischen, aber netten Mann». Sie trinkt Tee und spielt Bridge mit der Frau des Kommandeurs. Auf den Fotos sieht Marthe fröhlich aus. Ganz zierlich in ihrem weißen Leinenrock, mit ihrem Bubikopf, stets einen ihrer Söhne auf dem Arm. Gaston in Uniform raucht Pfeife. Den ernsten Blick auf seine Frau gerichtet. Wenn er zivil ist, trägt er eine Baskenmütze. Und wenn er die Jacke auszieht, behält er stets seine Krawatte an. Er mag es, wenn Marthe ihn aufzieht, und setzt sich auf ihren Schoß. «Welches ist der schönste Tag deines Lebens?», fragt sie. «Der Tag, an dem ich mein Korporalabzeichen erhalten habe!», antwortet er. Marthe springt mit einem Satz auf. Gibt sich empört. Zerzaust ihrem Hauptmann die Haare. Und geht das Abendessen zubereiten. «*Madillalla*», schreibt Marthe an Mathilde, «bei uns sind alle gesund. Ich bringe meinem Junior das Lesen bei. Was für ein bockiger Esel. Sobald man ein bisschen die Stimme hebt, schreit er gleich los. Von Pierrot habe ich gute Nachrichten. Es scheint, er ist auf die Nase gefallen und ganz aufgeschürft. *Maidalla komm mer halfa.* Den ganzen Morgen schinde ich mich ab, Feuer zu machen, und ach du liebe Güte, ich schaff es nicht. Es ist scheußlich hier. Kalt und Wind. Schreib mir bald. Alles Liebe an Deinen Mann. Meiner lässt Euch herzlich grüßen. Marthe.»

Beim Garnisonsmaskenball 1938 verkleidet sich Hauptmann Hugues als Hitler und sein Freund, der Kommandeur, als Göring. «Wir haben das bessere Material!», schwört Gaston seinen Söhnen am Tisch, als sich der Zweite Weltkrieg ankündigt. Wenn sie abends um den Rundfunkapparat versammelt sind, muss seine Frau Hitlers Reden übersetzen. «Los, du verstehst doch Arabisch!», mokiert sich Gaston. Er lässt keine Gelegenheit aus, sich gleichzeitig über diesen grölenden kleinen Österreicher und den Elsässer Akzent seiner Frau lustig zu machen.

Am 13. September 1939 stirbt Hauptmann Gaston Félicien Marin Hugues, 45 Jahre alt, Ritter der Ehrenlegion, Tapferkeitsmedaille, Kriegskreuz, Kriegskreuz für externe Operationsgebiete, im Militärspital in Rennes. Das Begräbnis findet am 19. September in Ventavon statt. Ein paar Tage zuvor haben Frankreich und England Deutschland den Krieg erklärt. Marthe bringt ihre Söhne nicht mit zur Beerdigung. Sie sagt ihnen nichts. Aber sie spüren genau, dass etwas passiert ist. Sie getrauen sich nicht, Fragen zu stellen. Dieser distanzierte Vater, den sie nicht zu duzen wagten, hatte ihnen Angst gemacht. Sie mochten es nicht, wenn er ihnen abends zum Einschlafen «Die Ziege von Monsieur Seguin» vorlas. Für Gaston duftete diese Geschichte nach dem Thymian und den Wildgräsern seiner heimatlichen Provence. Seine Söhne sahen nur, dass die kleine ungehorsame Ziege sterben musste. Als ihre Mutter mit aufgelöstem Gesicht von der Reise zurückkehrt, stehen die Jungen ans Geländer gelehnt. Marthe am unteren Treppenende. «Euer Vater ist in den Himmel gegangen», sagt sie. Sie ist sechsunddreißig. Witwe. Hat zwei Buben aufzuziehen. Der Zweite Weltkrieg hat begonnen. Meine Großmutter wird später oft sagen, sie sei froh, dass ihr Mann das alles nicht habe erleben müssen: der leichte Sieg über Frankreich. Die Kapitulation. Das Defilee der deutschen Truppen über die Champs-Élysées. Das zweigeteilte Frankreich. Die Kollaboration des Vichy-Regimes. Das annektierte, vergewaltigte Elsass.

Der schöne französische Soldat vom Boulevard wird der einzige Mann in ihrem Leben bleiben. Als ich sie einmal bedrängte, mir von der Liebe zu erzählen, schwor Marthe, sie habe nie einen anderen Mann geküsst. Sie war aufgesprungen, als hätte ich sie infamerweise des Ehebruchs bezichtigt.

Nach dem Tod ihres Gaston änderte Marthe ihre Lektüregewohnheiten. Nachts versank ihr schmächtiger

Körper in dem viel zu großen Ehebett. Sie verschlang Krimis und zog den empfindsamen Herzensergüssen eines Paul Géraldy die derbe Sprache des Kommissars San-Antonio vor.

Abends saßen Marthe und ich, in einem tiefen Sessel eng aneinandergeschmiegt, vor dem Fernseher. Ich war eingezwängt zwischen dem massiven Eichenholzschreibtisch meines Großvaters links und der weichen Brust meiner Großmutter rechts. Ich erstickte fast. Konnte kaum die Arme bewegen. Aber in diesem behaglichen Nest konnte mir nichts geschehen. Im Winter legte mir Marthe eine Decke über die Knie. Im Sommer, bei der großen Hitze, lachte sie: «Oh, du machst mir ganz schön heiß, mein *Schatzele.* Aber es ist so gemütlich!» Wir trieften vor Schweiß, waren rot, bekamen keine Luft mehr. Einen Meter vom Bildschirm saß meine Großtante Alice kerzengerade auf einem kleinen Stuhl, die Knie aneinandergepresst. Tante Alice lehnte sich nie an. Schlug nie die Beine übereinander. Die alte Jungfer vermied jede Pose, die auch nur einen Hauch von Laszivität hätte andeuten können. Zu dritt schauten wir zu, wie Alain Delon mit den Fingerspitzen die nackten Fußknöchel von Brigitte Bardot streifte. Verfolgten die Reise von Delons Hand BBs Waden entlang. Aber es waren die sechziger Jahre und das ORTF prüde. Diese Zärtlichkeiten nahmen unter dem Knie ein abruptes Ende. Marthe empörte sich. Ich fühlte, wie sich ihr alarmbereiter Körper unter dem gepolsterten Morgenrock straffte, den sie in Erinnerung an die großen Weiten des Doktor Schiwago «mein Muschik» getauft hatte. Das war vielleicht eine Liebesgeschichte, eine echte. Ohne nackte Haut! Ohne Sex! Während Delons Hand unterhalb von BBs Kniescheibe beschäftigt war, schaute mich Marthe besorgt an. Sie befahl ihrer Schwester: «Alice! Wechsle den Sender! So was verleidet den jungen Mädchen die Lust am Heiraten!»

Patriotisches Delirium

Mathilde konnte die Marseillaise nicht ausstehen. «‹Rücken Euch auf den Leib, Eure Söhne, Eure Ehefrauen zu köpfen …› Nein, also hör dir das an! So was Grausames! Eine Schande, dass man den Kindern in der Schule so was beibringt!» Mathilde war am 14. Juli immer schlechter Laune. Sie begleitete uns auf den Boulevard, um das Defilee anzusehen. Gab sich genauso fidel wie die anderen. Schwenkte ihr Papierfähnchen. Doch wenn die Schreie und Gespräche verstummten, wenn die Menge in ehrfürchtiger Stille erstarrte, wenn die Blicke sich am Horizont verloren und die Augen sich mit patriotischen Tränen füllten, dann, wenn die Fanfare ihre ersten Akkorde anstimmte, versteifte sich Mathilde. Wieder war sie allein in der Menge der Colmarer. Ich konnte sie leise grummeln hören.

Mathilde brachte ihren Enkeln lieber einen Soldatenrefrain bei. «Bismarck auf seiner Kanone schlägt seine Matrone. Poincaré hat es gesehn, da war's um den

Dicken geschehn.» Der Reim flutschte von den Lippen. Die burleske Szene zog vor unseren Augen vorbei. «Der dicke Bismarck ganz verwirrt samt Pickelhaube zu Boden schwirrt.» Wir prusteten los. Als der Präsident der Französischen Republik, Raymond Poincaré, 1919 seinen Namen unter den Versailler Vertrag setzte, kam das einer Rache an Otto von Bismarck gleich. Der Kanzler des Deutschen Reiches hatte 1871 den Frieden von Frankfurt unterzeichnet, der Elsass und Lothringen Deutschland angliederte. Mathilde war Valéry Giscard d'Estaing dankbar, dass er die Marseillaise einen Ton leiser und einen Takt langsamer anstimmte. Serge Gainsbourgs Reggae-Version der Marseillaise hingegen gefiel ihr. Sie sah in dieser skandalösen Parodie einen wohltuenden Riss in einem dummen, brutalen, chauvinistischen Monument. Freute sich diebisch wie eine alte Dame, die nichts mehr fürchtet, wenn die großen Momente der französischen Geschichte ins Lächerliche gezogen wurden. Sie rächte sich für ein Lied, das ihr weh getan hat. Die Marseillaise war eine schlechte Erinnerung. Am 18. November 1918 trällerte ganz Colmar «diese virile Nationalhymne Frankreichs». Die städtischen Drucker verteilten kostenlos den Wortlaut, den keiner auswendig kannte. Die Elsässer verunstalteten die Majestät der Strophen mit ihrem schweren

Akzent. Verstümmelten die Verse. Misshandelten das eisige Pathos dieser Sprache, die sie nicht mehr sprachen. Als gute Franzosen aber haben sie auch ihren Teil dazu beigetragen. Die Marseillaise war 1792 von Rouget de Lisle, einem obskuren Pionierhauptmann, in Straßburg komponiert und zum ersten Mal gesungen worden. Aber auch wenn die Elsässer einen Stein zu diesem nationalen Gebäude hinzugetan haben, die 1918 im Vaterland wiedergefundene Hymne ist ihnen fremd geblieben.

Mathilde hat mir nie vom 18. November 1918 erzählt. Wir überquerten in langen Schritten die Esplanade der Place Rapp, wenn wir in Großvaters Geschäft gingen. Sie hielt mich an der Hand, beschleunigte den Schritt und schwieg, als wir an der Statue von Jean Rapp vorbeikamen. Nie hat sie mir von den großen Taten dieses napoleonischen Generals und gebürtigen Colmarers erzählt, der sich in Austerlitz, Jena und Danzig mit Ruhm eingedeckt hatte. Nie hat sie mir gesagt, dass dieser 3 Meter 50 hohe Herr, zu dem ich aufblickte, die Rheinarmee befehligte und gegen den Prinz von Württemberg kämpfte. Mathilde hat mir nicht gesagt, dass General Rapp am 18. November 1918 ein französisches Käppi aufgesetzt bekam und dass die Deutschen 1940, als sie nach Colmar zurückkehrten, seine Statue auf der Stelle niederrissen. Auf dem Nachhauseweg blieben wir an der Ecke zur Rue des Augustins vor dem Brunnen des Manneken Pis stehen. Wir bewunderten diesen Jungen, der vor den Augen der Passanten seinen frechen Penis ausstellte, den Mathilde «seinen kleinen Fleischzipfel» nannte. Zu Füßen der Statue erinnert eine Inschrift an den 18. November 1918: «Diese Reproduktion des ältesten Bürgers Brüssels ist der Stadt Colmar in Erinnerung an das gemeinsam erlittene Leid unter der deutschen Unterdrückung und als Würdigung des unverbrüchlichen belgischen Frohsinns und der gutgelaunten elsässischen Tüchtigkeit überreicht worden.» Meine Großmutter tat, als wäre nichts. Sie hatte im Laufe der Jahre gelernt, die Gedenkplaketten zu ignorieren. Sie machte vorsichtig einen Bogen um die bedrohlichen Erinnerungen, die ihren täglichen Gängen auflauerten. Nur aufpassen, dass man sich auf dem Weg zum Fleischer oder vom Kino nicht an den scharfen Ecken verletzte. Dabei ging Mathilde jeden Tag an diesen Überbleibseln der deutschen Epoche vorbei. Unter dem «Reichsland», wie Elsass-Lothringen ab 1871 als Teil des Deutschen Reiches genannt wurde, hatte sich Colmar verwandelt. Zu Beginn des Jahrhunderts errichteten deutsche Architekten ein monumentales Oberlandsgericht und einen neuen Bahnhof, die genaue Kopie des Danziger Bahnhofs, einen neugotischen, 53 Meter hohen Wasserturm, städtische Bäder und vornehme Viertel. Mathilde tat, als würde sie den Wilhelminischen Stil dieser stattlichen Häuser nicht wiedererkennen. Mathilde hätte es beinahe geschafft, den 18. November 1918 zu vergessen, wenn die Helden der Somme und von Verdun sie nicht hartnäckig von einem Umzug zum anderen verfolgt hätten. Nach der Avenue de la Liberté und der Avenue de la République zog Mathilde in die Rue de Castelnau, die den Namen eines Generals des Ersten Weltkriegs trägt, dann in den Boulevard Clemenceau, nach «dem Tiger», dem Premierminister und «Vater des Sieges» genannt, der 1918 den Erlass verkündete: «Sooft Ihnen die Präsenz von Deutschen der Ruhe abträglich erscheint, so beseitigen Sie diese Gefahrenursache auf der Stelle.» Mathilde musste auf die unschuldige Rue des Mésanges warten, die Meisenstraße, ihre letzte Adresse im Altersheim, um diesem Fluch endlich zu entrinnen.

Der 18. November 1918 löste bei Mathilde eine Erinnerungsflut aus: die von Menschen überlaufenen Straßen, die Ehrenweine, Toasts, die hochtrabenden Reden, die mit Girlanden behängten Masten, die Farandolen der Elsässerinnen in Trachten, ein Meer aus blau-weißroten Fähnchen, die Fackeln in der kalten Nacht, die roten Käppis, die Veteranen, die Clairons, die Trommeln, die dichten Schnauzer der Generäle, die Fanfaren der Musikgesellschaften, die zum ersten Mal die Soldatenlieder «Madelon» und «Sambre-et-Meuse» ertönen lassen. Am Himmel drehen die Flugzeuge ihre Runden. Der Buchhändler Charles Kierwel, Rue de Mutzig, verkauft die Parolen der großen Tageshits: «Salut à la France» für 12 Francs und «Allons messieurs les Prussiens, il faut ficher le camp!» (Los, die Herren Preußen, es wird Zeit, das Feld zu räumen), ein komisches Lied nach der Melodie von Tra-deri-dera, für 8 Francs. Mathilde konnte am Ende ihres Lebens die Anzeige, die 1918 an der Morris-Säule gegenüber dem Vogesenwall 6 angeschlagen war, noch wortwörtlich aufsagen: «Bürger der Stadt Colmar! Der denkwürdigste Tag unserer Geschichte rückt näher. Morgen kehren wir heim in unser französisches Vaterland. Wir sind vom Joch befreit, das uns seit jenem unglückseligen Tage drückt, als unser geliebtes Land gegen seinen Willen von der französischen Heimat abgetrennt wurde. Vier schreckliche Kriegsjahre liegen hinter uns, vier Jahre, in denen unser Land furchtbar gelitten hat, einem rücksichts- und erbarmungslosen Militarismus ausgeliefert. Die freie und glückliche Stadt Colmar grüßt die tapferen französischen und alliierten Truppen. Unser schönster Traum ist Wirklichkeit geworden: Wir sind Franzosen und wollen es bleiben. Es lebe das Land der Freiheit, Gleichheit und Brüderlichkeit. Es lebe Frankreich!»

Der Morgen des 18. November 1918 ist kalt. Henri Réling ist auf einen Schemel geklettert, um eilends die Uhr im Wohnzimmer nach der französischen Zeit zu stellen. Alice und ihre Mutter sitzen am Esszimmertisch und nähen blau-weiß-rote Flaggen. Da nicht genug Blau da war, mussten mitten in der Nacht Bettlaken mit Indigopulver gefärbt und über dem Ofen getrocknet werden. Mathilde wird den säuerlichen Geruch, der in der Wohnung der Rélings hing, nicht vergessen. Augustine Réling opfert ihre Aussteuer für Frankreich. Im Fensterrahmen kniend lässt Henri Réling die Banner über die Fassade seines Hauses gleiten. Am 18. November 1918 wechselt Colmar die Farbe. Die Stadt wird blau-weiß-rot. Auf der Straße werden Kokarden verteilt, Papierwimpel, Girlanden, Bänder und Schleifen. Großvater Surkopf, 1870er Veteran, holt sein französisches Banner aus dem Versteck hervor. Théodor Surkopf posiert mit seiner Melone und seinen Medaillen vor dem Haus für ein Foto. Auf einem anderen Bild lächeln Alice und Marthe in der Elsässer-Tracht hinter dem Kugelhopf und den Gläsern mit Weißwein, die den französischen Soldaten offeriert werden. Das Festkomitee hat die jungen Damen «von einwandfreier elsässischer Abstammung» gebeten, beim Empfang der französischen Truppen Spalier zu stehen.

Mathilde erinnert sich vor allem an die arglose Freude ihrer Mutter. Adèle nimmt aus der Schublade ihres Sekretärs das Porträt des belgischen Königspaares, das sie während des ganzen Kriegs unter einem Stapel Rechnungen versteckt hatte. Die Königin trägt einen Foulard mit einer Schleife an der Seite des Kopfes. Der König von Belgien ist in Uniform. Adèle lacht von früh bis spät. Sie weiß sich auf der richtigen Seite der Geschichte. Sie wirft den Befreiern Zigarren zu. Geht jeden Tag zu ihrer Freundin Augustine Réling hinunter. Und macht sich lustig: «Wenn man zu Hause zwei Deutsche gegen sich hat, muss man ab und zu die Flucht ergreifen!» Adèle hat die Konsequenzen dieses Übergangs des Elsass nach Frankreich für ihren deutschen Mann und ihre Tochter Mathilde nicht sofort durchschaut. Sie hat den Frieden so herbeigesehnt. *«Hoffentlich wird es bald Frieden»*, schreibt sie im Juni 1918 ihrer Tochter Georgette. *«Bald kommt Papas Geburtstag und dann sehen wir uns wieder!»* Die älteste Tochter der Goerkes, eine Lehrerin, war im

Frühling 1918 nach Berlin versetzt worden. Adèle fängt an, auf der Straße laut und deutlich französisch zu sprechen. Die deutschen Behörden hatten den Colmarern zu Kriegsbeginn verboten, die Sprache des Feindes zu sprechen. Adèle hat oft gezittert, wenn sie das kleine, in der Stadt angeschlagene Plakat las: «*Wiederholte Warnung! Jeder, der auf der Straße oder in Lokalen französisch spricht, wird als Feind angesehen und verhaftet. Dieses gilt auch für Damen.*» Jetzt aber rühmt sie sich: Ihre Tochter Mathilde kannte kein einziges deutsches Wort, bevor sie zur Schule ging. «In der Familie», erzählte Mathilde, «haben wir immer französisch gesprochen. Meine Mutter hat die ganze Zeit im Larousse gelesen. Sie konnte nicht gut Deutsch. Sie setzte überall ein ‹h›, wo keins hingehörte.» Mathilde mokierte sich über diese Elsässer, die die Sprache ihres verherrlichten Heimatlandes vergessen hatten. Sie lachte über diese glühenden Patrioten, die gezwungen waren, sich in der Sprache des Feindes auszudrücken. Die Zeitungen, die Kleinanzeigen, die in der Stadt angeschlagenen städtischen Mitteilungen und sogar die Reden der französischen Generäle … alles wird ins Deutsche übersetzt. Die Elsässer sind Franzosen, die kein Französisch sprechen. «1918 fühlte man sich aus Patriotismus französisch», versuchte Marthe zu erklären. «Aber wir hatten alles vergessen. Wir konnten nicht französisch schreiben, und viele, wie Joseph, Mathildes Mann, konnten es kaum sprechen. Wir waren zwangsläufig als Deutsche geboren. Die Elsässer haben eine deutsche Kultur, aber sie lieben Frankreich!»

Um ihre Behördengänge zu erledigen, benötigten die Elsässer einen Dolmetscher. Adèle ist ihren Nachbarinnen oft behilflich. Sie schneidet die Kleinanzeigen aus der Zeitung. Mademoiselle Hesselbacher bietet ihre Dienste an, um Anfragen, Anträge, Behördenbriefe und andere zivile Schriften in den beiden Sprachen zu verfassen. Das Straßburger Verlagshaus Singer, Rue de la Mésange, wirbt für eine Schnellmethode: *«Schnell! Französisch lernen! Le Petit Français. Neue Ausgabe. Grammatik. Verben (regelmäßige und unregelmäßige). Conversation. Gebräuchliche Redewendungen zu Hause, bei Behörden, im Handel, beim Militär etc. … fr. 2.50 porto 45 cts.»* Von der Leitung des französischen Militärpersonals werden kostenlose Französischkurse in den verschiedenen Stadtvierteln organisiert. Deutsch, die von der Bevölkerung gesprochene Sprache, wird zur Fremdsprache erklärt. Henri Réling, Lehrer an der Schule Saint Joseph, ist einer der Ersten, der auf Französisch unterrichtet. Das «*so und so*», das er ans Ende jedes Satzes hängt, bevor er Atem schöpft und den nächsten anfängt, war die einzige Schlacke, die von der deutschen Periode zurückgeblieben ist. Der Inspektor der Grundschule urteilt in seinem Bericht für den Monat Februar 1921: «Monsieur Réling war fest entschlossen, die Schwierigkeiten des Unterrichts in Französisch für Schüler, deren Muttersprache das Deutsche ist, zu überwinden. Und es ist ihm gelungen. Die französische Sprache wird vom Lehrer und sogar von den Schülern fließend gesprochen. Sicher sind Vokabular und Syntax noch etwas arm, doch reichen sie für die Bedürfnisse des Unterrichts. Ich möchte Monsieur Réling für seinen Fleiß meine Anerkennung aussprechen. Seine Arbeit ist vielleicht ein bisschen streng, aber nützlich. Kompliment!» In Monsieur Rélings Klasse arbeiten die Schüler «in befriedigendem, diszipliniertem Betragen» an einem Aufsatz mit dem Titel «Wie das Rotkehlchen den Landmann besuchte». Lesen wird anhand eines Textes mit dem Titel «Ein braves französisches Mädchen» geübt. In Erdkunde zeichnen die Kinder den Lauf der Seine nach. Die französische Behörde zeichnet Henri Rélings Loyalität aus: Am 28. November 1921 ernennt der Inspektor der Grundschule des Bezirks Colmar Henri Réling zum Direktor der Saint-Joseph-Schule.

Mathilde sieht ihrem Vater den Kummer an. Karl Georg Goerke verbarrikadiert sich in seinem Arbeitszimmer. Verlässt es nur zu den Mahlzeiten. Er geht nicht ans Fenster, als auf der Straße das Geschrei losgeht. Er geht nicht in die Stadt. Er will nicht sehen, was draußen los ist. «Papa hat schlechte Laune. Diese ganzen Geschichten machen ihn böse», schreibt Adèle an Georgette. Adèle glaubt an eine vorübergehende Verstimmung. Aber Mathilde spürt, dass ihr Leben dabei ist, aus den Fugen zu geraten. Es ist eines dieser unbestimmten Gefühle eines Kindes, das noch zu jung ist, um wirklich zu verstehen. Eine Gewissheit, die keine Bestätigung durch Worte braucht. Mathilde weiß, dass sie von diesem Fest ausgeschlossen ist. Karl Georg Goerke weiß, dass er ein «feindlicher Bürger» geworden ist. Aber er sagt nichts, um die Begeisterung seiner Frau nicht zu dämpfen. Karl Georg Goerke will auch diese blonde Jugendliche nicht beunruhigen, die ihn nicht aus den Augen lässt, aber keine Fragen zu stellen wagt. Er sagt nichts, als am Abend des 19. November in der Stadt deutsche Läden geplündert werden. Die Schaufenster des Hauses Kegel sind in Scherben gegangen. Die Ware ist verschwunden. Die Geschäfte Wilius, Meyer, Süssel, Kaufmann, Wolf sind verwüstet worden. Die Handlung Mandowsky in Brand gesteckt. Ein

Bengel hat einen Stein gegen die Schaufensterscheibe des großen Geschäfts Knopf geworfen, das bald seine Besitzer wechseln und umgetauft werden wird zu «Aux villes de France». Karl Georg Goerke faltet seine Zeitung rasch wieder zu, als er eines Morgens die zweisprachige Anzeige liest, die in Großbuchstaben im «Elsässer Kurier» erschienen ist:

«An die Elsässischen Leser!

Erinnert Euch an die Unterdrückung und die Tyrannei während 47 Jahren.

Erinnert Euch an die Kriegsperiode 1914–1918!

Lasst Euch nicht irreführen durch trügerische Vorspiegelung!

Kaufet nur in durchaus elsässischen Geschäften!»

Die deutschen Geschäfte sind ausgestorben. Jugendbanden ziehen durch die Straßen und reißen die Fensterläden der deutschen Geschäfte herunter. Sie hindern die Händler daran, ihre Läden aufzumachen. Überall in den Auslagen sind Schilder ‹Maison française›, Französisches Haus, zu sehen.

Karl Georg Goerke hat Mühe, diese plötzliche Feindseligkeit der Elsässer gegenüber den Nachbarn und Geschäftspartnern von gestern zu verstehen. Vier Jahre Militärdiktatur haben einen gewaltigen Hass gegen den «Boche» geschürt. Die Elsässer verzeihen den deutschen Militärs und Beamten ihre Arroganz nicht. Sie verzeihen nicht die Schikanen und Repressionen, die Internierungen, die Ausweisungen, die Untersuchungshaft, die Durchsuchungen, die Verkehrsbeschränkungen. Während der vier Kriegsjahre haben die Deutschen überall Spione gesehen. Haben die Ladenschilder und Straßennamen zwangsweise germanisiert. Die Zeitungen wurden von der Zensur unter irgendwelchen nichtigen Vorwänden bis auf weiteres eingestellt. Am Tag, als in den Kirchen die bronzenen Glocken abgehängt und in die Gießerei gebracht wurden, um sie zu Kanonen zu machen, hat Marthe aufbegehrt. Sie klebte in ihr Fotoalbum das Bild einer Glocke aus einer Colmarer Kirche, die auf dem Trottoir lag. Innerhalb von vier Jahren haben die Deutschen sämtliche Sympathien verspielt, die ihnen ihre liberale Politik in Elsass-Lothringen seit 1870 eingebracht hatte.

Mein deutscher Urgroßvater nimmt es den Elsässern übel, dass sie nicht anerkennen, wie sehr die Periode des «Reichslands» für sie eine Phase des ökonomischen Wachstums war. Vergessen waren Bismarcks Sozialgesetze, die zu den fortschrittlichsten Europas gehörten. Der deutsche Kanzler hat das Elsass mit dem ersten vollständigen obligatorischen sozialen Versicherungssystem ausgestattet. Vergessen der hohe Grad an Autonomie, der dem Elsass zugestanden worden war. Im Rahmen der 1911 neu errungenen Teilautonomie entsendet Elsass-Lothringen drei Vertreter in den Bundesrat. Elsass-Lothringen hat wie die anderen Länder des Reiches seine Verfassung und sein Parlament. Das Elsass hat seine eigenen Gesetze. Nie wieder wird es so autonom sein. Vergessen auch der enorme Aufschwung, den die elsässischen Städte erfuhren. Straßburg ist zu einer wahren regionalen Hauptstadt geworden. Henri Réling verdankt den Deutschen das Viertel Saint Joseph, den neuen Bahnhof, die ganz neue Kanalisation, das Trinkwasser, die Elektrizität und seine zwei schönen Häuser.

Karl Georg Goerke liest die Reden dieser großen Generäle, die sich auf der Place Rapp zujubeln lassen. Der «Elsässer Kurier» veröffentlicht die Texte auf Französisch und Deutsch. Am 18. November bedankt sich General Messimy bei den Elsässern:

«Die Treue, die Sie uns, trotz sich abwechselnder Schmeichelei und Brutalität, über ein halbes Jahrhundert bewahrt haben, die als das kostbarste aller Erbgüter von den Vätern auf die Söhne überging, bleibt für uns Anlass freudiger Bewunderung und unendlicher Dankbarkeit. Sie haben uns die Treue gehalten, allem zum Trotz, dem verfälschten Bild zum Trotz, das man Ihnen gezeichnet hat, von einem schwachen, dem Untergang geweihten, einem baldigen Ende entgegengehenden Frankreich, während das mächtige Deutschland in einem ständigen Aufstieg der Weltherrschaft entgegenstrebte. Frankreich hat unter den Nationen wieder den Platz eingenommen, der ihm gebührt – den ersten unter den ganz Großen. Zwei Generationen von Franzosen sind mit dem Gewicht der Niederlage auf den Schultern aufgewachsen; wohin sie auch gingen, auf der ganzen Welt sahen sie auf den Mauern und den Gesichtern das Wort ‹Sedan› geschrieben; über der französischen Geschichte lag der traurige Schatten Bismarcks.

Nun, da der Boche aus dem Elsass verjagt, Lothringen wiedergewonnen, ist Sedan nur noch eine Episode des über hundertjährigen Kampfes zwischen Preußen und Frankreich, zwischen Militarismus und Freiheit.»

Um Waterloo und Sedan zu vergessen, spricht Messimy von Valmy, Jena, Verdun, von der Somme und der Aisne. Der Colmarer Bürgermeister revanchiert sich mit der Versicherung, dass die Colmarer die Hoffnung, in die große französische Familie zurückzukehren, nie aufgegeben haben. «Herr General!», deklamiert er auf

Französisch. Die Rede ist in der Zeitung ins Deutsche übersetzt. «*Der begeisterte Empfang unserer Bevölkerung zeigt Ihnen, dass unsere Herzen bei Frankreich geblieben sind. Trotzdem die Umgangssprache eines großen Teiles unserer Bevölkerung nicht die französische ist, blieb das Andenken an die glorreiche Epoche der französischen Revolution, die Heldentaten Napoleons und seiner Generale, von denen mehrere unsere Mitbürger waren, und besonders die große Trauer des Schreckensjahres 1870 in unsere Herzen tief eingegraben. Dem lieben Vaterlande wurden wir entrissen trotz des Protestes unserer Väter. Unsere Väter mussten gezwungenen und blutenden Herzens die Banner Frankreichs verlassen. Frankreich blieb das Land unserer Sehnsucht, unserer Träume. Nun sind sie verwirklicht. Vier Jahre eines grausigen Kriegs haben uns unsagbare Schmerzen und Demütigungen gebracht. Unsere Kinder mussten einer Nation dienen, die uns fremd und jeder freiheitlichen Regung abhold geblieben war. Unsere Zukunft entscheidet sich heute: Wir wollen unser Geschick für immer festlegen. Unsere Abstimmung ist vollzogen. Dich heißgeliebtes Frankreich hat unser Herz für immer erkoren. Wir wollen dir dienen und nur bei dir bleiben.*

Herr General! Unsere Wünsche, unsere Hoffnungen, unsere einhelligen Gefühle gipfeln in diesen Worten, die so lang und so brutal unterdrückt wurden, in unseren

Herzen aber unaufhörlich geklungen haben: Vive la France!»

Die ganze Stadt prangert den «Blutwahn an, der die Boches zu Beginn des Kriegs erfasst hatte». Die Elsässer «fühlen sich vom Joch befreit, unter dem sie stöhnten». «Aus den schlechten Deutschen, die wir waren», sagt ein stellvertretender Bürgermeister, als er die französischen Generäle mit einem Toast ehrte, «machen Sie sicherlich gute Franzosen.» Der stellvertretende Bürgermeister gerät außer sich: «Es ist, als ob sich unser Land an diesem grauen Novembertag mit Blumen bedecken würde! Stumm lächeln die Schlösser von den Bergen herab ob dieser immensen Freude! Das ist es, das Paradies, von dem wir träumten!» Maurice Barrès stellt fest, dass «die Liebe zu Frankreich und der Hass auf Preußen hier in derselben Glut brennen». Er jubelt: «In welchem Schlamm, in welcher Verachtung bricht allüberall die verhasste Despotie der Deutschen zusammen! Kein einziger dieser Lumpen, die das Elsass und Lothringen ein halbes Jahrhundert lang gemartert haben, der in der Niederlage eine würdige Haltung bewahrt hätte. Sie fliehen nicht, sie ziehen um. Um auf ihren Wagen ihre Beute an Uhren, Klavieren und Flügeln mitzunehmen, das geplünderte Frankreich, ließen sie ihr Kriegsmaterial im Stich und warfen ihre Waffen auf die Straßen!» In der Stadt wurden Flugblätter verteilt, auf denen die Grausamkeiten der Deutschen angeprangert waren. Mathilde hat eine dieser Schriften aufbewahrt, die nach offiziellen Umfragen durch die belgischen und französischen Regierungen verfertigt worden ist und die Verbrechen der Deutschen auflistet, «dieser Barbaren, die 1914 auf der Welt eine Katastrophe ohnegleichen ausgelöst haben».

Mathilde hat nie über den nationalistischen Kitsch dieser Reden gespottet. Wenn ich am Wochenende bei ihr für die Schule die Geschichte des Ersten Weltkriegs lernte, konnte ich sie nie ganz davon überzeugen, dass diese pathetische Lyrik etwas aus der Mode gekommen war. Diese Orgie von geschwollenen Wörtern, diese ewigen Versprechen haben Mathilde nie ein Lachen entlockt. «Der Feind ist ein guter Kittstein zur nationalen Identität», sagte ich zu ihr. «Und genau das brauchte Frankreich, um aus den Elsässern von 1918 gehorsame Franzosen zu machen. Diese Liebe, die die Elsässer Frankreich entgegenbrachten, war etwas idealistisch. Findest du nicht?» Ich wollte ihr den historischen Kontext des Hasses erklären, dessen Objekt sie war, sie etwas entlasten, ihr vielleicht helfen. Ich hätte gerne mit ihr zusammen diesen wahnsinnigen Nationalismus jener inzwischen so fernen Jahre verspottet.

Aber Mathilde ließ sich von meinen Gymnasiastenargumenten nicht beeindrucken. Allerdings ist in ihrem Fotoalbum kein einziges Bild dieser historischen Jahre zu finden. «Ich habe versucht zu vergessen, verstehst du?», sagte sie. Und wechselte das Thema.

Die französische Armee war 1918 nicht allein in Colmar eingezogen. Sie hatte einen Mythos im Schlepptau. Sicher ist Frankreich das Land der Freiheit und der Menschenrechte. Aber Frankreich ist auch das Land der Eleganz und Lebenskunst. Und Frankreich hat sich mächtig ins Zeug gelegt, um die Elsässer zu verführen. Lastwagen, beladen mit Lebensmitteln, folgten dem Defilee der Soldaten. Sie bringen den Colmarern, die seit vier Jahren mit Lebensmittelkarten und Restriktionen leben, Weißbrot und Rotwein. In den Monaten nach der Befreiung wird die kleine Stadt von französischen Produkten überschwemmt. Reklamen großer Geschäfte füllen ganze Seiten im «Elsässer Kurier». Stets in zwei Sprachen.

Am Tag, als Marschall Pétain zu einem Kurzbesuch nach Colmar kommt, jubelt das Haus Jeanne Gintzburger in der Clausgasse: «Letzte Pariser Neuheiten zu mäßigen Preisen. Die französische Ware ist eingetroffen! Wir bieten unserer werten Kundschaft von Colmar und Umgebung eine große Auswahl diverser Artikel an.» Das Haus Jeanne Gintzburger stellt eine berauschende Liste auf: «Gipürenspitzen- und Tüllvorhänge, Seiden- und Baumwolltricot. Büstenhalter in Spitzen-Strickerei-Tricot und Coutilstoff. Handgestrickte und handgenähte Damenfeinwäsche wie Unterkleider, Unterröcke, Untertaillen, Tag- und Nachthemden, Beinkleider. Große Auswahl Wollstoffe für Unterröcke. Tricotstoffe. Letzte Neuheiten an Damenkleidern in schwarz und bunt. Blusen aus Seide und Crêpe de Chine. Große Auswahl an Damentaschen aus Seide und Leder. Federboas und Marabu. Große Auswahl an französischem Spielzeug (Aparte Pariser Spielwaren). Parfümerie und Seife verschiedener Fabrikate. Militärartikel wie Futter, Polizeimützen, Knöpfe, Nummern usw.» Die Anzeige ist mit Ausnahme des Militärbedarfs ins Deutsche übersetzt.

Das einstige Haus «Luxhof» heißt ab jetzt «Au poilu», nach den Frontsoldaten, die aus dem Krieg zurückgekehrt sind.

Marthe und Mathilde geraten von einem Entzücken ins andere. Die Galeries Alsaciennes (so der neue Name des großen Geschäfts Alsberg) kündigen für den Schlussverkauf an: «*Wir verkaufen unser ganzes Warenlager mit wenig Ausnahme mit 50 % Rabatt, um unsere Lager in kürzester Zeit mit französischen Waren erneuern zu können.»* Meine Großmütter lernen im Zuge dieser neuen Warenlieferungen die Geographie Frankreichs: Spitzen aus Valenciennes, normannische Pferde, Foulards aus Lyon, Bänder aus Saint Etienne, Wachsseife aus Marseille, Schuhe aus Paris. Das Restaurant «Colmarer Wappen» meldet die Lieferung von französischem Wein, und die «Galeries Alsaciennes» bekommen französische Regenschirme. Die neuen Citroën 10HP mit ihrem triumphalen Auftritt, «komplett mit Luxuskarosserie, elektrischem Anlasser und Beleuchtung, entfernbare Räder, Accessoires». Die Versandhäuser «Printemps» und «Samaritaine» verschicken ihre bebilderten Kataloge. In der Rue des Boulangers öffnet das Warenhaus «Au Bon Marché» seine Pforten. Sogar das Klavierspiel wird «nach französischer Methode» unterrichtet, und im Verlag Pierre Lafitte erscheint «Fémina», eine neue Frauenzeitschrift «in ihrem ausgesprochen französischen Gepräge und mit ihren herrlichen Modellen großer Couturiers».

Alles, was schön, schick und luxuriös ist, ist zwangsläufig französisch. Deutschland ist nichts mehr als eine üble Erinnerung. In den aufgeregten Köpfen meiner Großmütter geht es drunter und drüber. Frankreich defiliert mit seinen Generälen und Bannern vorüber. Frankreich erobert die Stadt mit seiner Seide und seinen Stoffen, seinen Unterröcken und Schleiern, seinen Parfums und Pelzen, seinem Vaseline und seinen Lip-Uhren. Marthe und Mathilde machen sich einen Spaß daraus, eigenartige Zusammenstellungen zu machen. Die großen Helden von Verdun und die kleinen Frauen aus Paris. Clemenceau und die Büstenhalter. Messimy und die Seidenstrümpfe. Die schnurrbärtigen Veteranen und die Veilchenseife. Die Liebe zum Heimatland und die aufreizenden Dessous. Frankreich hat einen guten Geschmack. Frankreich riecht gut. Mathilde ist überzeugt, dass Frankreich sogar fähig wäre, ihre kranke Mutter zu heilen. Sie bestellt eine Packung Pink-Pillen, «unübertreffbar gegen den ‹spleen›, Blutarmut, Kopfweh, Schwindelanfälle, Magenstörungen und bei der Frau gegen unregelmäßige Menstruationen».

Bespuckt und beworfen

Mit Steinen und Pferdeäpfeln haben sie sie vertrieben.» Ich erkannte dieses dünne, raue Stimmchen kaum wieder. Mathilde steht vor mir. Klammert sich mit beiden Händen an die Kante der Kommode. Ich verstehe nicht, wovon sie spricht. Wohl wieder eine dieser großmütterlichen Phantastereien. Es ist das erste Silvester nach dem Fall der Mauer. Im Fernseher knallen die deutschen Feuerwerke.

«Ach steig doch mal auf die Leiter und hol mir diese Schuhschachtel aus dem Schrank da oben runter!», befiehlt Mathilde. Noch eine dieser winzigen Aufgaben, die sie mir bei jedem Besuch, mehr aus Prinzip denn aus Notwendigkeit, aufbrummt. Bei Mathilde gibt es ständig irgendeine Decke herunterzuholen, eine Vase wegzuräumen, ein Bett zu verrücken, einen Tisch hochzuheben, einen kleinen Liebesdienst zu erweisen. «Dauert nur ein paar Sekunden, ma chérie.» Mathilde macht aus jedem Auftrag, den sie mir anvertraut, einen Loyalitätstest. Jeder «kleine Gefallen» ist eine Prüfung, um sich meiner Liebe zu versichern. Wieder einmal sage ich mir, jetzt übertreibt sie aber. Und gehorche. Ich gehorche meiner Großmutter immer. Ihre in Höflichkeit gekleideten Befehle schüchtern mich ein. In Wahrheit habe ich keine andere Wahl. Ein «Nein, ich habe keine Zeit» könnte ein mehrstündiges Schmollen auslösen, ein Gesicht, verschlossen wie ein Laden am Sonntag. Wegen dieser gebieterischen Befehle, die sie ständig gab, hatten wir ihr den Spitznamen Königinmutter verpasst.

Der Schuhkarton liegt im Wäscheschrank ganz oben zwischen Bettlaken. Mathilde entnimmt ihm drei Postkarten. Aber weder Alpenlandschaften noch Panoramaansichten sind darauf zu sehen, sondern kleine Grüppchen übermütiger Jungen, die mit baumelnden Beinen auf einer Steinmauer sitzen. Manche johlen. Andere schwenken ihre Mützen über den Köpfen. Im Hof zu ihren Füßen stopfen elegante Herren in Mänteln, Pelzkrägen und Melonenhüten ihre Kleidungsstücke in Koffer, die auf dem Lehmboden stehen. Sie haben es eilig. Sie haben nicht die Zeit, ihre gestärkten Hemden wieder richtig zu falten. Auf dem eiskalten Boden kauernd, packen sie in aller Eile ihre Siebensachen wieder ein. Soldaten in französischer Uniform haben den Inhalt kontrolliert. Die eleganten Herren protestieren nicht. Eine Frau trägt einen eingerollten Perserteppich wie ein totes Kind im Arm. Ein Offizier mit Käppi und Lederstiefeln überwacht den Ablauf der Operation. Er schaut mit dem zufriedenen Gefühl, seine Pflicht getan zu haben, ins Objektiv des Fotografen. In seinen Augen ein spöttischer Glanz. Er macht keine Anstalten, die hasserfüllte Menge der Schaulustigen zu vertreiben. Auf einer anderen Karte eine dicke Dame, die sich, durch mehrere Schichten Wollröcke behindert, auf einen mit einer Plane bedeckten Lastwagen hievt. Ein schreckliches Gefühl der Erniedrigung geht von diesen Fotos aus. «Diese Flegel haben mit Steinen und Pferdeäpfeln nach ihnen geworfen!», sagt Mathilde wieder. An diesem Morgen klagt sie zum ersten Mal in ihrem Leben an. Tiefer Zorn ist aus ihrer Stimme zu hören. Mathilde hatte es nie geschafft, mir den historischen Kontext dieser Szenen, die sie ein Leben lang verfolgten, objektiv zu erklären. Wenn sie von den Monaten spricht, die auf die Rückkehr Colmars nach Frankreich folgten, wird sie stets von Gefühlen überwältigt.

Es war vor dem katholischen Vereinshaus Saint Martin. Ein neugotisches Gebäude in der Avenue Joffre an der Ecke Wasserturmallee, dort, wo die Avenue Georges Clemenceau den Namen ändert und zur Avenue Raymond Poincaré wird, die wir sonntagabends immer hinaufgingen, wenn Mathilde mich nach dem Wochenende zum Bahnhof brachte. Die große Vertreibungswelle der Deutschen nach der Rückkehr des Elsass zu Frankreich fand während des Jahres 1919 statt. Die ersten Ausweisungen waren in aller Eile beschlossen und improvisiert worden. Die Beamten des Reiches und jene, die während des Kriegs antifranzösische Parolen verkündet hatten, mussten schon im Dezember die Koffer packen und gehen. Ende des Jahres 1919 war der größte Teil weg. «Und 1921 war Schluss», rief Mathilde auf einmal aus, als bereute sie es schon, so viel gesagt zu haben. «Damals hieß das die große Reinigung», sagte sie. «Heute würde man Säuberung dazu sagen.» Ort und Zeit des «Abschubs» wurden in der Stadt ausgehängt. Die Leute kamen am frühen Morgen herbeigeeilt, um sich einen guten Platz zu sichern, dem Spektakel zuzusehen. Die jungen Elsässer saßen auf der Mauer und schauten zu, wie die Deutschen ihre Koffer und Taschen zusammentrugen. Vierundzwanzig Stunden gaben die französischen Behörden den besiegten Bürgern des Landes, um ihre Abreise vorzubereiten. Erwachsenen werden dreißig Kilo Gepäck erlaubt. Kindern unter zehn Jahren fünfzehn Kilo. Sie dürfen maximal 2000 Mark pro dreiköpfige Familie mitnehmen, sei es in bar oder in Form von Wertpapieren. Die Güter der vertriebenen Deutschen werden beschlagnahmt. «Es ist strikt untersagt», bestimmt die Abfahrtsgenehmigung nach Deutschland, «französisches Geld oder andere Wertpapiere auszuführen. Das Auffinden eines verdächtigen Gegenstandes oder von Gold führt zur Verhaftung des oder der Besitzer. Die Evakuierten sowie ihr Gepäck müssen gründlich durchsucht werden.»

Mathilde hält sich an der Kommode fest, als hätte sie Angst, von dieser Vergangenheit weggerissen zu werden. Sie hat nie mit jemandem über diese Szenen des Nachkriegswinters gesprochen. Nicht einmal mit Marthe, die von dieser Rückkehr des Elsass zu Frankreich nur bezaubernde Bilder zurückbehalten hat. Mathilde nimmt diese Erinnerungen in völlig frischem Zustand aus der Schuhschachtel. Sie sind nicht durch vieles Erzählen verbraucht. Sind nie verformt worden von der Lust, die Zuhörer zu beeindrucken, oder der Sorge, ihnen zu gefallen. Das jahrelange Schweigen hat ihnen ihre geballte Gewalt bewahrt. «Ich sehe sie noch vor mir. Mit ihren Klappzylindern auf dem Kopf und ihren Skiern über den Schultern haben sie sich wie Diebe über den Rhein fortgestohlen.» Sie spricht von «ihnen», von diesen Deutschen aus dem Elsass, als wären es Fremde, mit denen sie – Gott sei Dank – nichts zu tun hat.

Auf dem Heimweg von der *Höheren Mädchenschule*, dem Gymnasium für die Colmarer Mädchen, macht Mathilde jeden Tag einen Umweg, um der Abreise der Deutschen zuzusehen. Sie geht den Park entlang, am Wasserturm vorbei, überquert die Straße und hievt sich auf die Steinmauer am Saint Martin. «Ich sah zu, wie sie gingen, die Deutschen. Aber ich gehörte nicht mehr zu ihnen.» Mathilde ist sechzehn. Sie zwängt den Kopf zwischen den Hüften der jungen Elsässer durch, die auf der Mauer sitzen. Sie beschimpfen die verdatterte Menschenschar, die im Hof eingepfercht ist. Mathilde hat Angst, entlarvt zu werden. Sie macht sich ganz klein. Die Deutschen sitzen auf ihren Koffern. Sie warten auf den Befehl zum Aufbruch. Manche gehen zu Fuß, ihren Koffer auf einem Kinderwagen. Die Kinder tragen Bündel. Die Colmarer, die sich auf dem Trottoir versammelt haben, werfen ihnen Beleidigungen hinterher. «Plünderer!», ruft eine Elsässerin. «Für einmal gehen sie nicht schwerer beladen, als sie gekommen sind!» Ein Spalier des Hasses formt sich den Gehsteig entlang. Eine ehrenwerte Bürgerin spuckt auf den Gehrock eines Deutschen. Die Jungen auf der Steinmauer singen *«Muss i denn, muss i denn zum Städtele erüs ...»* Die französischen Soldaten können die Menge nur mit Mühe vertreiben, um für die Lastwagenkolonne Platz zu schaffen, die sich Richtung Grenzposten von Breisach am Rhein in Bewegung setzt. «*Die Operation*», hält ein Journalist des «Elsässer Kurier» fest, «*hat heute zu unliebsamen Szenen geführt.*» Am 9. Dezember 1918 wird im «Elsässer Kurier» der erste Ausweisungsbescheid veröffentlicht, nur auf Deutsch. 40 Familien, «*deren Haltung gegenüber den Eingeborenen sehr vieles, stellenweise alles zu wünschen übrig ließ*», werden ausgewiesen. «*Die Gefühle, mit welchen die elsässische Bevölkerung dem Abschub gegenübersteht, wird man nur dann richtig zu würdigen wissen, wenn man die Jahrzehnte der Bedrückung unter der Preußischen Landesregierung und ihrer Beamtenschaft, die vierjährigen Drangsale unter dem Militärregiment berücksichtigt und dazu noch in Anrechnung zieht, in welch hässlicher Weise so manche der Herren das Empfinden der elsässischen Bevölkerung mit Füßen zu treten sich vergnügt haben. Ein vereinzelter bedauerlicher Vorfall ist nicht auf das Konto der Bevölkerung zu setzen, sondern durch das Benehmen des Herrn Rechtsanwalt Weber provoziert worden, der die ihm geltenden Zurufe beantwortete mit dem Hohn, er und seine Freunde würden wiederkommen und Elsass-Lothringen wieder holen sowie die deutschen Kolonien! – Um ihm dieses Wiederkommen zu erleichtern, wurde er sofort in Haft behalten*», kommentiert der «Elsässer Kurier».

Bei jeder Abschiebung erkennt Mathilde deutsche Stadtpersönlichkeiten: Frau Diefenbach, die Frau des ehemaligen Bürgermeisters von Colmar. Doktor Gneisse, den Gymnasiallehrer. Die Ärzte Dr. Fischer und Dr. Meher. Generalstaatsanwalt Vogt. Den Versicherungsagent Moll. Anwalt Klein. Dentist Witmann. Juwelier Schön. «Oh, Jee ... ‹Boches!› Sie schreien ‹Boches!› Das war 1918. Plötzlich waren wir Boches und wären beinahe weggegangen. Also wirklich ... Der 18. November, der wird mir für alle Zeiten in Erinnerung bleiben ... Die Angst, weggehen zu müssen. Und meine Mutter, eine Belgierin, die kein Wort Deutsch konnte und so schwer krank war. Und mein Vater, der ohne Stellung war. Es war der Horror ... der reinste Horror.» Die Königinmutter ist wieder zu diesem jungen terrorisierten Mädchen geworden, das inmitten der hasserfüllten Menschenmenge steht. Am 8. Januar 1919 sind Wilhelm Schmitz, der Lehrer, und seine Frau Josephine an der Reihe. Er kommt aus Osterath, sie aus Kerpen. Sie sind Rheinländer und bewohnen am Vogesenwall 6 den ersten Stock zwischen den Rélings und den Goerkes. Ein paar Wochen vor seiner Abreise hat Wilhelm Schmitz im «Elsässer Kurier» eine Anzeige geschaltet: «*Wegen Abreise ganzer Haushalt sofort billig zu verkaufen. Alles noch im guten Zustande. Schlafzim-*

mer: Schränke, Toilettes, Fauteuil, Chaise-longue, Tische, Stühle, Betten, Bilder, Spiegel, Tafeln, Federkissen, Federbettdecken, Bettvorlagen. Kochherd, Küchen und Kochgeschirr.» Der Abschied zwischen den Goerkes und den Schmitz auf dem Treppenabsatz fällt ziemlich steif aus. Eines Morgens erkennt Mathilde ihre Nachbarn in der Menge. Aber sie getraut sich nicht, ihnen zuzuwinken. Sie hat sich diese Feigheit später lange vorgeworfen.

Der «Elsässer Kurier» versucht zwar zu beruhigen mit der Beteuerung: «*Der Vorgang hat in Kreisen von solchen Altdeutschen, die sich mit der elsässischen Bevölkerung gut gestellt haben und bei unseren Landsleuten nur Sympathien genießen, die Befürchtung auftauchen lassen, als ob auch sie den Abtransport zu gewärtigen hätten. Die Befürchtung ist unbegründet, und dass diese Strafvergeltungsmaßnahmen nur Leute treffen können, die wirklich Verschuldungen grober Natur begangen haben, liegt auf der Hand.*» Doch in den Schubladen des Präfekten liegen bereits Listen mit Namen und Berufen von Personen, die zwangsweise repatriiert werden sollten. Gendarmen, Zöllner, Steuereinnehmer, Lehrerinnen, Ärzte, Bahnhofsvorsteher und Bahnangestellte, ein Gefängniswärter, ein Schuhmacher, ein Fuhrmann, ein Landwirt, Fabrikarbeiter und ihre Familien. Sogar Marie, die «deutschfreundliche» Inhaberin des Getränkeausschanks am Kaysersberger Bahnhof, und Schwester Olympe vom Kloster Sainte Marie aux Mines gehören zum Konvoi. Ein ganzer Teil der Colmarer Bevölkerung, Persönlichkeiten, Gewerbetreibende, ganze Straßen werden über den Rhein geschickt. Manche waren unauffällige Nachbarn, andere Handelsleute, die für ihre gewissenhafte Arbeit geschätzt worden waren. Mathilde sieht den Postbeamten, der die Briefe an Georgette nach Berlin frankiert hatte. Ein Soldat durchwühlt seinen Koffer. Die Lehrerin, die Generationen von kleinen Elsässern Lesen und Schreiben beigebracht hatte, wird heute als subversive Agentin der erzwungenen Germanisierung betrachtet. Im Elsass sagt man, dass genau diese erniedrigten Deutschen, die unter einem Regen von Pferdeäpfeln verjagt wurden, 1940 hoch auf den Panzern der Wehrmacht, das Herz voller Rachegelüste, zurückgekehrt sind.

Sie werden «*Altdeutsche*» genannt. Es sind um die 130 000, die sich wie Karl Georg Goerke während der Periode des «Reichslands» im Elsass niederließen, das macht einen auf zehn Einwohner. 1910 zählt Colmar 16 % Altdeutsche. Einen Tag nach dem Waffenstillstand wurden diese geachteten Bürger zu «Unerwünschten», zu «*unangenehmen Ausländern*». Auf dem Schreiben, das sie erhalten, wird der «Ausweisungsgrund» genannt. Sie sind «*Pangermanisten*», «Denunzianten», «des Amtes enthobene Beamte», sie werden als «elsassfeindlich» oder als «deutschfreundlich» bezichtigt. Oder sie haben ganz einfach «einen schlechten Ruf» oder sind «unerwünscht, weil sie durch antifranzösische Gesinnung aufgefallen sind». Die Willkür regiert. Die französische Justiz hat keine Zeit, gründliche Untersuchungen durchzuführen, um jeden Fall einzeln zu beurteilen. Es reicht ein Gerücht, ein anonymer Denunziationsbrief, damit der Vertreibungsbefehl versandt wird. Mathilde hat nichts übrig für die Spitzel, diese «Überpatrioten, die französischer sein wollen als der französische König. Plötzlich haben alle diese braven Elsässer zu petzen angefangen». Mathilde wird es nie vergessen. Es konnte geschehen, dass sie achtzig Jahre später in einem Café mit dem Kinn auf eine alte Dame mit Hut deutete, die ein paar Tische weiter saß. «Die Mutter von der da», flüsterte sie mir zu, «hat ein Geschäftsehepaar aus der Rue des Clefs angezeigt.»

In den ersten Monaten der Rückkehr zu Frankreich kommen die elsässischen Soldaten aus dem Krieg und suchen Arbeit. In den Fabriken werden die deutschen Arbeiter als Erste entlassen. Colmar leidet unter Arbeits- und Wohnungsmangel und den Preiserhöhungen. Der

Zorn gegen die Deutschen, die die Stellen besetzen, wächst. Damit der Betrieb der öffentlichen Einrichtungen und Unternehmen nicht beeinträchtigt wird, entlassen die Franzosen nicht sofort alle Deutschen, die in Verwaltung, Industrie und Handel beschäftigt sind. Aber bald wird schonungslos angezeigt. «Aufgrund sicherer Informationen soll das Elektrizitätswerk Turckheim noch immer mehrere Deutsche beschäftigen, unter anderem einen gewissen Schoter (Buchhalter). Ich darf Sie bitten, eine Untersuchung einzuleiten mit dem Ziel, diese unerwünschten Personen auszuweisen», heißt es in einem anonymen Schreiben an die Militärbehörde des Kreises Colmar. Am 12. April 1919 schreibt der Polizeikommissar an den Verwalter von Colmar: «Ich darf Ihnen bekanntgeben, dass auf Baustellen im Münstertal zahlreiche Boches beschäftigt sind, während Elsässer auf der Straße sitzen und nach einem Broterwerb suchen. Das Gleiche ist der Fall im Rathaus von Colmar, wo, wie mir gesagt wurde, 28 Boches eingestellt sind, ohne dass es jemandem einfällt, sie zu entlassen. Diese Tatsachen werden von der Öffentlichkeit, die enttäuscht mit ansehen muss, dass Boches-Beamte noch immer und trotz allem zur Oberschicht gehören, mit Bitterkeit zur Kenntnis genommen. Die Schwierigkeiten der Existenz tun ein

Übriges dazu. Eine solche Situation wird, wenn sie andauert, den guten Ruf und das Prestige Frankreichs in diesem Gebiet beschädigen.» Die Situation darf sich auf keinen Fall zuspitzen. Rasche Ausweisungen sind das beste Mittel, um im Elsass den sozialen Frieden zu garantieren. Ab November 1918, noch vor dem Unterzeichnen des Waffenstillstands, entstehen «Säuberungskommissionen», wahre kleine Behelfstribunale. Sie werden nach Unterzeichnung des Friedensvertrags im Juni 1919 wieder aufgelöst. Sie beschäftigen sich mit dem Fall von Elsässern, die der Deutschfreundlichkeit verdächtigt werden, und der Altdeutschen, die sich der freiwilligen Abreise gegenüber ablehnend verhalten. Sie entscheiden zwischen: internieren, ausweisen, in Freiheit lassen. Sie prüfen summarisch die Denunziationen. Niemand wird je erfahren, ob der Fall Karl Georg Goerke von einer Säuberungskommission untersucht worden ist. Am Vorabend des Zweiten Weltkriegs wurden diese gefährlichen Archive bei einem Brand der Colmarer Präfektur vernichtet.

Wenn Mathilde nach Hause kommt, erzählt sie niemandem von den Szenen, die sie vor dem Vereinshaus Saint Martin gesehen hat. Die Goerkes leben wie gehetzte Tiere. Sie haben Angst, den Abschiebungsbescheid zu erhalten. Mathildes Vater hat bereits die

Ausweispapiere und wichtige Dokumente in einen Koffer gepackt, den Koffer verschlossen und unter seinem Schreibtisch versteckt. Er spricht weder mit seiner Frau noch mit seiner Tochter darüber. Er weiß, dass das Schicksal seiner Familie von einer Anzeige, einer Missgunst unter Nachbarn, von einem Streit im Treppenhaus, einem Konkurrenten, der es auf seine Kunden abgesehen hat, abhängt. «Bloß nicht auffallen», sagte Mathilde. «Eine ‹mustergültige› nationale Gesinnung an den Tag legen und eine ‹gute Moral›.» Familie Réling lässt Familie Goerke nicht fallen. «Alle haben für meinen Vater gleich ein Wort eingelegt!», sagte Mathilde. Hin und wieder wurde sein ordentliches Französisch von einem Germanismus torpediert. Henri Réling begibt sich sofort auf die Präfektur, um zugunsten seines Mieters und Freundes auszusagen. «Rechtschaffene Leute», bestätigt der Lehrer dem Agenten der Republik, der seine Zeugenaussage aufnimmt. «Wir hätten nie gedacht, dass es Deutsche sind. Sie sprechen zu Hause Französisch. Madame Goerke ist die beste Freundin meiner Frau. Die Tochter eines Notars aus Brüssel. Belgische Patrioten, aus sehr gutem Haus.» Henri Réling verbürgt sich für die Anständigkeit der Familie Goerke. Karl Georg Goerke ist keiner dieser Pangermanisten, die in den vier Jahren

Militärdiktatur ihre Macht missbraucht hatten. Er ist ein bescheidener Bürger dieser Stadt, ein guter Nachbar und ein redlicher Geschäftsmann. Für seine ehemaligen elsässischen Geschäftspartner jedoch ist Karl Georg Goerke ein Preuße. Und ein Preuße, das ist noch viel schlimmer als ein Badenser, von der anderen Seite des Rheins, der immerhin eine Sprache spricht, die dem Elsässischen ganz nahekommt. Mathilde erinnert sich an die Angst ihrer Mutter, als ihr Mann nach dem Krieg zum ersten Mal wagte, wieder ins Café Central zu gehen. «Meine Mutter zitterte, als er gegangen war. Nach allem, was geschehen war!» Karl Georg Goerke hatte seine Melone aufgesetzt und nach seinem Stock gegriffen, um sich Mut zu machen. Er ging auf einen Aperitif, als wäre nichts dabei. Es hat ihn niemand behelligt.

«Die Leute fahren weg», schreibt Adèle ihrer Tochter Georgette nach Berlin. Als wären die Tausende von brutal verstoßenen Deutschen zu einer Vergnügungsreise aufgebrochen. Das Viertel leert sich. Die Nachbarn verabschieden sich flüchtig. Sie versprechen zu schreiben, wenn sie sich einmal auf der anderen Seite des Rheins niedergelassen haben. Der Vogesenwall entvölkert sich. Alphonse Ruff, der Lehrer aus der Nummer 35, gehört zum Konvoi vom 6. Februar 1919. Von einem Tag auf den anderen bekommt er kein Gehalt mehr. Seine Möbel werden beschlagnahmt. In der Nummer 14 packt der Eisenbahnangestellte Adolph Hauther seine Koffer. Am 18. März geht der Preuße Guillaume Beuz, der in der Nummer 1 wohnt, ohne etwas in Colmar zurückzulassen. Zwei Tage später ist es an Rudolph Keltenisch, dem Geschäftsmann aus der Nummer 10, nach Preußen zurückzukehren. Theodor Stromberger, der Vater von Luise, Georgettes Freundin, die in Berlin in derselben Schule unterrichtet, hatte seine Vorkehrungen getroffen. Er hat schon vor der Ankunft der französischen Truppen mit seiner Familie und seinen Möbeln den Rhein überquert. Als er die bevorstehende deutsche Niederlage ahnte, ließ sich der Lehrer nach Bremerhaven, ans andere Ende des Reiches, versetzen. «Es ist zu riskant, besser, man schaut vor», hat Theodor eines Sonntagmorgens, als sie im Café Central beim Aperitif saßen, Karl Georg zugeflüstert. Die Strombergers haben einen Teil ihrer Möbel in Goerkes Dachboden zurückgelassen. Sie haben geschworen, sie bald zu holen. «Ich denke so viel an Dich», schreibt Adèle ihrer Tochter Georgette, «wenn wir alle diese Leute gehen sehen, die einen erbarmen.» Manche Familien werden auseinandergerissen. Die deutschen Väter gehen. Die elsässischen Frauen und

Kinder bleiben. Sonntags winkt man sich über den Rhein zu.

Adèle beobachtet «diese ganzen Veränderungen». Sie hat ihre Illusionen rasch verloren, und das Leid ist zurückgekehrt. Sie vertraut Georgette ihre Befürchtungen an: «Wir gehen nur noch selten zu den Hauschs (die Franzosen sagen Hoche), aber sie fragen jedes Mal nach Dir. Ihre Kleine ist seit dem Waffenstillstand in Freiburg, und sie können sie nicht zurückholen.» Von all diesen Mädchen aus dem Poesiealbum ist keine Spur mehr vorhanden. Sind sie noch am Leben? Sind sie verheiratet? Mathildes Freundin Rola ist im tiefsten Winter ausgewiesen worden. Jahre später schreibt Rola an Mathilde. Sie ist verheiratet. Das junge Paar hat sich im Westerwald niedergelassen: *«Mir geht es ganz gut. Unser kleines Heim hier ist gemütlich und wir leben ganz für uns. Ich habe aber das Heimweh nach dem Elsass noch nicht verloren. Letztes Jahr sah ich vom Schwarzwald aus das ganze liebe Land vor mir liegen. Zum Greifen nah. Das tat weh, Tilde, mein Mann hatte große Mühe, mich wieder zur Vernunft zu bringen. Schreibe mir bald wieder, bitte! Und grüße deinen Vater von mir. Von Herzen bin ich Deine Rola.»*

Karl Georg Goerke stimmt innerlich dem Appell zu, den der Bund der vertriebenen Deutschen am

20. Januar 1919 an den amerikanischen Präsidenten Wilson richtete: «*Die in Elsass-Lothringen bisher als vollberechtigte Staatsbürger eingesessenen Einwohner deutscher Abstammung, denen das Land unbestritten einen großen Teil seiner Blüte verdankt, wenden sich in höchster Not an den Vertreter des freien amerikanischen Volkes mit der Bitte um Schutz gegen grausame Maßregeln französischer Willkür gegen mehr als 400 000 Menschen. Von den Franzosen werden in Straßburg, Colmar, Mülhausen und anderen Orten die Bewohner deutscher Abstammung in schmachvoller Weise öffentlich zusammengetrieben, dem Straßenpöbel vorgeführt, von diesem schwer misshandelt, beschimpft und vielfach wie Viehtransporte in offenen Automobilen über die Grenze gebracht. Nur geringe Nahrmittel, 20 bis 30 Kilos Gepäck darf eine Familie mitnehmen, Hausrat und das ganze übrige Privatvermögen werden gewaltsam zurückbehalten, vielfach verschleudert oder zwecklos vernichtet, jeder fernere Befehl gesperrt.*

Sollten Sie, Herr Präsident, nicht schleunigst Hilfe bringen, so tritt ein niemals wieder gutzumachender Notstand ein. Das Angedenken an diese Maßregeln würde im deutschen Volke niemals erlöschen. Ihre Absicht des Völkerfriedens für alle Zeiten vereitelt sein. Der Ausschuss der in Freiburg (Baden) in verzweifelter Lage meist ohne Unterhaltungsmittel angesammelten Vertriebenen fordert, daß den Vertriebenen wenigstens ihr Privateigentum zurückerstattet wird.»

Karl Georg Goerke weiß sehr wohl, dass die Initiative nichts bringen wird. Er unterschreibt den Appell nicht. Jeder Protest wäre vergeblich, ja sogar gefährlich. Ein falsches Wort, eine Klage im falschen Moment, und der Ausweisungsbescheid könnte verschickt werden. Er zieht es vor, sich tot zu stellen und zu warten.

Die mageren Jahre

Als Karl Georg Goerke vor dem Krieg einmal gute Geschäfte gemacht hat, schenkt er seiner Frau einen Louis-XV-Salon. Adèle stellt Kanapee und Fauteuils neben das Klavier im Balkonzimmer, das Zimmer mit dem Sonnenuntergang. Es heißt ab nun «Chez Maman» und ist ihr Zufluchtsort in der Wohnung. Im Laufe der Jahre hat sich «Chez Maman» in ein behelfsmäßiges Krankenhaus verwandelt. Im Sekretär bewahrt Schwester Olga, die täglich zur Pflege vorbeikommt, Verbände, Ampullen, Fläschchen, Spritzen und Watte auf. Ein Geruch von Äther und Kamille schwebt im Raum. Die Vorhänge bleiben oft zugezogen. «Meine Mutter lag den ganzen Tag auf ihrem Kanapee. Mit einer Bettflasche auf dem Bauch. Und da ich als Deutsche eingestuft worden bin und nicht mehr in die Schule durfte, las ich ihr den ganzen Tag Bücher vor», erzählte mir Mathilde. «Meine armen Augen sind so schwach geworden, dass ich meinen vielen Wunderheilern wohl noch den Augenarzt hinzufügen muss», beklagt sich Adèle bei Georgette. Jeden Samstag bringt Karl Georg seiner Frau einen Liebesroman und eine Tafel Schweizer Cailler-Schokolade. «Meine Mutter war sehr häuslich», sagte Mathilde. «Ständig wühlte sie in ihren Sorgen, ihren Erinnerungen herum. Sie war verschlossen. Und leidend, immer leidend.» Aber wenn ihre Mutter endlich mit dem Kopf auf der Armlehne ihres Kanapees eingenickt ist, glaubt Mathilde fest daran, dass der Louis-XV-Salon therapeutische Wirkungen entfaltet. Dass er sämtliche Schmerzen zu lindern vermag.

Adèle hat Schuldgefühle, dass sie für ihren Mann so teuer ist. «Wie schön, dass Du Dir selbst genügst», schreibt sie Georgette. «Am meisten macht mir zu schaffen, dass ich für Papa so kostspielig bin. Aber ich bin so froh, dass in dem ganzen Elend wenigstens Du eine Stellung hast und ohne finanzielle Unterstützung auskommst. Du würdest sehr darunter leiden, von jemandem abhängig zu sein. Manchmal reicht ein Satz, und man sagt sich, man fällt den anderen ja doch nur zur Last, und diese Sätze, die kommen immer dann, wenn man umhegt und gehätschelt wird und anfängt, all diese Großzügigkeiten gedankenlos zu akzeptieren.» Diese Krankheit hat die Goerkes schließlich ruiniert. Um die Honorare an Dr. Molk zu bezahlen, aber auch um bereit zu sein, wenn der Abreisebefehl kommt, verkauft Karl Georg Goerke das Wohnzimmer. «*Salon Louis XV gut erhalten zu verkaufen gesucht*», teilt eine Kleinanzeige im «Elsässer Kurier» vom 8. Januar 1919 mit. Karl Georg Goerke will nicht überrumpelt werden. Er weiß, dass die Deutschen nur wenige Stunden haben, um sich vor der Ausweisung zum Sammelpunkt zu begeben. Das hinterlassene Mobiliar wird oft geplündert und weiterverkauft. Ein Erlass des Staatsrats, den der Kommissar der Republik in der Haute-Alsace publiziert, erklärt den Verkauf von Objekten, die den Deutschen gehören, für ungültig: «Untersagt und null und nichtig, als der öffentlichen Ordnung zuwider erklärt werden alle Verkäufe, Erwerbungen, Mieten, Hypothekengewährungen oder Sachenrechte von Immobilien und Mobilien, die in der Haute-Alsace angesiedelt sind und feindlichen Subjekten gehören. Das Mobiliar darf ohne vorherige schriftliche Zustimmung seitens des Kommissars der Republik weder umgestellt noch von dem Ort entfernt werden, an dem es sich befindet.» Karl Georg Goerke hat im «Elsässer Kurier» Berichte von Zwangsversteigerungen gelesen. In der Zeitung nichts als Kleinanzeigen. Versteigerungen, Mietangebote. Vollständige Haushalte werden in aller Eile verschleudert: «Möbel aller Art zu verkaufen: Schränke,

Spiegel, Toiletten, 2 Nähmaschinen, Porzellan, Aktenschranck, Kopierpresse, Herren- und Damenrad, Gartenmöbel, Stühle, Bücher.» Die Möbel von Deutschen, die nicht rechtzeitig verkauft werden konnten, werden beschlagnahmt. Alle Bemühungen, ihre Betten und Büfetts wiederzuerlangen, sind vergeblich. «Die Wohnung ist ganz kahl. Du würdest hier nichts wiedererkennen», schreibt Adèle an Georgette. Ein helles Rechteck auf der Tapete bezeichnet den Platz des Kanapees, das die Umzugsleute weggetragen haben. Die Füße der Fauteuils haben ihren Abdruck auf dem Parkett hinterlassen. Der Louis-XV-Salon, den Mathilde stets erwähnt, wenn sie von der Vergangenheit spricht. Er wird zum Symbol des materiellen Wohlstands und des guten französischen Geschmacks dieser gedemütigten Familie.

In den Monaten nach dem November 1918 verliert Karl Georg Goerke seine Arbeit. Das Kaffeehaus in Hannover (*«super elegant»*, Mathilde vergisst nie, darauf hinzuweisen), für das er jahrelang gearbeitet hat, kann keinen Vertreter brauchen, der sich außer Reichweite jenseits einer abgeriegelten Grenze befindet. Das Zollrecht, die bürokratischen Schikanen komplizieren den Grenzverkehr für lange Zeit. Bis er seine Tätigkeit wieder aufnimmt, haben die deutschen Geschäfte, für die er vor Ende des Kriegs gearbeitet hatte, neue Vertreter gefunden. Und die französischen Häuser wollen keinen Deutschen. Am 17. Dezember 1918 erscheint im «Elsässer Kurier» eine Anzeige auf Deutsch: «*Die Handelskammer Kolmar hat von verschiedenen französischen Firmen, welche Handelsbeziehungen im Elsass anknüpfen wollen, Briefe erhalten, die uns um Mitteilung von Personen bitten, welche sie zu vertreten und ihre Fabrikate in unserer Gegend abzusetzen in der Lage wären. Die Herren Handelsvertreter, Elsässer und französischer Abstammung, welche sich für diese Gesuche interessieren, können von den Zuschriften Kenntnis nehmen auf dem Sekretariat der Handelskammer im Rathaus jeden Abend von 6 bis 8 Uhr.*» Mathilde hat es demjenigen, der sich an den Platz ihres Vaters gesetzt hat, nie verziehen. «Ein braver Colmarer hat alle seine Vertretungen übernommen. Die französischen Häuser wollten nicht mehr mit einem Deutschen zusammenarbeiten. Sie wollten lieber einen guten Franzosen einstellen! Und auf einmal wimmelte es in Colmar von guten Franzosen!» Erst Jahre nach der Befreiung händigt die Unterpräfektur von Colmar Karl Georg Goerke – frischer Teint, 1,67 Meter, blaue Augen, Bart und Schnurrbart, besondere Kennzeichen: keine – den Handelsvertreterausweis aus, der jedes Jahr zu erneuern ist. Den definitiven Ausweis bekommt er am 30. Juni 1927, als er als Charles Georges Goerké die französische Staatsbürgerschaft erwirbt.

Die Goerkes haben kein Recht auf den Vorzugswechselkurs von 1 Mark gegen 1,25 Francs, den die französische Regierung nur den echten Elsässern gewährt. Die Altdeutschen bekommen für 1 Mark nur 0,74 Franc. Die Ersparnisse der Familie Goerke schwinden dahin. Karl Georg Goerke verkauft seine letzten Aktien, den Schmuck seiner Frau. Er entlässt Jeanne, das Dienstmädchen, das er nur noch für ein paar wenige Arbeiten bezahlen kann. «Arme Jeanne», schreibt Adèle an Georgette, «armes Kind, sie arbeitet auf dem Felde, seit sie nicht mehr richtig bei uns ist. Ihre Eltern haben neben dem Waisenhaus einen kleinen Bauernhof gekauft.» Nicht einmal Georgette kann ihren Eltern helfen. Sie würde ihnen gerne ihre Ersparnisse geben. *«Ich komme soeben von der Sparkasse»*, schreibt Adèle am 4. Juli 1919 an ihre Tochter, *«und will dich bitten, alles in Ruhe zu lassen, bis du das selbst erledigen kannst. Eine mark gilt jetzt 35 centimes. So werden deine 1100 marks nur 370 franken geben. Lass doch dass schön dort. Es ist gut angelegt und wir brauchen es nicht.»* Adèle hofft, im Lotto zu gewinnen. «Hast Du nicht zufällig in meinem alten schwarzen Portemonnaie einen Lottoschein gefunden? Ich möchte ihn gerne wiederhaben», fragt sie ihre Berliner Tochter. Auch Mathilde spielt ihr ganzes Leben Tombola und Lotto. Einmal pro Woche machte sie halt am Kiosk des Champs de Mars und kaufte sich einen Schein, den sie in ihr Portemonnaie schob. Das große Los hat sie nie gezogen, aber vielleicht die Hoffnung behalten, irgendwann das große Unglück ihres Vaters gutmachen zu können.

Die Familie Goerke lebt abseits dieses jubelnden Elsass, das mit dem Feiern überhaupt nicht mehr aufhören will. «*Die Elsässer*» schreibt Adèle an Georgette, «*leben in einer ewige Freude. Monsieur Poincaré kommt hier. Sei ruhig, sehr ruhig, lassen wir die Dinge auf uns zukommen.*» Ab November 1918 hat sich die Versorgung im Elsass deutlich verbessert, doch die Preise sind schlagartig gestiegen. Adèle zeichnet Georgette eine katastrophale Situation: «Wenn Du kommst, wirst Du keine großen Veränderungen vorfinden. Colmar ist immer noch Colmar. Es ist unmöglich, eine Unterkunft zu finden. Madame Wimpffen hat mir gesagt, wenn sie wollte, könnte sie sogar ihr Klosett vermieten, so viele suchen ein Logis. Das Leben ist schrecklich teuer, aber man bekommt alles. Papa beklagt sich furchtbar über seine Geschäfte. Aber wie ich schon sagte, wir leben noch, und irgendwie geht es immer weiter. Besser als vorher ist es jedenfalls. Wir haben zu essen. Das Leben hier ist furchtbar teuer, und wir stehen wahre Tantalusqualen aus, all diese schönen und guten Dinge zu sehen, ohne sie erstehen zu können. Für einen warmen Bademantel hat Papa 145 Fr. hingelegt!!! Tila stickt sich die Hemden selber.» Am Hungertuch hätten sie genagt, sagte Mathilde, wenn sie von dieser schmerzlichen Periode in ihrem Leben als junges Mädchen sprach.

Karl Georg Goerke will in Colmar bleiben. Er will diese kleine Stadt, die es doch so schlecht mit ihm meint, nicht verlassen. Jeden Morgen liest er Hasspamphlete in den Zeitungen. Die Deutschen sind «Räuber», «Eindringlinge», «Lügner», «Unterdrücker», die einen «rücksichtslosen und erbarmungslosen Militarismus praktizieren», eine «*fluchenswerte Tyrannei*». Ein «Volk, das jeder Freiheit und Demokratie feindlich gegenübersteht». General Messimy spricht von einem «willensschwachen und feigen Volk», während Frankreich «eine Nation der Ideale und Güte» ist. Jeden Morgen lässt Karl Georg Goerke einen neuen Hagel Beleidigungen auf sich niedergehen. Aber die Meinung ändert er nicht. Colmar ist im Laufe der Jahre zu seiner Heimat geworden. Er liebt diese kleine Stadt, die unter dem «Reichsland» ihre ungehobelten Manieren des Département-Hauptortes abgelegt hat. Bis 1918 waren die Goerkes gut integriert. Sie hatten Freunde, und die Geschäfte gingen gut. Außerdem versteht Karl Georg Goerke kaum mehr, was in Memel vor sich geht. Ist seine Geburtsstadt an der Ostsee deutsch? Unter französischem Protektorat? Litauisch? Es ist so lange her, dass er diesen armen, kalten Flecken seiner Kindheit verlassen hat. Er ist ihm fremd. Seine Eltern sind tot. Einzig mit seinem Bruder Fritz in Berlin pflegt er regelmäßigen Kontakt. Aber Berlin ist auch keine mögliche Heimat: zu groß, zu gefährlich, zu sehr heruntergekommen durch den Krieg, zu heidnisch, zu dekadent. Adèle van Cappellen ist Belgierin. Sie fühlt sich im französischen Elsass wohler als in diesem Preußen, das vier Jahre zuvor die Neutralität ihres Landes verletzt und Grausamkeiten begangen hat, die von der Presse pausenlos angeprangert werden. Und die schwerkranke Adèle würde eine solche Verpflanzung sowieso schlecht ertragen. Karl Georg Goerke kennt das Los, das den Vertriebenen beschieden ist. Sie werden auf der anderen Seite des Rheins im Empfang genommen und dann monatelang in Baracken untergebracht. Manchen gelingt es nicht mehr, ein neues Leben anzufangen.

In diesen Nachkriegstagen entfalten die Sieger ihre Generalstabskarten und teilen Europa unter sich auf. Sie ordnen jedes Volk in ein Kästchen mit streng abgesteckten Umrissen. Deutschland gibt Elsass-Lothringen an Frankreich ab. Das Bodenrecht der französischen Republik wird de facto ins Blutrecht umgewandelt. Die Bewohner des Elsass werden nach Kriterien der Rassenreinheit in vier Kategorien eingeteilt. Wer ist Franzose? Wer kann es werden? Wer kann es auf keinen Fall werden? Die Polizeipräfektur stellt den Bewohnern des Vogesenwalls Identitätskarten vom Typ A, B, C und D aus. Sämtliche Mitglieder der Familie Réling erhalten ohne Probleme die Karte A, die von einem trikoloren Streifen überzogen ist: Ihre Eltern und Großeltern waren schon vor 1870 Franzosen. Sie sind elsässischer Abstammung. Diese heißbegehrte Karte gewährt ihnen nach dem am 28. Juni 1919 unterzeichneten Versailler Vertrag die vollberechtigte französische Staatsangehörigkeit. Marthe und Alice sind auf der richtigen Seite geboren. Henri Reling beeilt sich, die germanischen Anklänge aus seinem Namen zu tilgen. Er setzt einen Accent aigu auf das «e» von Reling. Verlangt, dass man die Endsilbe seines Namens französisch ausspricht. Er gibt seinen Töchtern Schnellkurse in Französisch. Lässt sie abends am Wohnzimmertisch Diktate schreiben. Für Marthe, die keine gute Schülerin war, ist diese Französisierung im Zeitraffer ein Albtraum.

Die Familie Goerke wird gespalten. Adèle Goerke, geborene van Cappellen, stellt die Colmarer Stadtverwaltung eine Identitätskarte n°72 vom Typ C aus. Gesicht: oval. Augen: blau. Haare: blond. Größe: 1,68 Meter. Geboren am 15. Juli 1864 in Brüssel. Der Polizeikommissar hat seinen Stempel daraufgesetzt. Die Karte C, mit zwei blauen Streifen überzogen, ist für Ausländer aus einem alliierten oder im Krieg neutral gebliebenen Land bestimmt. Die Karte D, ohne jeden Farbstreifen, bekommen «Ausländer aus einem feindlichen Ausland» (Deutschland, Österreich, Ungarn usw.) und deren Kinder, auch wenn sie nach 1870 im Elsass geboren worden sind. Minderjährige Kinder übernehmen automatisch die Staatsbürgerschaft ihres Vaters. Das ist die Karte, die Mathilde und ihrem Vater ausgehändigt wird. Georgettes Fall ist eindeutig: Karte D. «Dabei war Mathilde weniger deutsch als Georgette!», protestierte Marthe. Georgette hat wohl versucht, sich ein den neuen Normen entsprechendes Blut zu mischen: *«Ich bin immer in großer Liebe zu meinen belgischen Verwandten erzogen worden. Auch in großer, großer Liebe zu Belgien, das ja leider nicht mein Vaterland ist. Ich möchte gern, ich könnte es dazu machen. Von dem Konsul habe ich noch keine Antwort auf meine Anfragen hin. Das hat mich so traurig gemacht. Papa und Tilla sind kräftig und gesund. Ich scheine von Van Cappell'schen Holz zu sein! Immer schwächlich, blass und ein bisschen leidend.*

Wenn ich sonst noch verschiedenes von den Van Cappellens geerbt hätte, dann möchte ich die Konstitution gern mit in Kauf nehmen! Im Allgemeinen wird mir oft gesagt, ich hätte keinen deutschen Charakter und Mama sagt oft, ich sei ein Brüsseler Kind. Ich weiß es halt nicht. Aber ich wäre stolz, wenn ich den Brüsselern gleichen würde», schreibt sie ihrer Cousine in Brüssel.

Georgette fühlt sich eingeschränkt mit ihrem deutschen Pass. Sie versteht nicht, dass man die Leute in die Umzäunung einer kleinen Nation sperren will. Weit weg in Berlin, spürt Georgette die große Verzweiflung ihrer Eltern. Sie weiß, dass sie in Colmar gebraucht wird. Zum ersten Mal schreibt sie ihrer Mutter auf Französisch:

«Ma chère petite Maman, da sitz ich also mit meinem kleinen illustrierten Larousse, drei Wörterbüchern und einer französischen Grammatik, um meiner petite Maman meinen ersten Brief auf Französisch zu schreiben. So kehrt man in Situationen zurück, die man hinter sich zu haben glaubte, als man die Schule verließ. *Gott sei Dank, dass der Satz fertig ist!!* Ich hoffe, dass Du, liebste Maman chérie, nicht auch so viele Bücher brauchst, um meinen Brief zu entziffern.

Ich habe schon lange nicht mehr geschrieben, dass ich gerne ins Elsass zurückkehren würde. Aber ich habe mein Versprechen, das ich aus freien Stücken gegeben habe, nicht vergessen, und meine Meinung nicht geändert. Ich hoffe, dass Papa bald naturalisiert wird. Gleich nach seiner Einbürgerung komme ich und bekomme sie auch. Wenn man mich im öffentlichen Dienst nicht will, mache ich halt was anderes! Ich glaube, ich werde die Genauigkeit schon noch lernen. Nicht wahr, *Muttel* chérie, du glaubst mir doch, dass ich dabei bin, mich zu perfektionieren, um nach Frankreich zu kommen! Ob ich in Colmar bleiben werde, weiß ich noch nicht genau. Auch wenn ich Colmar und seine Umgebung ganz besonders gerne mag.»

Die Goerkes sind nicht die Einzigen, die auf diese Weise auseinandergerissen werden. Die Klage springt einem entgegen im Aktenordner «Purgatoire (Fegefeuer) 200 110» der Archive des Départements Haut-Alsace in Colmar, wo die Bittschriften der durch die Rückkehr des Elsass nach Frankreich geteilten Familien aufbewahrt werden. Jeder versucht seine Frankreichtreue unter Beweis zu stellen. Die Medaillen der Großväter, ehemalige Kämpfer von 1870 in der französischen Armee, werden herangezogen. Die Mütter zählen ihre auf dem Feld der Ehre, auf französischer Seite, gefallenen Söhne und Neffen auf.

«Ich bin nie ein Boche gewesen und habe nicht die

geringste Absicht, einer zu werden!», beteuert der Badener Victor Joggerst. Er bittet um die Repatriierung seines Vaters Mathias, eines Küfers, von der Säuberungskommission in die Nähe von Offenburg abgeschoben. Mathias Joggerst ist angeklagt, im Jahr 1917 einen Bäcker aus Ribeauvillé bei den Deutschen denunziert zu haben. Victor Joggerst bürgt für seinen Vater: «Ich kann sagen, dass unser Vater nie politisch war und nie Propaganda gegen die Franzosen betrieben hat. Da er ganz allein ausgewiesen wurde, führt er im Land seiner Herkunft ein trauriges Leben, ist einsam und denkt immer an seine Familie. Wir haben beschlossen, nicht nach Deutschland auszureisen, wo wir wie Fremde behandelt würden, sondern in unserem Geburtsland Elsass zu bleiben, wo wir uns würdig zeigen und gute Franzosen sein möchten.»

Amélie Bauer, elsässischer Abstammung, bittet um die Rückkehr ihres deutschen Mannes, eines Gendarmen. Er war im Alter von 62 Jahren ausgewiesen worden: «Jeder kann bestätigen, dass er ein sehr ruhiger und rechtschaffener Mann war, der sich nie um Politik gekümmert hat, weder vor dem Krieg noch während des Kriegs. Er lebt seit 32 Jahren im Elsass, wo er gedient hat und seine ganze Kraft gegeben. Ich, seine Frau, bin Elsässerin, alle meine Ahnen stammen aus

Gries bei Drulingen, ich bin 56 Jahre alt. Als hiesige Tochter eines französischen Schullehrers bin ich ganz in französischem Geist erzogen worden, und wir sprachen immer diese Sprache. Warum müssen wir wie Verbrecher leiden – nur weil mein Mann als Deutscher geboren ist? Ich kann versichern, dass mein Mann ein besserer französischer Bürger wäre als viele Elsässer.»

Lina Haas, Witwe eines Hauslehrers von Kaysersberg, wird in den Schwarzwald vertrieben. Sie ist 70 Jahre alt. In Deutschland hat sie weder Familie noch Freunde. Sie fleht den Staatspräsidenten Raymond Poincaré an: «Monsieur le Président, großer Sieger über die Nationen, seien Sie edel und gerecht, Gott wird Sie segnen.»

Thérèse Lott aus Feldbach, Elsässerin, wendet sich direkt an den Premierminister Georges Clemenceau. Ihr badischer Mann ist vertrieben worden. Sie wollte lieber im Elsass bleiben, um sich um den Hof zu kümmern. Aber da sie schwanger ist, kann sie nicht auf dem Feld arbeiten. «Die Liebe hat keine Nationalität», schreibt sie. «Meine Zuneigung zu Frankreich hat mich sogar gehindert, meinem Mann zu folgen, weil ich nicht will, dass das Kind, das ich unter dem Herzen trage, in Deutschland zur Welt kommt. Darum flehe ich Ihre wohltätige Exzellenz an, die Güte zu haben, väterliche Gerechtigkeit walten zu lassen und die Widerrufung der Vertreibung meines armen Mannes anzuordnen.»

Ich versuche mir die schüchternen Briefe vorzustellen, die Karl Georg Goerke im Falle einer Ausweisung verfasst hätte. Vielleicht hätte er wie diese Deutsche, die mit 30 Kilo Gepäck über den Rhein spediert wurde, geschrieben: «Das ist nicht nett, dass man mich mit 50 Jahren einfach so aus meinem Land jagt. Habe ich das wirklich verdient, dass ich nicht für mich, sondern für ganz Deutschland bestraft werde?» Oder wie die deutsche Emilie Wilhelm, ebenfalls von der Ausweisung bedroht: «Meine französischen Gefühle haben sich nicht geändert und werden sich auch nicht ändern. Darum wäre es sehr traurig, wenn man mich zwingen würde, in ein Land zu gehen, das ich nicht kenne. Ich kenne nur Colmar. Ich wüsste nicht, warum man mich vertreiben sollte, ich habe doch niemandem etwas zuleide getan.» Oder er hätte wie François Loesch, der in Vieux-Brisach geborene Badener, gefleht: «Er hat nur noch einen Wunsch: Durch sein zukünftiges Verhalten zu zeigen, dass er bereit ist, in seiner elsässischen Familie zu leben, unter der französischen Fahne, die er in Ehren hält, und er bittet um die Erlaubnis, sie lieben zu lernen.» Alle diese Leute sind den pingeligen Bürokraten ausgeliefert, die die absurde Situation der auseinandergerissenen Familien nicht berücksichtigen. Die aus Paris gesandten Funktionäre sind beauftragt, ethnische Ordnung in den Elsässer Schmelztiegel zu bringen. Die Republik klassifiziert ihre Kinder. Es gibt die legitimen, die geduldeten, die adoptierten und die Boches. Aus diesen respektvollen Briefen, an der Grenze zur Unterwürfigkeit, spricht die Angst. Diese Leute sind schutzlos. Sie bewaffnen sich mit Mut, um gegen die Entscheidungen der neuen Herren am Ort zu protestieren. Sie möchten ihre Möbel zurückhaben, ihre Gräber pflegen, ihre Betriebe in Gang halten oder ganz einfach an der Seite ihrer Frauen und Kinder weiterleben. Es ist, als würden sie um Gnade bitten. Aber sie sind ohnmächtig. Mit einem Federstrich kann der Kommissar der Republik seine Gunst verweigern und das Dossier abheften.

Nichts konnte das Gefühl der Erniedrigung besänftigen, das meine Großmutter stets ergriff, wenn sie an die Nachkriegsjahre zurückdachte. «Ein Jahr lang sprach keiner mehr mit uns. Dabei waren wir doch rechtschaffene Leute!» Sie hob die Stimme, als wollte sie mich überzeugen. «Niemand wäre auf die Idee gekommen, er sei Deutscher, weißt du!» Karl Georg Goerke hat alles getan, um dieser vorbildliche Herr zu bleiben, der französischer war als die Elsässer. Die Nachbarn lobten seine guten Manieren und sein gepflegtes Französisch. «Er war ein richtiger Pariser! Das fiel einem sofort in die Augen, wenn man ihn sah! Als meine Mutter zum ersten Mal nach Memel ging, sprachen ihre Schwägerinnen besser Französisch als sie. Mein Vater hat seine Heimat mit siebzehn verlassen. Er fing in einem Bankhaus in Riga an. Die Großmutter hat ihre vier Söhne zum Studium nach Bordeaux geschickt. Dort lebte er ein paar Jahre. Dann ließ sich mein Vater in Brüssel nieder, wo er meine Mutter kennenlernte, die kein Wort Deutsch sprach. Ich habe meinen Vater nie deutsch reden hören – nicht einmal, als wir 1940 wieder Deutsche geworden sind. Er fühlte sich als Franzose. Er hatte keinen deutschen Akzent. Was hat sich mein Vater lustig gemacht über diese Elsässer, die sich zu Franzosen erklärten und nicht einmal französisch sprachen! Er verachtete die Elsässer wegen ihres Akzents. Und wie. Mein Vater war ein Lord. Ein großer Herr. Man wollte ihn als Deutschen wegschicken. Einmal wurde er auf die Präfektur bestellt. Und da haben sie es selbst gesagt: ‹Wenn alle Elsässer so wären wie Monsieur Goerke …› Und dann haben sie ihm einen falschen Pass ausgestellt. Einen litauischen. Wir durften in Colmar bleiben!» Mathilde lachte noch immer darüber. Sie war stolz, die Republik an der Nase herumgeführt zu haben.

«*Wir werden uns sehr warscheinlich natüralisieren lassen*», schreibt Adèle an Georgette. «*Als Lituaner kann uns dass nicht schwer sein. Sonst ist alles gut und stiller als vor die Krieg.*» Mathilde erklärte mir, wie ihr Vater zu seinem litauischen Pass gekommen ist: «Diese französischen Beamten, die nach dem Krieg gekommen sind, hatten keine Ahnung von Geographie. Unser Pfarrer, der meinen Vater protegierte, hat zu ihnen gesagt: ‹Aber so sehen Sie doch, werfen Sie einen Blick auf die Karte, Memel ist in Litauen und unter französischem Protektorat des Völkerbunds!› Und sie haben sich überzeugen lassen. Haben meinem Vater die Papiere gegeben. Er konnte bleiben und später die französische Einbürgerung verlangen.» Karl Georg Goerke zittert im zweifelhaften Schutz einer falschen Identität. Adèle schreibt an Georgette: «*Uns geht es ziemlich gut. Von unserer Zukunft (ich bin 55 Jahre) wissen wir noch nichts. Arme Thildchen, die langweilt sich so hier. Es ist nicht mehr gemütlich hier und so lehr.*» Und ein paar Wochen später: «*In deine letzte Karte fragst Du nach der Nationalität. Wie ich Dir anfang Juli schrieb. Papa wollte sich als Franzose natüralisieren lassen. Dann sagte ihm sein Anwalt dass wäre nicht notwendig. Er konnte ganz gut als ruhig fremde hier leben. Und so ist es geblieben.*» Mathilde hat unten auf dem Brief hinzugefügt: *«Hab Mut Liebstes, es kommt auch wieder besser!»*

Mathilde erinnert sich an eine Zugreise. Es war lange nach dem Krieg. Sie fuhr mit ihrem Vater nach Brüssel. Als die Zöllner, die im Zug die Pässe kontrollierten, auf den Papieren ihres Vaters das Wort «Litauen» sahen, musterten sie ihn mit fragendem Blick. «Litauen, wo ist das denn?», fragten sie. Und da erzählte ihnen Karl Georg Goerke von einem tapferen kleinen Land, das an der Ostsee für seine Unabhängigkeit gekämpft hatte. Die Zöllner beglückwünschten ihn. Sie lüfteten ihre Mütze und schlossen die Tür zum Abteil. Der Rest der Reise verlief ohne Zwischenfälle. Mathilde amüsierte sich noch immer: «Was für eine Geschichte. Kein Wunder, wenn ich ein bisschen übergeschnappt bin!»

Die teure Abwesende

Karl Georg Goerke wäre zu allem bereit gewesen, um Franzose zu werden. Aber nicht im Traum wäre es ihm eingefallen, den Kontakt zu seiner ältesten Tochter Georgette abzubrechen, die in Berlin, der Hauptstadt der Boches, Volksschullehrerin ist. Die Rückkehr des Elsass nach Frankreich spaltet die Familie meiner Großmutter. Georgette führt ganz allein ihr turbulentes Leben in Berlin. Karl Georg, Adèle und Mathilde Goerke erwarten in Colmar das Los, das ihnen die neuen Herren im Elsass beschieden haben. Sie haben Angst vor allem. Am meisten aber macht der Familie Goerke die Trennung von dieser ältesten, lungenkranken Tochter zu schaffen. «Wir denken in diesen Tagen, wo es so viele Familienfeste gibt, oft an Dich», schreibt Adèle ihrer Tochter kurz vor Weihnachten 1919. «Wir denken diese ganzen Tage wie alle anderen auch ständig an unsere teure Abwesende. Heute Morgen haben wir Deinen lieben Brief bekommen. Wir freuen uns immer so, wenn Deine Schreiben eintreffen, dabei sind sie so lakonisch und erzählen uns wenig über Deine liebe Gesundheit. Es macht uns Kummer, dass Du krank bist und wir Dir nicht sagen können ‹komm zurück›, da wir selbst nur ‹geduldet› sind. Papa hat gesagt, Du sollst während der Ferien ein paar Tage aufs Land fahren, um Dich zu erholen. Er selber ist seit sechs Monaten ohne Stellung, und die Wohnung ist fast leer. Schreib uns alles. Besser, alles zu wissen, als immer diese Angst.»

Regelmäßiger Briefverkehr mit Deutschland ist nicht gern gesehen. Die Post wird durch die französische Postzensur kontrolliert. «*Ich finde nicht viel in deine Briefe, aber ich weiß auch wie schwer es ist alles zu schreiben und auch dass man alles glauben muss was man sagt aber dass man auch nicht alles sagen darf was man denkt und so warte ich mit geduld bis wir zusammen sind für zu sprechen wie man denkt*», schreibt Adèle ihrer Tochter in einer rätselhaften Prosa. Adèle setzte ihre beiden Sprachen wie eine Wunderwaffe ein. Das war ihre Art des Widerstands. Während des Kriegs, als die deutsche Militärregierung alles bis hin zu den Namen der Berge und Flüsse germanisiert und es strikt untersagt hatte, auf der Straße französisch zu sprechen, tat Adèle so, als könne sie kein einziges Wort von der Sprache ihres Mannes. Sie hat sogar erreicht, eine Sondergenehmigung zu bekommen, in der Öffentlichkeit französisch zu sprechen. Mathilde war voller Bewunderung für die Chuzpe ihrer Mutter: «Sie ging einfach auf eigene Faust zum städtischen Sitz der Militärregierung. Als die Deutschen diese schöne Brüsselerin aufkreuzen sahen, fingen sie an, mit ihr französisch zu plaudern. Und händigten ihr ein großes Papier aus mit der Erlaubnis, französisch zu sprechen. Sie eroberte sie mit ihrem Charme und zog lachend wieder ab.» Jetzt aber, da die Befreier allen die französische Sprache aufdrängen, jetzt, wo sie in aller Eile die Straßennamen übersetzen und Jagd auf Schilder, Aushänge und sämtliche Inschriften machen, die an ein halbes Jahrhundert deutsche Präsenz erinnern, jetzt ist es für Adèle Ehrensache, ihrer Tochter auf Deutsch zu schreiben. Ein mit herrlichen Fehlern gespicktes Deutsch, das Marthe und Mathilde zum Lachen brachte. Adèle schämte sich nicht für die barocke Architektur ihrer Sätze. Sie platzierte ihre Verben dort, wo es ihr gefiel. Sie erfand Adjektive, die nach ihren Gefühlen maßgeschneidert waren. Sie hing an ihrer launenhaften Deklination und hätte für nichts auf der Welt darauf verzichtet, ihre Sätze mit französischen Wörtern zu würzen, die ihr spontan über die Lippen kamen, weil sie besser als ihre deutschen Kameraden sagten, was ihr durch den Kopf ging. Mathilde hatte diese Leichtigkeit im Umgang mit Sprachen von ihrer Mutter geerbt. Meine Großmutter war perfekt zweisprachig. Sie hatte beiden Sprachen eine ganz bestimmte Funktion zugeteilt. Deutsch war die Sprache der ernsten Gefühle und definitiven Urteile. Eine moralische, düstere Sprache, mit sämtlichem Elend der Welt beladen. Französisch war die leichte Sprache der kleinen, zärtlichen Gefühle. Mathilde nannte mich «ma chérie», aber nie *«mein Schatz»* oder *«mein Kind»*. Sie sprach zu mir in der Sprache ihrer Mutter. Bevor ich in Deutschland lebte, hat sie ohnehin nie deutsch mit mir gesprochen. Sie hat mir nie bei den Hausaufgaben geholfen, mich nie die *Gedichte* abgefragt, die wir auf dem Gymnasium auswendig lernen mussten. Erst viel später habe ich begriffen, wie glücklich es sie machte, mich deutsch reden zu hören, wie gerührt sie war, dass ihre Urenkel beide Sprachen konnten. Einmal, als sie vor dem Altersheim auf der Bank saß, bat ich sie, auf meinen Sohn aufzupassen, während ich für sie einen Behördengang erledigte. Der Kleine war drei. Er suchte seine Wörter aus beiden Sprachen zusammen. Unbewusst passierte er diese Grenze, die Mathilde so lange untersagt war. Meine Großmutter und ihr Urenkel saßen plaudernd nebeneinander auf der Bank vor einem Tulpenbeet.

Ein Wort in der einen, ein Wort in der anderen Sprache. Mathilde flüsterte dem Kleinen ins Ohr. Deutsch war die zarte Sprache ihrer Kindheit geworden. Der Kleine musterte diese unglaublich alte Urgroßmutter, die so sprach wie er. Sie lachten zusammen. Als ich zurückkam, sagte Mathilde mit Tränen in den Augen: «Er spricht wie ich, als ich so alt war. Er setzt das Verb im Französischen immer ans Ende. Wie eigenartig es ist, wenn sich die Geschichte wiederholt.»

Jedes Mal, wenn Karl Georg Goerke zur Post geht, um ein Paket für seine deutsche Tochter aufzugeben, gerät seine Hand ins Zittern, wenn er die Berliner Adresse schreibt. Seine Situation ist höchst prekär. Die geringste Kleinigkeit kann den Zorn der französischen Behörden auslösen und sein Einbürgerungsgesuch gefährden. Die Colmarer lauern auf den kleinsten Fehltritt. Und sind fähig, mit bestem Gewissen ihre Nachbarn anzuzeigen. «Der Postangestellte», erinnerte sich Mathilde, «schämte sich, Briefmarken auf ein Paket nach Berlin zu kleben. Er vernichtete meinen Vater mit dem Blick. Und mein Vater kehrte voller Angst nach Hause zurück.» Das hätte gerade noch gefehlt, dass man die Familie Goerke verdächtigte, in der Tiefe ihres Herzens «deutschfreundliche Gefühle» zu hegen. Aber die Briefe waren für diese auseinandergerissene Familie das einzige Mittel, die Verbindung aufrechtzuerhalten. Adèle und Georgette schreiben sich zweimal die Woche. Sie beschreiben mit minutiöser Genauigkeit die kleinsten Details des Alltags: den Kohlenmangel, das Eintreffen von Zucker, die Lebenskosten, die Migräne, das Magenweh, die Punktionen, Verbände, Appetitschwankungen, die Diagnosen des Arztes, die kleinen Geschichten der großen Stadt. Adèle schreibt sogar, um zu sagen, dass nichts passiert: «*Ich weiss nicht viel dir zu schreiben. Hier ist nichts neues. Deine Besuch war eine freundliche Abwechslung für uns und jetzt leben wir etwas monotone wie vorher.*» Adèle will sich Georgettes Liebe versichern: «Merci, meine Georgette, für die guten und zärtlichen Gefühle, die Du zum Ausdruck bringst. Ich freue mich immer so zu hören, dass Du mich liebhast und an mich denkst. Mach weiter so, Deine Briefe sind für meine Nerven besser als alle Medikamente.» Jeden Morgen lauert Adèle am Fenster ihres möbellosen Wohnzimmers dem Briefträger auf. Wartet auf den Brief aus Berlin. Adèle kann nicht genug davon haben. Ihre Sehnsucht kennt keine Grenzen:

«*Mein herziges gutes Kind, Ich habe den ganzen Tag an dich gedacht. Gestern Abend als der halb eins Zug kam wünschte ich so sehr es wäre wie früher. Tilde und ich hat-*

ten immer Hoffnung when ein express aus Strasbourg kam. Hast du gut geschlafen? Hast du Milch? Schreibe doch alle zwei drei Tagen. Wir springen den Facteur entgegen wen er kommt. Unsere Herzen und amour sind so sehr bei dir. Hab nur Mut Liebste, es kommt auch wieder besser. Ein gute Kuss von deine Mama, mein heiss Geliebte Georgette.»

Wenn sich die Nachrichten verzögern, gerät Adèle in Panik: «*Liebe Georgette. Warum schreibst Du nicht? Bist Du wieder krank? Ich habe keine Ruhe.*» Und wenn der Brief endlich da ist, atmet sie auf: «*Endlich einen Brief, meine liebe Georgette! Es war gerade zwei Wochen dass wir nichts mehr bekommen hatten.*» Am meisten fürchtet Adèle die Ankunft eines Telegramms. Diese brutale zeitliche Beschleunigung ist ein schlechtes Zeichen. Das Telegramm riecht nach Tod. Georgette weiß nicht mehr, wie sie ihre Mutter beschwichtigen soll. Ein paar Tage nach dem Einzug der französischen Truppen in Colmar feiert Georgette ganz allein in Berlin ihren Geburtstag. Sie schreibt an Mathilde: «*Wie könnte ich euch bloß Nachricht zukommen lassen, damit ihr euch um mich nicht ängstigt! Denn Ihr, besonders Du mein Kleines, Ihr denkt viel an mich. Oft spüre ich Eure Gedanken, so an meinem Geburtstag und die Abende vorher. Auch heute seid Ihr, bist Du traurig um mich. Hab Dank, liebes*

Schwesterlein. Es tut wohl, sich in deinem warmen Herzen eingebettet zu wissen. Georgette.»

Trotz ihrer Armut schickt die Colmarer Familie regelmäßig Lebensmittelpakete an Georgette. Nach dem Krieg fehlt es in Berlin an allem: an Nahrung und Brennstoff. Und das Leben ist furchtbar teuer. Georgette fürchtet sich vor dem Winter. «Hast Du die Eier von Jeanne bekommen? Als Omelett wahrscheinlich!», fragt Adèle. «Hast Du die Milch bekommen? Schwester Olga ist gerade in der Schweiz, und wir haben sie gebeten, Dir Kondensmilch zu schicken. Ich glaube, sie ist besser als die, die in Deutschland verkauft wird.» Der Inhalt des Pakets wird in einem gesonderten Brief immer sorgfältig aufgelistet: «*Inzwischen sandten wir Dir noch 3 Pakete Zucker, 4 Dosen Confitures, 2 Dosen Wichse. Hast Du die 2 Dosen Cacao erhalten? Heute gingen ab: 2 Pakete Speck, 2 Pakete Reismehl. Morgen schreibe ich Dir ausführlich. Es geht uns allen gut. Viele herzliche Grüße von Deinem Dich sehr liebenden Papa.*» Georgette antwortet postwendend: «*Ich danke Dir für die Paketchen. Ich bekam 3 Stück Toilettenseife, 2 Cacao und heute 1 Stück Marseiller Seife. Alles kostbare Dinge. Aber verausgabe Dich nicht zu viel!*» Georgette hat Hunger. Sie übersteht trotz ihrer schwachen Konstitution die Spanische Grippe, die Europa im Winter 1918 heimsucht. «*Ich bin dem Leben also wieder geschenkt!*», schreibt sie Mathilde. «*Das soll nicht heißen, dass ich im Sterben gelegen habe – nein. Aber bei dem tödlichen Auslauf, den die Grippe so oft und besonders jetzt wieder meistens hat, liegt der Gedanke doch nahe, dass es bei mir auch so nahe hätte kommen können. Im Großen und Ganzen war mein Fall ja ganz leicht. Schlimm wirkte nur meine vollkommene Widerstandslosigkeit infolge der seelischen Aufregungen und der körperlichen Entkräftung (um nicht das Wort Unterernährung zu gebrauchen). Ach, mein Liebes, ich bin so froh, dass Du wieder zu essen hast. Du Kleines, Du weißt ja gar nicht, wie sehr wir heruntergewirtschaftet worden sind seit diesem Krieg … Den Engländern ist ihr Aushungerungsplan weit besser gelungen, als sie selbst wohl je zu hoffen wagten. Du wirst noch sehen, wie viel Kraft und Fähigkeiten jetzt aus Dir erwachsen werden! Du wirst staunen! Du warst ja noch ein kleines Küken, als der Frieden aufhörte. Nun beginnst Du erst zu sehen. Gebe Gott, dass Du recht gesund und klar sehen mögest immer und überall. Und nun lass Dir einen Kuss geben. Kuss, Kleines. Georgette.*»

Georgette verbringt in Berlin ganze Tage mit dem Versuch, einen Passierschein zu bekommen. Sie kassiert eine Absage nach der andern. «Du sollst Dich nicht mehr so verausgaben, um eine Reiseerlaubnis zu bekommen», schreibt Adèle. «Das alles strapaziert Deine Nerven zu sehr und es nützt nichts, jedenfalls was man mir erzählt. Warte geduldig. Ich bin genauso traurig wie Du. Ich habe schon Tausende Luftschlösser gebaut, die alle eingestürzt sind. Vielleicht kommt das Glück von einer anderen Seite. Es wäre so schön und so gut, denn wie Du zurecht denkst, fehlst Du mir und ich leide unter unserer Trennung, vor allem seit wir beide auch körperlich leiden.»

Im Juli 1919 steht Georgette zur Überraschung ihrer Mutter eines Nachmittags auf einmal im Garten. «Sie war die erste Deutsche, die ins Elsass zurückkehrte», versicherte Mathilde. Karl Georg Goerke fotografiert. Georgette an die Schulter ihrer Mutter gelehnt. Georgette und Mathilde im selben Kleid. Die Sorglosigkeit ist aus ihren Gesichtern gewichen. Mathilde ist kein Kind mehr, sondern ein bleiches junges Mädchen mit traurigen Augen. Georgette setzt sich ans Klavier und stimmt für ihre Mutter die Brabançonne an, die belgische Nationalhymne. Dann spielt sie für ihren Vater die Preußenhymne: «*Ich bin ein Preuße. Kennt Ihr meine Farben? Die Fahne schwebt mir weiß und schwarz voran!*» Mathilde und ihr Vater singen den Refrain aus vollem Hals mit. Es ist der einzige Moment von Ungehorsam, den sie sich je erlaubt haben. Die Fenster auf den Boulevard stehen weit offen, aber Georgette hat keine Angst vor niemandem. Sie macht sich gerne über Frankreich lustig.

Adèle hat lange an diesen Besuch zurückgedacht: «Ich habe so von Dir geträumt heute Nacht, dass ich Dir schreiben muss. Meine Moral ist gut. Nur langweile ich mich oft, da ich nicht mehr lesen kann. Zum Glück haben wir herrliches Wetter diese Woche, und ich bin den ganzen Tag im Garten, genau da, wo Du mir am 16. Juli diese schöne Überraschung bereitet hast. Wie schön das war, als Du immer an meiner Seite warst, meine Georgette. Ich glaube nicht, dass mir dieses Glück bald wieder beschieden sein wird, denn es scheint, es ist schwieriger denn je. Wenn Du Urlaub bekommst, nutz ihn besser dort, damit Du Dich erholen kannst, denn hier haben wir nichts als Gefahren und Ärger. Tue etwas für Deine Gesundheit, wie ich es versuche, denn so alt wie ich bin, ich rechne doch damit, mit Dir noch viele schöne Augenblicke zu erleben, wenn diese Grenzgeschichten einmal vorbei sind.»

Georgettes erneute Bemühungen um einen Passierschein sind vergeblich. Am 8. August 1919, wenige Wochen nach Unterzeichnung des Versailler Vertrags, hofft Adèle, dass Georgette ins Elsass zurückkehren kann. Aber sie hat Angst, dass ihre Tochter das «Quasi-

Elend» mit ihrer Familie teilen muss. Sie spürt, dass es Georgette in Berlin gefällt: «Ich möchte nicht weiter in Dich dringen, denn die Trennung von allem, was Du dort liebst, wäre so schmerzhaft, und wie ich Dir bereits gesagt habe, weiß ich gar nicht, wie Du Dich an unsere Halbarmut gewöhnen sollst, an unsere so kahle Wohnung und dann an die neuen Gewohnheiten bei uns. Aber ich würde Dich so gerne wiedersehen, ma chérie. Ich glaube, das würde uns beide heilen nach dieser langen Trennung, und außerdem findet sich immer ein Weg. Ich habe mich weiß Gott schon in manchem Elend befunden, und bin doch schon 55! Wir haben das Unglück nicht verdient, das uns zugestoßen ist. Du siehst ja, dass es im Leben immer weitergeht. Wenn Du keinen Passierschein nach Frankreich bekommst, dann verlange ich einen, um Dich dort zu besuchen, wenn Du mich für ein paar Tage unterbringen kannst? Auf Wiedersehen, meine Georgette, Deine Maman liebt Dich zärtlich und wünscht von ganzem Herzen, Dich in die Arme zu schließen. Maman.»

Adèle gibt die Hoffnung nicht auf: «Ich bin fest überzeugt, dass sich uns das Schicksal bald gnädiger zeigt. Nach so viel Verdruss haben wir doch das Recht auf ein bisschen Glück.» Adèle schmückt ihre Briefe mit hübschen Aphorismen, die ihre Angst überdecken sollen. «Kommt Zeit, kommt Rat», «Nach dem Regen scheint die Sonne», «Immer wenn Du denkst, es geht nicht mehr, kommt von irgendwo ein Lichtlein her», «*Wir leben ein bischen wie auf eine Vulcan*». Aber es ist zu spüren, dass Adèle den Optimismus dieser hübschen Wendungen nicht ganz teilt. Sie weiß, dass sie das Schicksal nicht umstimmen können. Und wenn sich das Rad auf einmal nicht mehr dreht? Und wenn nach dem Regen nicht die Sonne kommt? Und wenn die Blumen nicht die Tränen trocknen? Und wenn das Schicksal seinen Lauf nimmt?

Bei uns keine Boches!

Im November 1918 nimmt das Leben meiner Großmutter von einem Tag auf den anderen eine abrupte Wende. Es ist im Wasserturmpark, genau gegenüber dem katholischen Vereinshaus Saint Martin, wo Mathilde im Sommer gemeinsam mit ihren Freundinnen der Höheren Mädchenschule ihre Hausaufgaben macht. Sie sitzen zu Füßen der Statue von Auguste Bartholdi. Er ist einer der Söhne der Stadt, der Bildhauer, der die Statue des Generals Rapp auf der Place des Champ de Mars in Colmar und die Freiheitsstatue im Hafen von New York geschaffen hat. «Wir lernten die Texte für die Theaterstücke auswendig, die wir auf dem Gymnasium spielten. Die Lehrerin gab mir immer schöne Rollen. Einmal, es war ein paar Monate nach der Ankunft der Franzosen, wiederholten wir auf einer Bank in der Sonne Kleist. Wir waren zu dritt, eine Jüdin, eine Elsässerin und ich, die Deutsche. Wir rezitierten ‹*Der zerbrochne Krug*›. Da kam eine brave Elsässerin auf uns zugerannt und sagte, die Deutschen dürften nicht mehr in die Schule gehen.» Am nächsten Morgen schlägt die Direktorin ihr die Tür vor der Nase zu: «Bei uns keine Boches! Du hast hier nichts zu suchen!» Im Pausenhof zeigt eine Elsässerin mit dem Finger auf Mathilde und singt:

«Pock de Schwöb om Krajele,
Setz ne en des Wajele,
Fähr ne ewer de Rhin,
'S Elsoss isch net sin.»

Mathilde rennt nach Hause. Am nächsten Morgen holt sie ihre Sachen aus dem Fach. Die Höhere Mädchenschule wird bald in Lycée Camille Sée umbenannt, nach dem Abgeordneten, der die Sekundarschule für Mädchen in Frankreich begründet hatte. Noch ein gebürtiger Colmarer. Die elsässische Direktorin, Fräulein Emilie Kuntz, «ein Albtraum», führt die Institution mit eiserner Hand. Als sie diese Schülerin nach Hause schickte, hat sie einen Ultrapatriotismus an den Tag gelegt und wahrscheinlich ihre Befugnisse überschritten, aber die Goerkes protestieren nicht. Karl Georg Goerke taucht nicht, rot vor Zorn, mit seiner Tochter im Schlepptau im Büro der Direktorin auf, um sich über diesen brutalen Rausschmiss zu beschweren.

Er hebt die Stimme nicht. Er knallt nicht die Tür hinter sich zu. Er droht nicht, seinen Anwalt einzuschalten. Wenn die Papiere nicht in Ordnung sind, wenn man Schulden auf der Bank, eine Tochter in Berlin und eine schwerkranke Frau hat, dann macht man sich besser ganz klein.

Mathilde erzählte, dass ihre Freundinnen nicht mehr mit ihr redeten: «Manche wechselten die Straßenseite, wenn wir ihnen in der Stadt begegneten. Viele frisch zu Frankreich bekehrte Klassenkameraden wandten sich von mir ab. Man musste es sich zweimal überlegen, ob man mit mir befreundet bleiben wollte. Nur Marthel hat mich nie fallen lassen. Mich mit meinem deutschen Aussehen! Mich, die ich so gerne französisch sprach.» Mathilde verbringt die Tage allein zu Hause. Horcht im Flur auf Marthes Schritte. Wenn Marthe von ihrem Zeichenunterricht zurückkommt, stürzt sie sofort die Treppe hoch, um der Einsiedlerin von dem Leben draußen zu erzählen. Marthe nimmt beim Maler Albert Bayer Zeichenunterricht. Sie malt in Kaysersberg und in den Herrlisheimer Matten Aquarelle. Steife Häuser und erbärmliche Landschaften. Als Albert Bayers Klasse das Unterlinden-Museum besucht, begleitet Mathilde ihre Freundin. Sie schließt sich der fröhlichen kleinen Studentengruppe der Hochschule der Künste an. Mathilde kommt sich vor wie ein Parasit. Sie fühlt sich fremd. Aber Marthe beschützt ihr Kamaradle vor dem Gespött. Mathilde beneidet Marthe um ihre Sorglosigkeit. Sie wäre gerne weiter aufs Gymnasium gegangen, hätte gerne studiert, Englisch und Gymnastik wie ihre Schwester, wollte reisen und die Welt entdecken. Wie Marthe Elsässer Dörfer malen und Herbstwälder zeichnen. Marthe hingegen beneidet Mathilde um ihre Freiheit. Sie wäre lieber alleine bei ihrer Mutter in der Küche geblieben, statt mit ihrer Staffelei am Flussufer der Lauch zu sitzen.

Marthe hat zwei Leidenschaften in ihrem Leben: das Kino und den Foxtrott. Einmal die Woche schrubbt Marthe die Küchenfliesen ihrer Großmutter Adelgonde. «Sie gab mir ein *Fränkele* für eine Kinokarte und eine Limonade in der Pause.» Marthe und Mathilde gehen ins Paris Cinéma, Rue des Clefs, oder ins Cinéma de la Marne, früher Schützenhof, und sehen sich die «romantischen Komödien» aus Frankreich an: «Lucien n'aime pas flirter» *(Lucien flirtet nicht gern)*, «Aimer c'est souffrir» *(Lieben heißt Leiden)*, «Le mari de Totoche» *(Totoches Ehemann)*, «O Paris gai séjour» *(Oh wie schön ist es in Paris)*. Sie rennen ins Cinéma Central, um «Le Bonheur qui revient» *(Das Glück kehrt zurück)* zu sehen, eine dramatische Komödie in drei Akten vom Pariser Verleih Pathe Frères. Das größte Vergnügen aber bedeutet für Marthe, am Samstagabend tanzen zu gehen. Mathilde ist eifersüchtig auf Marthe mit ihrer fröhlichen Leichtigkeit. Marthe ist klein, leicht, agil. Sie hat Rhythmusgefühl. Sie lässt sich führen. Sie lacht die ganze Zeit. Die besten Tänzer reißen sich um sie. Mathilde bleibt mit verschränkten Armen und gestrengem Blick auf ihrem Stuhl sitzen. Sieht ihre Freundin über das Parkett wirbeln. Von einem Arm zum andern gehen. Mathilde war noch Jahrzehnte später neidisch. «Schön war sie ja nicht gerade, die arme Marthe. Aber getanzt hat sie wie eine Göttin, das muss man ihr lassen!» Mathilde hatte die Gabe, die schlimmsten Gemeinheiten in ein geheucheltes Kompliment zu packen.

Stundenlang lauschen Marthe und Mathilde Alices Bericht von ihrem Pariser Aufenthalt. Alice, Marthes große Schwester, war nach Paris gefahren, um ihre Tante Mathilde zu besuchen. Elsässerinnen sind solide, sauber und ehrlich. Das französische Großbürgertum vertraut ihnen bedenkenlos seine Kinder an. Tante Mathilde ist Gouvernante bei einer Nichte von Marcel Proust. Auf einem Foto ist Alice auf einem schmalen Balkon über einem Haussmann'schen Boulevard zu sehen. Sie trägt einen kleinen dreieckigen Hut, einen taillierten Mantel, einen Pelzkragen und Absatzschuhe. Es ist das einzige Mal in ihrem Leben, dass Alice ein bisschen etwas von einer Dame von Welt hat. Alice erzählt den beiden, wie Onkel Marcel sonntagnachmittags zum Tee kam. Tante Mathilde bringt ihren Nichten einen zauberhaften Puppengarten mit seidenen Blumenbeeten und einem Weidentischchen mit. Marthe und Mathilde setzen kleine Porzellanpuppen auf die Gartenmöbel aus weißem Holz. Aber wenn Marthe nicht da ist, langweilt sich Mathilde. *«Mir graut wirklich vor morgen»*, vertraut sie Georgette an. *«Ich hab' nicht sehr viel zu tun u. Marthel hat Schule bis um 6. Na, viell. finde ich irgend'ne Beschäftigung.»*

Diese langen, traurigen Tage haben Mathilde ihren Einfallsreichtum als Köchin eingebracht. Mathilde hat für ihre exzentrischen Gewürze und Zusammenstellungen zu keinem Kochbuch gegriffen. Sie probierte gerne aus. Erfand frisch drauflos. Aus einem nicht sehr appetitlichen Rest entstand ein köstliches Gericht. Aus einer krummen Zucchini eine tolle schneckenförmige, mit Sardellen gefüllte Konstruktion. Sie war eine der ersten in Colmar, die sich an Koriander und Safran wagte. Sie rühmte sich, ganze Kirschbäume zu Kompott verarbeitet zu haben, und war unschlagbar im Modellieren von Makronen zu waghalsigen Formen.

Auf dem Fensterbrett ihrer Küche stand immer eine Schale Birnen, die mit Nelkenköpfen gespickt in ihrem Sirup aus Rotwein marinierten. Von zehn Uhr morgens an hing ein Knoblauch- und Pimentgeruch in der Wohnung. In einem Leinensack, der am Griff des Radiators hing, warteten trockene Briochestückchen auf ihre nächste Apfelcharlotte. Talente, die weit zurückreichten, die bereits Adèle gerühmt hatte: «Unsere liebe kleine Hausfrau, sie hält das Haus so gut in Ordnung, und ich lasse es mir gut gehen, wie ein Tierchen, ohne was zu tun außer morgens rausgehen und mich auszuruhen. Tilla pflegt mich wie ein Mütterchen. Auch wenn ich keine besondere Pflege brauche, tut es mir gut, mich ein wenig verwöhnen zu lassen.» Doch sie teilt Georgette auch ihre Sorgen um Mathildes Zukunft mit: «Armes Mathildchen. Die Zukunft dieses Kindes beschäftigt mich so. Sie sollte doch wenigstens Französisch- oder Schreibkurse belegen.» Georgette, die Mathildes Verzweiflung spürt, versucht ihr Mut zu machen:

«Mein Kleines, was fehlt Dir denn? Wir müssen ja alle so unbeschreiblich viel durchmachen. Da dürfen wir alle uns nicht hängen lassen. Du auch nicht. Aber ich weiß, Du tust es gar nicht. Es sind nur ein Paar Stunden zwischendurch mal. Gell?

Für Deine letzten Duchesses tausend Dank! Ach, die sind

so gut. Überhaupt ist es beseligend, Dich daheim zu wissen. Du bist mein Mütterchen. Gell? Nicht als ‹Hausmutter› oder so etwas Spießiges ist es gedacht. Aber als Hüterin der Heimat, als Spenderin des Heimatlichen, der Seele und der Liebe. Mein liebes Kleines, dafür danke ich Dir!»

Karl Georg Goerke hatte sich für seine Tochter einen besseren Start ins Leben erhofft. Er berät sich mit der Bibliothekarin. Schneidet Kleinanzeigen aus der Zeitung. Es werden Bürofräuleins und Gouvernanten gesucht, die beide Sprachen sprechen. Für ein paar Monate nimmt Mathilde Stenokurse. Aber sie mag es nicht und gibt wieder auf. Mathilde sieht sich nicht als kleine Angestellte in einem Notarbüro am Rande des Champ de Mars. Das wäre ihr vorgekommen, als würde sie ihr Leben freiwillig verpfuschen. Weihnachten 1919 erreicht die Frustration ihren Höhepunkt. «*Du liebe Sorge*», schreibt sie an Georgette. «*Den ganzen Nachmittag bin ich mit Marthel in der Stadt rumgelaufen. Ich hab' viel an Dich gedacht. Weißt Du noch wie wir vor Weihnachten immer ausgingen u. alle Schaufenster ansahen u. Maronen aßen. Wir haben eine Tafel Schok. mitgenommen u. unterwegs gegessen. Dann sind wir weiter gezogen von einem Schaufenster ans andere, haben uns Lebkuchen gekauft u. sind zuletzt ins Münster, wo es sehr schön war. Schatzellieb, ich hätte Dir so gerne*

Photos zu Weihnachten geschickt von Muttel, damit Du siehst wie gut sie aussieht (alles Gebäck was Du kriegst, bäckt sie). Ich hatte auch uns alle aufgenommen, aber nichts ist mir recht gelungen. Du musst jetzt warten, denn ich kann nicht immer u. immer Geld verlangen für Entwickler. Alles dreht sich hier um Dich. Wir sprechen fast nur von Dir. Wir essen kaum etwas ohne zu sagen: Wäre noch genug für sie da. Oder: Wenn man ihr das doch schicken könnte! Weihnachten feiern wir nicht. Wir werden an Dich denken wie immer. O mein Schatzel wir haben Dich lieb, dass unsere Liebe Dich zum Christkindel heben könnte. Schreib mir mal einen Brief, der mich toll macht vor Freude. Gell?»

In diesem Jahr sind die Geschäfte in Colmar gut gefüllt. Marthe und Mathilde spazieren stundenlang im Schnee und betrachten Auslagen. Das Feinkostgeschäft A. Fincker in der Rue des Juifs bietet für die Feiertage Gänseleberparfait, Sülze, Pasteten, Terrinen, Überraschungstrüffel, Schnecken, Lyoner und Elsässer Wurst und Spirituosen mit zum Teil exotischen Namen: Curaçao, Mandarinette, Brandy, La prunelle, amerikanischer Grog, Rhumpunsch, Cognac, Kirsch, Quetsche und Mirabelle aus dem Elsass. Auf dem Tisch der Goerkes steht am Weihnachtsabend keine dieser luxuriösen Waren. Mathilde macht sich nicht einmal die Mühe, ihre Verzweiflung zu vertuschen: «*Lieb Schatzi*», schreibt sie an Georgette. «*Ja Weihnachten war sehr traurig, wir hatten nicht einmal einen Baum. Das sind Zeiten! Mit 18 Jahren muss ich schon in wehmütiger, bitterer Weihnachtsstimmung sein. Für den Fall, dass es Dich interessiert: ich bekam von den Eltern ein reizendes tiefhimmelblaues Seidekleid. Es wird Dir gut gefallen. Und ein Buch (Gobineau: die Renaissance) u. ein Körbchen mit Lebkuchen. Das ersetzt alles keine Feier. Dein Schwesterchen küsst Dich.*»

Adèle hat die Traurigkeit in den Augen ihrer Tochter gelesen. Sie legt einen Brief auf Mathildes Kopfkissen: «Ma chérie, ich kann nicht bis morgen warten, um Dir noch einmal zu sagen, wie glücklich Du mich gemacht hast während meiner Krankheit. Du warst so mutig, so gut, so aufopfernd! Ich bin froh, dass mein Unglück mir gezeigt hat, welchen Schatz von einem Kind ich an Dir habe mein liebes Kleines. Merci, mein liebes, liebes Kind für all das Gute, was Du mir jeden Tag tust. Ich wollte es Dir schon lange schreiben, da Du es nicht hören willst, aber erst heute lässt es mein armer Kopf zu, dass ich es mache. Danke für Deine Zuneigung, ma bien chérie, danke für Deine guten, erfrischenden Küsse. Die mich während meiner Schmerzen getröstet haben. Ich habe Dir so gute Augenblicke zu verdanken, mein kleines Mädchen, das ich so sehr liebe und das ich segne. Ta chère maman.»

Ein paar Monate später stirbt Adèle van Cappellen im Diakonat der Rue des Cloches. Mathilde ist mit ihrem Vater allein.

Der Reliquienschrein

Kurz vor ihrem Tod gab mir meine Großmutter eine herzförmige Dose. Darin ist das Foto von Adèle auf ihrem Sterbebett. Ihr Körper ist mit einem weißen Laken bedeckt. Nur ihr eingefallenes Gesicht ist zu sehen, die vorspringende Nase. Die Stirn ist von dunklen Fältchen durchzogen. Adèle liegt in einem Keller auf einer fahrbaren Bahre. Von den Wänden blättert die Farbe. Mit ihrem Strauß Feldblumen auf der Brust sieht sie aus wie eine Heilige. Um das Foto ihrer Mutter herum hat Mathilde trockene Rosen, Tannenzweige, eine Kamillenblüte und ein winziges perlmuttschimmerndes Schneckenhaus angeordnet. Auf einem zerknitterten blasslila Band steht die Widmung: «Geliebte Maman … Warum?»

Dieses Reliquienkästchen hat Mathilde für ihre Mutter geschaffen. Meine Großmutter hat nicht gelernt, die heftige Traurigkeit, die sie beim Tod ihrer Mutter überwältigt hat, mit der Zeit durch eine nüchterne Erzählung zu bändigen. Der Reliquienschrein war ihre Art, den Kummer einzuschließen. Nach all diesen Jahren konnte sie den Augenblick, als ihr Vater aus dem Krankenhaus zurückkehrte, noch immer nicht in Worte fassen. Er hatte Stock und Hut in der Diele abgelegt. Und in neutralem Ton, ohne seine Tochter anzusehen, die am Ende des Flurs stand, erklärt: «Maman ist heute Nachmittag gestorben.» Dann schloss sich Karl Georg Goerke in sein Arbeitszimmer ein. Ließ Mathilde mitten im Flur stehen. «Er kam nicht viel aus sich heraus, mein Vater. Aber dann hat er ein Ekzem gehabt! So kam das alles raus! Es war fürchterlich!», erzählte meine Großmutter.

Sie hat Jahre gebraucht, das Schweigen ihres Vaters an jenem Tag zu verstehen. Unzusammenhängend stiegen Fetzen der Erinnerungen auf, als sie mir vom Tod ihrer Mutter erzählte. Mathilde zögerte. «Meine Mutter ist im Jahr 18 … nein, 21 gestorben.» Mathilde führte die großen Ereignisse ihres Lebens immer als Erstes auf das Jahr 1918 zurück. Als hätte sich sämtliches Unglück der Welt auf dieses Jahr gestürzt. Adèle van Cappellen starb am 25. März 1921 im Diakonissenhaus der Rue des Cloches. Sie war sechsundfünfzig. Das Gebäude steht nicht mehr. An seiner Stelle befindet sich heute die Einfahrt zum Rathausparkhaus.

Meine Großmutter nahm es mit den Diagnosen nie sehr genau. Mal ist Adèle an irgendeiner nicht näher bestimmten Bauchkrankheit gestorben, mal an Leukämie, manchmal auch an Krebs. Und bei ihrer Schwester Georgette schwankte Mathilde immer zwischen Diabetes und Tuberkulose. «Spielt doch keine Rolle, weißt du. Hör auf herumzunörgeln. An irgendetwas muss man schließlich sterben!», antwortete sie, als sie merkte, dass mich ihr vager Bericht zur Verzweiflung brachte.

Mathilde ist achtzehn. Im «Elsässer Kurier» erscheint eine Todesanzeige:

«In tiefer Trauer teilen wir mit, dass
unsere liebe und schmerzlich vermisste Gattin und Mutter
Madame Adèle Goerke-van Cappellen
nach langer schwerer Krankheit von uns gegangen ist.
Die Familie der Verstorbenen.
Colmar, den 25. März 1921.
Die Beerdigung findet statt am Sonntag, den 27. dieses Monats um drei Uhr nachmittags.
Von Beileidsbesuchen bitten wir abzusehen.»

Adèle wird auf dem Friedhof Ladhof beigesetzt. Georgette ist aus Berlin angereist. Die Rélings sind da. Während der ganzen Feier drückt Marthe Mathildes Arm. An jenem Abend wird Mathilde früh schlafen gehen. Georgette schiebt einen kleinen Zettel unter der Schlafzimmertür ihrer kleinen Schwester durch. Sie hat mit Bleistift das Foto von Adèle auf dem Totenbett abgezeichnet.

«Mein Kleines,

Es ist 11 Uhr, nun bin ich zu Bett gegangen. Du schläfst nebenan. Ich aber möchte nicht einschlafen, bevor ich Dir nicht einmal gesagt habe, dass ich Dir gut bin und dass ich Dich sehr lieb habe. Du hast ein schweres Leben. Aber sei tapfer. Und denke daran, dass mein Leben nicht weniger schwer ist. Und dann denke an unsere Mutter, die noch viel, viel, viel mehr leiden musste. Oh, sie hat viel gelitten. Ich muss so oft an ihr Sterben denken. Ein Mensch, der so stirbt, muss viel gelitten haben.

Und sei gut zu Papa. Er hat uns heute sehr wehgetan, besonders mir. Aber er ist trotzdem unser Vater. Und sein Leben ist gar nicht einfach. Nein, nein, hilf ihm ein wenig darüber weg, wenn Du mich lieb hast.

Gute Nacht, mein Schwesterlein.»

Mathilde war nicht wie ihre Schwester. Sie fand keine Worte, um das viele Leid, das sie erfahren hat, zum Ausdruck zu bringen. Das war ein Handicap. Denn sie hatte einen Hang zum Dramatischen. Sie hatte ein anderes Mittel gefunden, um die Traurigkeit in Szene zu setzen. Sie bastelte kleine Altäre von überwältigendem Kitsch, die sie über ihrem Bett an die Wand hängte. Sie stellte Collagen zusammen: eine Visitenkarte von Georgette, ein Fächer, ein auf der Veranda von Adlershof aufgenommenes Foto. Sie klebte nebeneinander ein Gedicht von Rilke, eine Metro-Fahrkarte und eine Schwanenfeder auf ein Stück Pappe. Mathilde rannte die ganze Zeit zum Fotografen. Reproduzierte alte Fotos. Ließ einen Brief vergrößern. Schnitt aus. Klebte. Am Schluss sah ihr Schlafzimmer aus wie ein Museum. Sie organisierte das Andenken auf gleichzeitig sehr auffällige und geheime Weise. Sie allein konnte diesen Schichten der Erinnerung, die sich nach und nach übereinandergelagert haben, einen Sinn geben. Sie allein konnte diese Bildfolgen dekodieren, die Beziehung zwischen den einzelnen Gegenständen erklären. Je älter Mathilde wurde, desto mehr breitete sich ihre ferne Vergangenheit auf der Tapete ihres Schlafzimmers aus. Eng aneinandergedrängt standen ihre Enkel- und Urenkelkinder auf dem Regal im Wohnzimmer nebeneinander. Anfänglich stellte sie noch ihre Jugend aus: Marthe und Mathilde Hand in Hand im Vogesenwallgärtchen. Manchmal kam ihre Ehe zu Ehren: Joseph und Mathilde in Italien beim Campen. In Shorts, die Haare vom Wind zerzaust. Joseph stützt sich, eine Zigarette im Mundwinkel, auf die Wagenplane. Sie reisen mit dem Wagen des Unternehmens Klébaur. Schlafen unter der Plane und sitzen zum Essen auf der Haube. «Meine schönsten Jahre, dieser Camion», kommentierte Mathilde und schob eine Fahrkarte für ein Pariser Vergnügungsschiff zurecht, die unter den Rahmen geklemmt war. Bald aber gibt es nur noch Adèle, Georgette und Karl Georg. Ein paar Wochen, bevor sie ihre Wohnung gegen das Altersheim eintauschte, ließ Mathilde das Kondolenzschreiben rahmen, das ihr Georgettes Freundin Isebies nach Adèles Tod geschickt hatte:

«Mein Liebes, mein armes Liebes,

nun musst Du diesen tiefsten Schmerz doch erleben. Hast mit all Deiner Liebe Deine Mutter halten wollen – und sie schied doch von Euch.

Liebes, dass Du so leiden musst.

Ich trauere mit Dir um Deine geliebte Mutter.

Liebes auch jetzt, stark sein.

Ich denke immer, immer an Dich mit meinen tiefsten Wünschen für Dich.

Du. Deine Isebies. Charfreitag 1921.»

Die Trauer durch vier Klammern unter eine Glasscheibe geklemmt. Isebies' Brief ist Teil des kargen Kontingents der «persönlichen Gegenstände», die Mathilde in ihr Zimmer im Altersheim mitnehmen wollte.

Einbürgerung

Karl Georg Goerke ist am 23. Februar 1927 Franzose geworden. Mathilde hat sich nie getrennt von dem Einbürgerungsdekret No. 29 308x24, unterzeichnet vom Präsidenten der Französischen Republik Gaston Doumergue und von Justizminister Louis Barthou. Am Kopf der Seite steht die Parole der Republik, «Freiheit. Gleichheit. Brüderlichkeit». Das völlig unzerknitterte Papier ist zweimal sorgfältig gefaltet. Das Dekret ist im Amtsblatt veröffentlicht worden. Karl Georg Goerke ist zweiundsechzig. Ab jetzt heißt er Charles Georges Goerké. Sein Allerweltsvorname lässt sich leicht von einer in die andere Sprache übertragen. Frankreich setzt einen Accent aigu auf das «e» am Ende von Goerké und macht damit den in Deutschland ganz banalen Namen zu einem eigenartigen Zwitterwesen.

Die Einbürgerungsakte meines Urgroßvaters befindet sich im Nationalarchiv in Paris. Frankreich hat seine Erinnerungen zentralisiert. Paris ist nicht bombardiert worden wie die meisten deutschen Städte.

Ich habe keine Mühe, Karl Georg Goerkes Spuren zu finden. Ein paar Seiten in einem orangefarbenen, mit Notizen und einem breiten blauen Wachsstrich beschmierten Mäppchen tief in einem Blechschrank enthalten den Grund für dieses lange Warten. Frankreich gewährt die Staatsbürgerschaft nach einer langen Untersuchung wie eine Gunst. Karl Georg Goerke ist in einem feindlichen Land geboren. In der argwöhnischen Atmosphäre der Zwischenkriegsjahre wird er einer besonders strengen Kontrolle unterzogen. Alle Deutschen werden als potenzielle Spione betrachtet. Der Angestellte hat mit Federhalter und enger Schrift schräg über dem Antragsformular zur Einbürgerung des Justizministeriums, Abteilung für Zivil- und Handelssachen, vermerkt: «Wohnt seit 20 Jahren im Elsass. Witwer einer Belgierin. Gute Referenzen. Ablehnungsbescheid erteilt per Dekret vom 31. Dezember 1924 aufgrund der Tatsache, dass eine Tochter des Antragstellers in Berlin Lehrerin war. Schätze, dass heute in Anbetracht der durchwegs positiven Meinungen von Seiten der zuständigen Behörden dem Antragsteller die französische Staatsbürgerschaft zuerkannt werden kann.» Die Akte enthält auch den ersten, negativen Bescheid der Prüfungskommission für Einbürgerungsgesuche des Départements Haute-Alsace mit

Datum vom 29. Juni 1923: «Die Kommission ist trotz der langjährigen Ansässigkeit des Antragstellers in Colmar nicht von dessen französischer Gesinnung überzeugt. Außerdem fürchtet sie die Beziehungen zu seiner Tochter Georgette, Volksschullehrerin in Berlin, und zu seinem Bruder, wohnhaft in derselben Stadt. Bescheid negativ.» «Noch abwarten, bis Goerke eine eindeutig französische Gesinnung bewiesen hat», fügt der Präfekt des Haute-Alsace hinzu, bevor er sich der Ablehnung anschließt. Ein Stempel oben an jeder Seite verfügt: «Dokument darf dem Betroffenen nicht vorgelegt werden.»

Karl Georg und Mathilde Goerke haben den Grund für die Ablehnung ihres ersten Einbürgerungsgesuchs nie erfahren. Als Karl Georg Goerke am 15. Juni 1925 einen neuen Antrag stellt, ist Georgette seit einem Jahr tot. Es ist dieser zweite Versuch, der 1927 ans Ziel führt. Mein Urgroßvater ist endlich für würdig befunden worden, Franzose zu werden. Fast zehn Jahre hat er darauf gewartet. Während all dieser Jahre hat er sich vorbildlich benommen. Hat sich sämtlichen administrativen Launen der Republik gebeugt. Hat Beweisstücke gesammelt, Mietquittungen, um zu belegen, dass er schon vor dem Kriegsausbruch am 3. August 1914 im Elsass gewohnt hatte. Er ließ sich vom Polizeilichen

Zentralkommissar ein Zertifikat ausstellen, das drei Jahre ununterbrochenes Wohnen auf dem reintegrierten Territorium belegt, mit Datum vom 11. November 1918. Er hat aus Memel seinen Geburtsschein angefordert und ins Französische übersetzen lassen. Er hat im belgischen Saint-Josse-ten-Noode seine Heiratsurkunde in den Registern des Jahres 1895 geholt. Er hat einen Auszug aus dem Strafregister und Referenzen der Häuser, in denen er angestellt war, vorgelegt. Er hat die Gebühr zum Erwerb der Staatsangehörigkeit von 1076 Francs bezahlt. Es wurden Erkundigungen über seine Lebensweise und seinen Leumund eingeholt:

«Steht er in öffentlichem Ansehen?

Ja, ebenso wie seine Tochter Mathilde.

Hat der Antragsteller Leistungen von allgemeinem Interesse erbracht oder sich mutiger oder aufopfernder Taten verdient gemacht, die eine Gewährung der vollen Rechte legitimieren?

Nein.

Wie war seine politische Haltung während des Kriegs?

Tadellos.»

Karl Georg Goerke hat anstandslos einen pingeligen Fragebogen über den Stand seines Einkommens, über Gehalt, Privatvermögen, Miete und Steuern ausgefüllt.

Georgettes Tod in Berlin bringt das Dossier auf einmal voran. Diese Berliner Tochter war während all der Jahre der einzige Hemmschuh bei der Einbürgerung der Goerkes, der einzige Grund für ihre prekäre Situation. Dabei hatte Karl Georg Goerke die Beziehungen zu seiner Tochter auf ein Minimum reduziert. Briefe, Überlebenspakete, sicher, aber nie hat die Familie Goerke sie in Berlin besucht. Karl Georg und Mathilde wagten nicht einmal zur Beerdigung Georgettes im Jahr 1924 zu fahren. Sie fürchteten die Repressalien der französischen Behörden.

Als ihn der Brief des Präsidenten Doumergue erreicht, hat Karl Georg Goerke bereits seine Frau und eine seiner Töchter verloren. Mathilde, die sich jahrelang um den Haushalt ihres Vaters gekümmert hat, ist seit einem Jahr verheiratet. Sie hat die französische Staatsbürgerschaft durch Heirat erworben. Bis zum Gesetz vom 10. August 1927 übernimmt die Frau automatisch die Nationalität ihres Ehemannes. Mathilde ist eine der Letzten, die in den Genuss dieser Abkürzung kam. Ein echter Glücksfall. Charles Georges Goerké räumt das präsidiale Dekret in die Schublade seines Sekretärs. Zu spät. Es ist ein gebrochener Mann, dem die Republik endlich die Arme öffnet. Charles Georges Goerké wird dieses heißbegehrte Privileg nur noch wenige Jahre genießen. Karl Georg Goerke stirbt am 3. Juli 1941 als ein Bürger des «Dritten Reiches» in der Stadt Kolmar, die 1940 wieder deutsch geworden ist.

Tischlegende

Georgette. Die Schwester meiner Großmutter Mathilde. Um mit den Fragen fertigzuwerden, auf die ich keine Antwort bekam, habe ich meine Großtante schließlich in drei Schubladen untergebracht. Georgette Goerke, Spartakistin, in den zwanziger Jahren Volksschullehrerin in Berlin.

Hinter dieser Kategorisierung verbarg sich meine Ahnungslosigkeit. Denn von Georgette wusste ich nicht sehr viel. Dabei war ihre Lebensgeschichte alles andere als ein Geheimnis. Georgette fehlte selten am Mittagstisch, wenn die Familie sonntags bei Marthe in der Avenue de la Liberté zusammenkam. Mathilde saß oben am Tisch. Marthe der Küche so nah wie möglich. Sie wirkte ganz klein zwischen ihren zwei großen Söhnen. Manchmal sprang sie hoch wie ein aufgescheuchter Hase. «Hier riecht's angebrannt, findet ihr nicht?» Sie flitzte in die Küche, um ihr angesengtes Gigot zu retten. Wenn Mathilde beim Dessert den Namen ihrer Schwester aussprach, wussten alle, dass jetzt der

Moment zum Schweigen gekommen war. Während wir unsere Maronencreme löffelten, strickte Mathilde an ihrer Legende. Sie reihte Episoden aneinander, die nicht wirklich zusammenpassten. Ihre Erzählung wies fragwürdige Lücken auf, lange Strecken ohne Sinn. «Georgette wäre beinahe erschossen worden», sagte sie mit dramatischer Stimme. «Georgette war Anarchistin», meinte Tante Alice zu wissen. Sie sprach diese verwegene Bezeichnung ganz ehrfürchtig aus, hob eine Silbe von der andern ab. Das Wort verbrannte ihr die Lippen. «Sie hat auf der richtigen Seite gekämpft. Und sie ist zum Tode verurteilt worden», korrigierte Mathilde. «Sie gehörte zur Crème de la Crème», beeilte sich Tante Alice hinzuzufügen. Nein, nein, Alice wollte niemanden verärgern. Mischte sich nicht in Sachen, die sie nichts angingen. Sie wollte sowieso nicht stören. Nur kurz hereinschauen. Sie kam gerade von der Elf-Uhr-Messe, und nach dem Spülen, zum Vespergottesdienst, wäre sie wieder weg. Ihr Hut wartete auf der Dielenkommode auf sie. Es war Sonntag. Sie hatte ihre Perlmuttohrringe und ihre Spitzenrüschenbluse angezogen. Mit auf der Brust verschränkten Armen hörte sie Mathilde zu. Wie ein braves Schulmädchen. Irgendwann rief ein Cousin: «Wo ist eigentlich Tante Alice?» Tante Alice war schon vor einer halben Stunde gegangen. Diese Fähigkeit, ihre Anwesenheit vergessen zu lassen, war ihr sehr nützlich. Tante Alice war das Gedächtnis der Familie. Während Marthe und Mathilde damit beschäftigt waren, im Tennisclub ihre Ehemänner zu angeln, nähte Alice im elterlichen Wohnzimmer im Erdgeschoss an ihrer Aussteuer und belauschte die Gespräche zwischen ihrer Mutter und Madame Goerke. Je abenteuerlicher die Vertraulichkeiten wurden, die sich Augustine und Adèle zu erzählen hatten, umso tiefer drückte sich Alice in ihre Ecke, die Ohren gespitzt wie eine Füchsin, die ihrer Beute auflauert. Sie wagte kaum zu atmen, unterdrückte jeden Hustenanfall, und wenn sie eine Fadenspule aus dem Nähkasten holte, schlich sie sich die Wand entlang. Nichts entging ihr. Keine Krankheit, kein Gerücht in der Nachbarschaft und erst recht keine Episode aus dem Leben der beiden Familien. Die Goerkes und die Rélings hatten für sie kein Geheimnis. Tante Alice hatte kilometerweise Laken gesäumt und Dutzende von Tischservietten bestickt. Einen Mann fand sie nicht, dafür hatte sie sämtliche Geheimnisse vom Vogesenwall gesammelt. Still, mit stockendem Atem auf der Lauer zu sein, während die anderen sprachen, das ist für sie zur zweiten Natur geworden. Tante Alice hatte ein immenses Wissen angehäuft. «Sie war intelligent,

Alice, und sah gar nicht so schlecht aus! Aber sie war wählerisch. Kein Freier war ihr gut genug. Und so ist sie am Ende übrig geblieben», sagte Marthe. In ihrem Album gibt es zwar ein Bild von Alice als jungem Mädchen, das schüchtern neben einem Mann in Jacke und Krawatte auf einem Vogesenfelsen sitzt. «Ein gewisser Goupil», erinnerte sich Marthe. «Aber sie wollte nicht, dieser Dummkopf.»

Marthe hätte auch gerne eine so schillernde Schwester gehabt wie Mathilde. Hätte unserer Tafelrunde auch gern eine vielgereiste Abenteurerin, einen großen, freien Geist zur Bewunderung vorgesetzt. Hätte uns auch gern beeindruckt. Aber mit Alice war kein Staat zu machen. Diese ängstliche Schwester fürchtete sich vor allem: vor dem Gewitter, vor Einbrechern, vor überflüssigen Ausgaben, vor Durchzug, Hunden, Unvorhergesehenem, vor dem Leben überhaupt. Sie blieb ihr Leben lang im Erdgeschoss der elterlichen Wohnung in der Avenue de la Liberté. Nach deren Tod tauschte sie einfach ihr Jungmädchenzimmer am Ende des Flurs mit dem geräumigeren Eheschlafzimmer vorne raus. Alice schlief im ehemaligen Bett ihrer Eltern, umstellt von drei Spiegelschränken voller jungfräulicher Laken, die nie zum Einsatz kommen würden. Der Schleier ihres Erstkommunionkleides lag als Decke auf ihrem

Nachttisch. Ihre erste Kommunion war, wie sie sagte, der schönste Tag in ihrem Leben. «Oh Herr Jesus, komm und bleib mein ganzes Leben mit mir vereint», steht auf dem Erinnerungsbild an diesen 30. März 1913. Auf dem offiziellen Foto aus dem «Atelier Severin Schoy, Hofphotograph Sr. Königl. Hoheit des Grossherzogs v. Mecklenburg-Schwerin in Colmar», sieht Alice aus wie eine kleine Braut. Sie trägt einen langen Schleier und einen Kranz aus weißen Rosen. Tante Alice war ein altes Mädchen, das sich für das Wohl der Familie aufopferte. Eine dieser ergebenen Seelen, die es heute nicht mehr gibt. Sie kümmerte sich um die Alten, die Kranken, die Gräber, die Steuererklärungen für die ganze Familie und um die Verwaltung und Ausbesserung der beiden Häuser, die die beiden Schwestern von ihrem Vater geerbt hatten. Sie hatte keinen wirklichen Status. Marthe und Mathilde waren die allgewaltigen Großmütter, die sich die ersten Rollen teilten. Tante Alice wäre im Familienszenario entbehrlich gewesen. Als Schwesternpaar hingegen funktionierten Marthe und Alice einwandfrei. Alice kümmerte sich um die finanziellen Angelegenheiten. Marthe lieh ihrer Schwester die Enkelkinder, die sie selber nie gehabt hatte. Alice sparte, Marthe gab aus. Alice gehorchte, Marthe erteilte die Befehle. Wollte sie, dass Alice zu ihr in den ersten Stock hochkam, griff Marthe nach einem Besen und klopfte dreimal auf den Boden, wie im Theater. Ein paar Minuten später huschten die kurzen gedämpften Schritte von Alice über die Stufen des Treppenhauses. Fast unhörbar wurde die Wohnungstür aufgeschoben. Und auf einmal stand sie da, mitten in der Küche. Marthe fuhr zusammen: «Oh, hast du mich erschreckt! Kannst du dich nicht ein bisschen bemerkbar machen, wenn du bei jemandem aufkreuzt!» Tante Alice war so diskret, dass man ihre Anwesenheit am Tisch kaum bemerkte. Sie saß mit gesenktem Blick auf einem unbequemen Hocker, bereit, in die Küche zu laufen, um das fehlende Salz zu holen, und hörte zu. Sie nahm sich immer das schlechteste Stück Fleisch und von der Maronencreme das erste, jenes, das zusammengesackt war und nicht mehr hübsch aussah, das keiner wollte. Tante Alice hatte die Nacht in der Küche verbracht, um mit der Messerspitze das Häutchen von den Maronen zu entfernen. «Eine Ochsenarbeit! Esst mit Respekt!», sagte sie und goss Crème anglaise mit Kirsch auf ihr Meisterwerk. Im August ging Tante Alice zum Brombeerenpflücken nach Rombach-le-Franc. Sie brach im Morgengrauen auf, um die Sträucher zu durchforsten, ein Stöckchen in der Hand, einen Stoffhut auf dem Kopf, ein Stück Schwarzbrot und drei

Scheiben Wurst in der Schürzentasche. Abends kehrte sie mit blutig gekratzten Armen und geschundenem Rücken zurück. Tante Alice verbrachte die großen Hitzetage des Sommers in der brütenden Glut ihrer Küche. Mit hochrotem Gesicht und fiebrigen Augen rührte sie in einem riesigen Kessel ihr Brombeergelee.

Marthe wurde sich erst nach dem Tod ihrer Schwester bewusst, wie viel sie ihr bedeutet hatte. Das Krankenhaus hatte Marthe angerufen, sofort zu kommen. «Es geht bald zu Ende!», sagte der Pfleger am Telefon. Um die Angehörigen zu schonen, sprach das Krankenhaus vom bevorstehenden Tod wie von der Endstation einer Buslinie. Alices Leben war nicht über diesen regnerischen 29. März 1992 hinausgekommen. Marthe sprang in ein Taxi. Sie war vor Kummer wie versteinert. Alice lag ganz welk in ihrem Gitterbett. Der Priester kam vorbei. «Ach, du willst mich doch nicht alleine lassen, Alice!», schluchzte Marthe. Der Körper ihrer Schwester war grau und ausgetrocknet. Aber die von der Couperose marmorierten Flecken auf den Wangen verliehen Tante Alice einen eigenartig rosigen Teint. Wäre nicht der um ihre bereits steifen Finger gewickelte Rosenkranz gewesen, hätte man glauben können, sie machte nach einem Spaziergang in der frischen Luft der Weinberge ein kleines Nickerchen. In jener

Nacht hatte Marthe einen Albtraum. Sie sah Mieter, Schornsteinfeger, Glaser, Klempner, Versicherer und Steuereinnehmer an ihrem Bett vorbeiziehen ... Eine bedrohliche Prozession, die sich vor ihr aufrichtete und Rechenschaft verlangte. Sie schrak aus dem Schlaf auf. Setzte sich mitten im Bett auf. Und bat ihre große Schwester um Verzeihung, dass sie sie so oft angeherrscht, brüskiert und schlecht behandelt hatte.

«War sie nicht eine Anhängerin von Rosa Luxemburg, Ihre Schwester?» Das Interesse, mit dem sich mein Vater an Mathilde richtete, war vorgetäuscht. Aber seine Frage, im richtigen Moment platziert, war Teil der subtilen Strategie, die er anwandte, um die Gunst seiner Schwiegermutter zu gewinnen. Auf einem Bild aus dem Atelier Severin Schoy trägt Georgette dieselbe Spitzenbluse mit Stehkragen wie Rosa Luxemburg. Sie muss sechzehn sein. Ihre Wangen, die bald von der Krankheit ausgehöhlt sein werden, sind noch voll. Sie hat große, melancholische Augen und einen gerade der Kindheit entwachsenen Schmollmund. Sie lächelt nicht. Ihr ganzes Gesicht scheint in der Stärke der Bluse erstarrt. Ihre langen schwarzen Haare sind über dem Kopf zu einem komplizierten Gebilde aufgetürmt, das bei der geringsten Bewegung einzustürzen droht. Es ist nicht wirklich Georgette.

Sie sieht aus, als wäre sie in die Haut einer anderen geschlüpft.

Ihre Erlebnisse belasteten mich. Es wirkte verstörend, sie so roh und aus dem Zusammenhang gerissen vorgesetzt zu bekommen. Am liebsten wäre ich vor all dem Kummer, der dahinter zu ahnen war, davongerannt. Ich konnte diese ungeheuerlichen Fabeln nicht glauben. Mathilde setzte Collagen zusammen, die sich mit keiner historischen Wirklichkeit deckten. Sie brachte die Zeiten durcheinander und modellierte ihre Berichte, wie es ihr passte. Glaubte Mathilde allen Ernstes, sich an diese Dinge zu erinnern, die nie geschehen sind? Wollte sie sich interessant machen, indem sie eine heldenhafte Schwester erfand? Versuchte sie die Spuren zu verwischen und eine düstere Vergangenheit zu maskieren, indem sie Georgette auf die ruhmreiche Seite der Geschichte hinüberbrachte? Oder überließ sie sich einfach ihrer Fabulierlust, ohne überhaupt zu merken, dass sie die Realität verfälschte? Hatte sie so viele Biographien berühmter Frauen verschlungen, dass sie Georgette unbewusst die Abenteuer einer anderen zuschrieb? Verwechselte Mathilde nicht die Revolution von 1918 mit dem Attentat auf Hitler von 1944? «Wie soll ich denn bei so vielen Leuten noch wissen, was sie waren und was sie nicht waren», entschuldigte sie sich, wenn sie merkte, dass ihre bizarren Konstruktionen der Prüfung nicht standhielten. Als ich aber Mathildes Erzählungen mit den geschichtlichen Tatsachen und der Eindeutigkeit der Archive konfrontierte, merkte ich, dass das, was sie erzählte, nie ganz falsch war. Meine Großmutter hatte weit auseinanderliegende Teile zu einem Ganzen gefügt und sich Erinnerungen anderer zu eigen gemacht, aber gelogen hatte sie nie. Die große Geschichte Europas diente der kleinen Familiengeschichte als Hintergrundmusik.

Ich hätte mir gewünscht, ein pedantischer Gast hätte Mathilde die Stirn geboten und sie herausgefordert, Beweise für ihre phantastischen Tatsachen vorzubringen. Ich hätte mir gewünscht, dass jemand an unserem Tisch diese asynchronen Bruchstücke in eine verlässliche Chronologie gebracht hätte. Aber es interessierte sich keiner für Georgette. Diese Spinnerin, die nach Berlin exilierte, um die Sache des Bolschewismus voranzubringen, war die bei unseren Familienzusammenkünften still geduldete, aber nicht wirklich willkommene Tischgenossin. Einzig Marthe brachte ein paar konkrete Einzelheiten ein. Dank ihr wurde *'s Schorschel* zu dieser verschrobenen Großtante, die aus dem fernen Land, in dem sie lebte, allerlei exotischen Schnickschnack mit nach Hause brachte. Ein Aquarell vom Müggelsee. Eine lachsfarbene Laterne. Ein Fächer mit großen roten Blumen. Eine Muschel aus Usedom. Sie war ein schönes Mädchen mit bleicher Haut und langen schwarzen Haaren. Sie war witzig. Erzählte sagenhafte Geschichten und verstellte dabei die Stimme. Wenn sie ihre Familie in Colmar besuchte, unternahm sie mit den Mädchen Ausflüge in die Vogesen. Auf einem Foto sieht man Marthe und Mathilde auf einem Felsen über dem Tal stehen. Ihre weißen Kleider flattern im Wind, und ein Band hält ihre Haare zurück. Sie betrachten die Elsässische Ebene zu ihren Füßen. Etwas weiter unten sitzt Georgette im Gras, steif wie eine englische Gouvernante. «Das arme Mädchen ist so jung gestorben. Sie war eine große Leidende», sagte Marthe. Sie verlieh dieser Berliner Heiligen, die uns einschüchterte, etwas Wärme und Menschlichkeit. Plötzlich glich Georgette der Kameliendame, die sich in einem Meer weißer Laken rekelte.

Wir nutzten die Bresche, die sich in Mathildes Monolog aufgetan hatte, und baten Marthe, uns vom Krieg zu erzählen, vom anderen, dem richtigen, dem zweiten. Mathilde war neidisch auf diese gradlinige Geschichte Frankreichs, die so bruchlos verlief und, wie sie fand, fast ohne Schande. Sie war uns vertrauter als Georgettes

Spartakistenkämpfe in Berlin. Marthe erzählte von den ausgehungerten Katzen, die durch die ausgestorbenen Straßen streunten, nachdem die Bevölkerung von Straßburg im Herbst 1939 in Voraussicht auf einen Schützengrabenkrieg vor der Maginot-Linie Richtung Südwesten evakuiert worden war. Sie erzählte von der Naziflagge, die bei der Rückkehr der Deutschen auf der Turmspitze des Straßburger Münsters gehisst wurde. Nach dem Tod ihres Mannes in Rennes hatte Marthe, die Witwe eines französischen Offiziers, nicht das Recht, in das im August 1940 annektierte Elsass zurückzukehren. Die ehemalige deutsch-französische Grenze, die Bismarck 1871 gezogen hatte, wurde wieder eingerichtet. Die nationalsozialistische Verwaltung, von Gauleiter Robert Wagner mit eiserner Hand geleitet, vertrieb die «Unerwünschten». Marthe und Mathilde tauschten die Rollen. Diesmal war es Marthe, die dem Elsass den Rücken kehren und den Krieg in Tours verbringen musste. Die Kriegsfreiwilligen der französischen Armee von 14–18, die Juden, die Kommunisten, die politischen Gegner, die frankreichfreundlichen Familien und die Geisteskranken waren gezwungen, das Elsass unverzüglich zu verlassen. Jeder, der sich der neuen Ordnung widersetzte, wurde verjagt. Dreißig Kilo Gepäck waren erlaubt. Marthe, Witwe eines

Hauptmanns der französischen Armee, hatte nicht die geringste Chance. Sie verbrachte den Krieg in Tours in der besetzten Zone.

Marthe erinnerte sich an den Tag, an dem die Bomben auf den Bahnhof niedergingen. Die Jungen hatten unter einem Baum Schutz gesucht, als wären sie von einem Frühlingsregen überrascht worden. Marthe wartete zitternd im Keller ihres Hauses in der Rue Michelet. Marthe erzählte von dem Gebrüll der Gestapo und von «Hitler, diesem Dreckskerl», der schließlich in Berlin «verreckt» ist. Marthe war überzeugt, dass Hitler *'s Schorschel,* wenn sie nicht gestorben wäre, bevor die Nazis an die Macht gekommen sind, erschossen hätte. Sie erzählt von Alice Lévy, ihrer jüdischen Klassenkameradin, die sich tief im Wald das Leben genommen hat. Man hat ihren Körper gefunden, nur mit einem Pelzmantel und mit Diamanten bekleidet. *«Schoi Marthala do havi!»,* hatte Alice Lévy ihr zugeflüstert und den Schoß ihres Blaufuchsmantels geöffnet. «Sie zeigte mir eine Tablette, die schluckt man, und schon ist man tot! Ich denke jeden Tag an das arme Mädchen.» Marthe beschrieb uns das Viertel Butter, das sie von den Lebensmittelkarten bekommen hatte, die ihr die Schwester aus Colmar schickte. In dieser Zeit fing Marthe an zu rauchen, um das Hungergefühl zu überlisten. Sie schmierte eine dicke Schicht auf die Brote ihrer Söhne, weil «es besser ist, alle Butter auf einmal zu essen, um wenigstens einmal im Monat das Gefühl zu kennen, satt zu sein!» Mein Vater genoss das Mitgefühl, das die Erzählung auslöste. Er nahm sich zum dritten Mal von der Maronencreme. Sagte, das sei zur Erinnerung an das Butterbrot, wir wüssten gar nicht, was Entbehrungen bedeuten, wir seien verwöhnte Kinder und sollten endlich aufhören, ihn als Vielfraß zu bezeichnen, er habe es verdient, sich heute satt zu essen. «Ihr kennt diese Leute gar nicht, die von morgens bis abends nur ans Essen denken», schleuderte er uns in die erheiterten Gesichter. Und er erzählte von seinen Geschäftsreisen mit den Bauherren und Schalbeton-Fabrikanten. Seine Reisegefährten hatten weder ein Auge für das Prado-Museum noch für das Empire State Building oder die Landschaft der Toskana. «Wir haben gut gegessen!», sagten sie auf dem Bahnsteig des Straßburger Bahnhofs zu ihren *Miesele,* ihren Mäuschen, wie diese Herren ihre Ehefrauen in der Öffentlichkeit nannten. Die Miesele waren gekommen, um ihre Männer abzuholen, wie große übermütige Söhne mit ihren Wäschesäcken nach einer Klassenfahrt.

Marthe hatte die Kollaborateure der Rue Michelet nicht vergessen. Sie aßen jeden Tag Fleisch. Nach dem Krieg sind sie nicht einmal verhört worden. Marthe konnte Ungerechtigkeit nicht leiden. Sie sprach von diesen kahlgeschorenen Frauen, «die mit den Deutschen gegangen sind, statt sich ruhig zu verhalten». Marthe, die Elsässerin, musste die Liebesbriefe der jungen Frauen aus dem Viertel übersetzen: «Sie kamen zu mir, setzten sich mit ihren schmachtenden Augen an meinen Küchentisch und diktierten mir ihre Ergüsse. Und ich übersetzte das ganze Zeug ...» Marthe gab ein beinahe anzügliches Lachen von sich. Sie war Komplizin dieser Wollüste, die sie zum Träumen brachten. Sie hatte einen Blick auf diese sinnlichen Freuden erhascht, die sie nie gekannt hatte. Sie hätte es nie einzugestehen gewagt, aber diese jungen, blonden, gut erzogenen Offiziere schmeichelten ihr mit ihrem «Gnädige Frau». Bei der Befreiung hatte Marthe Angst, mit ihrem starken Colmarer Akzent und ihrem schlechten Umgang für eine Boche gehalten zu werden. Dabei hatte sie während des ganzen Kriegs ihr schwarzes Trauerkleid getragen. Sie hatte sich nichts vorzuwerfen. Aber sie war entrüstet, als sie sah, wie Paulette und Julienne, ihre hübschen Nachbarinnen, mit geschorenem Kopf über die Rue Michelet geschleift und von der Menge ausgebuht wurden. «Ich hatte sie gewarnt, diese armen Dinger! Es ist idiotisch, dass die Franzosen das gemacht haben! Sie haben doch nichts Schlimmes getan. Haben niemanden denunziert. Und außerdem waren es schöne Jungen, die Deutschen.» Ich hörte einen Hauch von Bedauern in der Stimme meiner Großmutter. Sie war nicht schockiert. Ich bin sicher, dass sie ihre jungen Nachbarinnen ein kleines bisschen beneidete.

Genau in diesem Moment ergriff Tante Alice stets das Wort. Ihre Stimme zitterte, aus ihren Augen schossen Pfeile. Sie sprach von den Matratzen, die die Amerikaner bei ihrer Ankunft besudelten. Eine Schande sei es gewesen. Die Amerikaner hätten die Häuser verwüstet und schreckliche Dinge getan, die sie vor den Kindern nicht berichten möchte. Aber vor allem, und das empörte sie am meisten: Die Amerikaner beschmierten die Küchenwände mit den Marmeladenreserven der Colmarer Hausfrauen. Alice dachte mit Schrecken an ihre Gläser mit Brombeergelee, die im Keller auf einem Regal aufgereiht waren: «Die meinten, die Elsässer wären Deutsche!»

«Erzähl weiter!» Wir wollten nicht, dass Marthe vom Tisch aufstand. Sie ließ sich nicht lange bitten. Sie gab, stets in derselben Reihenfolge und ohne ein einziges auszulassen, ihre berühmten Tourangeller Abenteuer zum Besten. Sie war stolz, wenn die ganze Runde schon nach den ersten Worten einer Anekdote in Lachen ausbrach. Wir haben sie sofort wiedererkannt, wie man ein bekanntes Lied bei den ersten Tönen identifiziert. Sie verstand es, die schrecklichsten Momente der Geschichte ins Burleske zu wenden. «Ach, was ich nicht alles erlebt habe …!», seufzte sie. «Los, lasst uns zum Kaffee ins Wohnzimmer gehen!» Die bombardierten Straßen von Tours wurden mit dem Geschirr Richtung Spülbecken in die Küche evakuiert. Georgette war längst vergessen. Tante Alice drehte das Licht an der Deckenlampe aus, um keinen Strom zu vergeuden. Nur noch ein Lämpchen auf einem kleinen Tisch war an. Mathilde blieb allein im Halbdunkel zurück. Spielte mit ihren rosa lackierten Nägeln an der Serviette herum. Sie war weit weg von ihrer ausgelassenen Familie, die sich im Wohnzimmer um die Sessel balgte. Vielleicht dachte sie an die Sonntage mit ihren Eltern und ihrer Schwester in der Wohnung über ihr? Lange habe ich geglaubt, sie schmolle, aus Ärger, dass die andere, die lustigere Großmutter ihr die Show stahl. Ihre Eifersucht ging mir auf die Nerven. Ich hatte keine Lust, sie aus ihrem Schweigen zu holen, in das sie sich zurückgezogen hatte, und ging mit den anderen aus dem Raum. Ich habe lange nicht begriffen, welch unendliche Traurigkeit dann in ihr aufstieg. Mathilde fühlte sich ausgeschlossen. Ihre Geschichte interessierte niemanden. Und Georgette fehlte ihr.

Am Abend nahmen wir beide in ihrer Küche das Gespräch wieder auf. Mathilde goss sich einen kleinen, starken Kaffee in eine große Schale. Sie sagte, der Kaffee helfe ihr einzuschlafen. Sie steckte sich an der Flamme des Gasherdes eine Zigarette an. Die Sorgen des Tages verflogen in einer blauen Wolke. «*Wer raucht, lässt ins Weite blicken, ins Weite denken*», zitierte sie. Selbst in ihrem Morgenmantel aus gesteppten Baumwollsatin, den sie im Kaufhaus Villes de France erstanden hatte, sah Mathilde wie eine Königin aus. Eines Tages ließ sie sich, ohne jemandem was zu sagen, ihre langen Haare schneiden, die sie stets zu einem großen Knoten hochgesteckt hatte. «Ich kann mich nicht mehr frisieren. Meine Arme sind nicht mehr gelenkig genug. Und es wäre mir lächerlich vorgekommen, in meinem kleinen Colmar einen Turban zu tragen wie Simone de Beauvoir. So habe ich lieber alles abgeschnitten.» Ich saß ihr zu Füßen auf einem grünen Hocker. «Georgette ... Ich denke mehr an sie als an meinen Mann, stell dir mal vor.» Sie war ganz entsetzt über ihre mangelnde eheliche Loyalität. Ich mochte ihre entrüstete Stimme, die vom Rauchen ganz kratzig war: «Wenn ich doch meinen Eltern nur Fragen gestellt hätte! Aber ich war bloß eine kleine dumme Gans!»

Palasthotel

Es war im September 1989. Ich kam aus London, um für die Tageszeitung «Libération» aus diesem unattraktiven Deutschland zu berichten, das bei den Franzosen nicht gerade beliebt war. «Nach ein paar Monaten hängen dir der ökonomische Aufschwung und die deutsche Frage zum Hals heraus, du wirst schon sehen! Du wirst umkommen vor Langeweile, du Ärmste!», prophezeiten mir die Kollegen der Pariser Redaktion. Der Chefredakteur war erleichtert, dass sich eine aufopferte, «zu den Boches» zu gehen. Niemand verstand, dass ich England gegen Deutschland tauschen konnte. London gegen Bonn. Eine angesagte Hauptstadt gegen eine Kurstation für Diplomaten und Beamte. Ich konnte bei diesem Wechsel nur Verluste machen. Ich wusste übrigens selbst nicht so genau, was so plötzlich in mich gefahren war an dem Tag, als ich mich für Deutschland bewarb. *Min Maidala besch jetzt a richtige Schwob!*, spöttelte Marthe. Mathilde versuchte ihre Freude zu unterdrücken. «Wenn du wüsstest. Ach, wenn du wüsstest ...», sagte sie immer wieder, wenn ich ihr von meinen Vorbereitungen erzählte. Es verschlug ihr regelrecht den Atem. Ich verstand damals noch nicht, warum sie so überwältigt war.

Ein paar Wochen nach meiner Ankunft fiel in Berlin die Mauer. Ich quartierte mich im Palasthotel ganz in der Nähe des Alexanderplatzes im Osten der Stadt ein. Das Palasthotel, das inzwischen abgerissen ist, war ein Devisenschlucker, ein opakes Gebäude mit Rauchglasscheiben, deren Funktion darin zu bestehen schien, die suspekten Machenschaften seiner Bewohner vor den neugierigen Augen draußen zu schützen. Die Stasi hatte auf allen Etagen Mikrophone installiert, die mit einem Techniksaal verbunden waren. Er musste, stellte ich mir vor, ausgesehen haben wie der Kontrollturm der NASA während einer Weltraummission. Das Palasthotel bot für ein paar Monate die perfekte Kulisse für einen Spionagefilm. Durch die Flure schlichen Agenten in grauen Regenmänteln. An der Bar hingen polyglotte Huren herum mit dem Auftrag, den Handelsreisenden ihre sexuellen Begierden zu erfüllen und sie um die Geheimnisse aus dem kapitalistischen Ausland zu erleichtern. Die Zimmermädchen waren unwirsch. Die verschlafenen Stimmen der Telefonistinnen fertigten einen ab mit einem «*Ich bemühe mich!*», wenn man sich zu beschweren wagte, dass sie nach zwei Stunden noch immer keine Verbindung mit Paris zustande gebracht hatten.

Die sowjetischen Delegationen hatten goldene Zähne und die Genossen der Kommunistischen Partei Frankreichs Baskenmützen. Während der kurzen Agonie von Erich Honeckers Regime diente das Palasthotel den ausländischen Journalisten als Hauptquartier. Da war ein alter jüdischer Kriegsreporter aus Amerika, der nach vielen Jahren nach Berlin zurückgekehrt war. Er hatte schon 1945 über den Zusammenbruch des Nazireiches berichtet. Er erzählte von den Gassen rund um den Alexanderplatz, bevor die Bomben sie plattgemacht haben. Da waren die Pressekämpen – eine Spezies, die an den ärmellosen Canvas-Westen mit unzähligen Taschen zu identifizieren war –, die die Geopolitik des erdbebengeschüttelten «Mitteleuropa» erörterten, ein Begriff, der Ende der achtziger Jahre sehr in Mode war. Und da waren die news photographer und die Sonderkorrespondenten, die firemen, wie die Amerikaner sie nennen, weil sie bereit sind, sich in jedes Inferno irgendwo auf dieser Welt zu stürzen. Sie kamen aus China und fanden den Leipziger Ring am Montagabend nach dem Platz des Himmlischen Friedens etwas öde. Am Weihnachtstag, als der «Conducator» Ceauşescu und seine Frau auf der Militärbasis von Târgoviste erschossen wurden, stoben die entflammten Feuerwehrmänner wie ein Spatzenschwarm nach Rumänien. Die deutsche Revolution ging ihren Gang. Das Palasthotel fand seine Ruhe wieder. Ich bewohnte ein großes Zimmer auf die Spree hinaus. Die schwere Fassade des Doms auf dem gegenüberliegenden Ufer verdeckte den Horizont. Mein Zimmer sah aus, als hätte ein Bühnenbildner den Charme der siebziger Jahre wiederauferstehen lassen. Orangefarbenes Sofa, brauner Teppich, Tapeten mit sandfarbenen Rauten, eine große Kugellampe am Ende einer langen Stange. In diesem antiquierten Lager erlebte ich die Monate des Mauerfalls.

«Ich bin's, Grand-maman!» Mathildes triumphierende Stimme drang eines Morgens in mein Zimmer. Das Netz war ständig überlastet. Sie musste stundenlang neben dem Telefon gesessen und versucht haben, eine Verbindung nach Ostberlin zu bekommen. Musste zuvor in der ganzen Wohnung nach ihrer Brille gesucht haben. Musste die endlos lange Nummer Dutzende Male gewählt haben, sie, die sich so leicht vertat mit den Tasten. Aber sie hatte nicht aufgegeben. Ich war gerade dabei, ein Mitglied des Neuen Forums zu interviewen. Einen Physiker mit Brecht-Brille auf der

Nase, der von der letzten Regierung der dahinsiechenden DDR von einem Tag auf den andern zum Minister ohne Zuständigkeitsbereich ernannt worden war. Die begeisterte Stimme meiner Großmutter fiel im falschen Moment über mich herein. «Meine Großmutter. Entschuldigen Sie mich bitte einen Augenblick!», rief ich meinem Gesprächspartner zu. Er steckte seine Nase tief in die Mokkatasse und verschlang drei kleine Mandarinentörtchen, um mir zu zeigen, dass er der größten Diskretion fähig war. Mathilde brüllte in den Hörer: «Gestern, weißt du, dein Artikel ...» Seit ich in Deutschland war, las sie jeden Tag die «Libération», eine Zeitung, die für sie – wegen der großen Titel und der Kleinanzeigen – aussah wie eine Kreuzung zwischen «La cause du peuple», dem Organ der Proletarischen Linken, und dem deutschen Erotikmagazin «Praline». Aber Mathilde hatte sich an die provozierenden Titel und die derben Anspielungen der Schlagzeilen gewöhnt. Der Zeitungshändler in der Rue de Turenne legte ihr jeden Morgen eine Ausgabe zur Seite. Er machte sich sogar die Mühe – ein Spezialservice für seine älteste Kundin –, eine erste Auswahl zu treffen. Wenn Mathilde die Tür zu seinem Laden aufstieß, rief er aus: «Ja, Madame Klébaur, sie hat heute geschrieben.» Mathilde stopfte die Zeitung in ihre Tasche und eilte ins italienische Restaurant am Ende der Straße, um hinter einem Espresso auf der Stelle meine Berichte aus Berlin zu lesen.

Ich hatte am Tag zuvor eine Demonstration im Lustgarten beschrieben. Ein Arzt aus der Charité hatte auf dem Vorplatz des Alten Museums gesprochen. Er verlangte eine Reform der DDR, propagierte den dritten Weg, eine Korrektur des zusammenbrechenden Sozialismus. Die *Genossen* schwenkten ihre Parteikarte durch die schwarze Nacht. Dass sich meine Großmutter, die sich nie für Politik interessiert hatte, plötzlich für die Reform des real existierenden Sozialismus begeisterte, kam mir komisch vor. «Die Charité! Die Charité!», schrie mir Mathilde ins Ohr. Mathilde war zu bewegt, um mir den Grund für ihren dringlichen Anruf sagen zu können. Der Minister, verlegen, dass er wider seinen Willen Zeuge eines Familiendramas wurde, drückte sich in den chinierten Bezug seines Sessels. Tat, als wäre nichts. Blätterte mit betonter Lässigkeit im «Spiegel». Setzte eine den Umständen entsprechende Miene auf und wollte wahrscheinlich bereits zu einer Beileidsformel ausholen, als es Mathilde endlich gelang, den Sinn ihres Anrufs deutlich zu machen: «Die Charité! Das Krankenhaus von Berlin! Dort ist doch Georgette gestorben!»

Ein paar Tage später erhielt ich einen Brief von Mathilde: «Ma chérie. ‹*Die Gedanken sind frei*›. Ich bin erschüttert, verjüngt, angeregt durch all das, was Du mir bringst und mich an Georgette erinnert. Die Schublade ist voll von Deiner Zeitung, aber Du schuldest mir ein Paar Gummihandschuhe, *so dreckig ist Dein Blatt! Was Du erlebst und siehst! Aus der Jugendzeit klingt ein Lied so weit!* Ich bin stolz auf das Leben, das Du gewählt hast! Dich siebzig Jahre später von Unter den Linden und von Rosa Luxemburg sprechen zu hören, Dich in Gedanken wie Georgette inmitten der Menge zu sehen! Und da sollte man nicht gerührt sein! Welch merkwürdiger Zufall! Mit lieben Gedanken von Deiner Großmutter.» Seit ich das Elsass verlassen hatte, schrieb mir Mathilde einmal pro Woche in ihrer großen, schwer zu entziffernden Spitzbogenschrift. Mathilde nötigte Marthe, die nicht gerne schrieb, unten auf ihre Briefe ein «Bons baisers», «Grüße und Küsse» zu setzen. Je älter sie wurde, desto mehr hatte Mathilde mit der Adresse auf dem Umschlag zu kämpfen. Mal war die Postleitzahl falsch, mal fehlte die Hausnummer. Aber ihre Briefe gingen nie verloren. Auch die mit den eigenwilligsten Adressen kamen früher oder später an. In allen diesen Briefen sprach Mathilde von ihrer Familie. «Ich sitze am selben Tisch, an dem ich als junges

Mädchen mein Tagebuch geführt habe. Wie Deinem Urgroßvater dieses Leben gefallen hätte, ihm, der an so verschiedenen Orten gelebt hat. So vieles erinnert mich an meine Schwester. Als sie so alt war wie Du, war Georgette genauso leidenschaftlich. Sie war lebensoffen, und sie tanzte gerne. Sie erzählte mir von Isadora Duncan, von den großen russischen Tänzern!» Seit sich die Ereignisse in Deutschland überstürzten, verabreichte mir Mathilde tröpfchenweise ihre Lebensgeschichte. Meine Anwesenheit in Berlin ließ diese Vergangenheit hervorsprudeln, die sie ihr ganzes Leben tief in sich vergraben hatte. Mein plötzliches Interesse für Deutschland wirkte befreiend.

Ich war genauso alt wie ihre Schwester, als sie nach Berlin kam. Wir wurden beide Zeugen einer Revolution. Wir schrieben beide für eine Zeitung. Mathilde gefielen diese Ähnlichkeiten. Sie nahm sich manchmal sogar die Freiheit heraus, uns ein wenig miteinander zu verwechseln. Das tat ihr gut. Sie überließ sich einen Augenblick der Illusion, dass Georgette nicht ganz und gar tot war. Meine Gegenwart in der Stadt ihrer Schwester brachte uns einander ganz nahe. Mathilde machte sich nicht die Mühe, diese einzelnen Erinnerungssplitter zu ordnen. Sie gab mir ihr Leben in losen Folgen. Sie passte ein Fragment ans andere, ohne sich um die chronologische

Reihenfolge oder um die Wahrhaftigkeit der Ereignisse zu kümmern. An mir lag es, diese einzelnen Episoden zusammenzusetzen, um der Familiengeschichte der Goerkes einen Sinn zu geben. An mir lag es, diese versprengten Teile, die vagen Berichte zu einem Ganzen zu fügen. Die Erfindungen, die Projektionen, die zweifelhaften Fabeln zu beseitigen. Mathildes Erinnerungen waren Inselchen, die sich vom Festland der Geschichte gelöst hatten. Sie trieben ziellos im stürmischen Ozean aus Scham und Unausgesprochenem. Ein paar Anekdoten waren die einzigen Flecken fester Erde, die in der Ferne auszumachen waren. Mit dem Alter tauchten auf einmal andere, seit langem versunkene Massive auf. Zum ersten Mal sprach ich mit meiner Großmutter deutsch. Es schien uns ganz natürlich. Mathilde war befreit. In ihren Briefen sprang sie unbekümmert von einer Sprache zur anderen. Sie unterzeichnete mit «*Deine alte Oma*». Aber sie blieb auf der Hut. Ein falsches Wort über die Deutschen, eine kleine spöttische Bemerkung, und ihr Gesicht verdüsterte sich auf der Stelle. «Du magst sie nicht, hm?»

Als ich sie ein paar Wochen später besuchte, gewährte mir Mathilde Einblick in ihre Schubladen und in ihr Leben. Sie gab mir die Geburtsscheine und Familienbücher, mit Anmerkung versehene Hefte und

Hunderte von Fotos und Briefen. Mathilde hatte nie über ihre Lebensgeschichte gesprochen, dafür aber die unbedeutendsten Dokumente, die mit ihrer Vergangenheit zu tun hatten, sorgfältig aufbewahrt. Ich versuchte zu verstehen, aufgrund welcher Logik in ihrer Kommode ein hautfarbener BH neben dem letzten Brief ihrer Schwester Georgette lag. Warum in demselben Umschlag das Foto ihrer Mutter auf dem Totenbett und eine Postkarte aus Venedig steckte. Welche geheime Verwandtschaft bestand zwischen drei abgelaufenen Scheinen der Nationalen Lotterie und der Sonderausgabe des «Elsässer Kurier» vom 28. Juli 1914, in der die Kriegserklärung Österreichs an Serbien verkündet wird: *«Die Kriegserklärung ist nun offiziell erfolgt. Es wird also Blut fließen müssen.»* Ich habe vergebens versucht, unter diesem Durcheinander aus intimen Zeugnissen, Behördenpapieren und überflüssigen Gegenständen einen Zusammenhang herzustellen. Sie gab mir alles, es blieb nicht mehr viel in der Kommode.

Mathilde war das Gegenteil von Marthe, die alles aufbewahrte. Als Kind stöberte ich gerne in den üppigen Schränken von Marthe herum. In der Tiefe der Schubladen tobte die Familienvergangenheit. Ich fischte wahllos in dem Chaos unserer Geschichte. Zog nacheinander einzelne Zeugen für winzige Augenblicke unseres Lebens heraus. Marthe hatte die Zeugnisse ihrer Söhne aufbewahrt, die wertlosen Glasperlenbroschen ihrer Großmutter, das Medaillon zur Erstkommunion ihrer Schwester, die ausgedienten Portemonnaies ihres Vaters, meine Schlüsselanhänger-Sammlung aus den sechziger Jahren, eine Dose Dragees von der Taufe meines Cousins, die Kölnischwasser-Fläschchen ihrer Mutter, die Pfeifenstopfer ihres Mannes. Ihre Erinnerungen waren weder in chronologische Reihenfolge noch nach Funktion geordnet. Es gab keinerlei System in dieser exzessiven Anhäufung. «Oh, ihr werdet mich mal verfluchen, wenn ich tot bin und ihr dadrin Ordnung machen müsst!», amüsierte sich Marthe, wenn ich in einer in eine Dose gestapelten Dose einen eingewachsenen Fingernagel meines jugendlichen Vaters entdeckte. Marthe hatte auch die Milchzähne ihrer vier Enkelkinder aufbewahrt. Diese winzigen Dinger, die mich abstießen, wurden in Seidenpapier konserviert. Die Fetische waren dazu da, die glücklichen Zeiten unendlich zu verlängern. Sie beschwor uns im Voraus, ihr zu vergeben: «Ich bin ein Kriegskind, ich kann nun mal nichts wegwerfen.» Das Einzige, was diese sentimentale Person entsorgt hat, sind die Briefe ihres Mannes. Sie wollte in ihrem Sarg mal keinen Grund zum Erröten haben.

Im Sommer nach dem Mauerfall verbringen Mathilde und ich ganze Tage damit, über die Vergangenheit zu reden. Abends essen wir in einem Restaurant der Altstadt. Wir bleiben lange auf der Terrasse am Ufer der Lauch sitzen. Es ist mild. Wir haben Zeit. Mathilde bestellt eine Meringue mit Schlagsahne und immer noch einen Ristretto. Sie erzählt mir von ihrem Leben als junges deutsches Mädchen. Nie sind wir uns so nah gewesen. Sie zeigt mir ihr Fotoalbum. Glückssplitter, Fragmente eines auf Kartonseiten erstarrten Lebens. Marthe und Mathilde am Karnevalstag als Sevillanerinnen verkleidet. Marthe und Mathilde auf dem Eisfeld. Marthe und Mathilde rittlings über dem Fensterbrett im Hinterhof, wie sie den französischen Soldaten der Kaserne nebenan zupfeifen. Es sind die glücklichen Tage vor dem Bruch von 1918. «*Mach es wie die Sonnenuhr*», sagt sie, «*zähl die heitern Stunden nur!*» Mathilde erzählt mir von ihrer Mutter, «so zart, so fein». Von ihrem Vater, der morgens mit ausgebreiteten Armen aus dem Arbeitszimmer trat, seine beiden Töchter und seine Frau umarmte und voller Freude rief: «Mein ganzes Glück!» «Du hättest sie gemocht», sagt sie, «diese hübsche Frau, die immer etwas Heimweh nach ihrem Belgien hatte, und diesen so europäischen Mann. Sie waren nicht besonders reich, aber liebevoll, sie hatten Lebensstil, Gewohnheiten: der gedeckte Nachmittagstisch, zu dem unsere Freundinnen kamen. Das Gebet vor dem Mittagessen. Waren wir unter uns, war alles so sanft. Sie standen nicht immer mit beiden Füßen auf dem Boden, meine Eltern, aber ob sie fröhlich oder traurig waren, stets bewahrten sie Haltung.»

«Wenn ich dich doch dort nur besuchen könnte», sagte Mathilde manchmal mit verträumter Stimme. Ich hatte mir eine Strategie dieser für eine so alte Dame zwar komplizierten, aber nicht unmöglichen Reise zurechtgelegt: Sie hätte in Basel das Flugzeug bestiegen, das Palasthotel hatte einen Fahrstuhl, ein Arzt wäre unterrichtet worden, und wir hätten zusammen im Taxi die Orte abgefahren, an denen ihre Schwester gewohnt hatte. Aber Mathilde lehnte ab. Sie hatte nicht mehr die Kraft: «Es ist zu viel für mich, ma chérie. Ich reise lieber durch deine Augen.» Bis zu Mathildes Tod habe ich, wann immer ich in eine neue deutsche Stadt kam, als Erstes eine Ansichtskarte an meine Großmutter geschickt. Erst wenn dieses Ritual erledigt war, setzte ich mich an die Arbeit.

Fehltritt

Georgette sieht Mathilde überhaupt nicht ähnlich. Georgette hat lange schwarze Haare und dunkle Augen. Mathilde ist blond und hat blaue, sehr helle Augen. Georgette hat eine lange Nase, die in ihrem von der Krankheit mehr und mehr ausgehöhlten Gesicht viel Platz einnimmt. Mathilde ist runder, ihre Züge sind gut proportioniert. Eine einzige kleine Unregelmäßigkeit zeigt sich, wenn man ihr Gesicht in einem Spiegel betrachtet. Dann wölbt sich ihr Mund und fällt nach rechts ab. Eine Asymmetrie, die man nicht bemerkt, wenn sie vor einem steht. Mathilde mochte ihren «schiefen Mund» nicht.

«Georgette war nicht die Tochter meines Vaters», sagte Mathilde eines Tages. Der Satz krachte mitten in unser Gespräch hinein wie ein Fahrzeug, dessen Fahrer die Kontrolle verloren hat. Es war im Pasteur-Krankenhaus von Colmar. Mathilde hatte ein Herzleiden. Ich war aus Berlin gekommen, um sie zu besuchen. In kleinen begierigen Schlucken sog sie die heiße Luft ihres Krankenzimmers ein. Das Atmen fiel ihr schwer. Sie saß in der Mitte ihres Bettes. In ihrem gehäkelten babyrosa Bettjäckchen glich sie einer dieser Puppen von den Schießbuden, die die glücklichen Gewinner des großen Loses zu Hause auf ihr Wohnzimmersofa setzen. Die vom Krankenhaus gestellte Kleidung hat es an sich, den alten Damen ein groteskes Aussehen zu verleihen. Mathilde war fünfundneunzig. Zum ersten Mal wurde mir bewusst, dass meine Großmutter eine sehr, sehr alte Dame geworden war.

Mathilde spürte, dass es Zeit war, die letzten Nebelschleier zu vertreiben, die das Leben ihrer Schwester umhüllten. «Man weiß nicht einmal, ob Georgette nicht schon da war, als mein Vater meine Mutter geheiratet hat. Wenn sie nicht das Kind ...» Die Beichte brach abrupt ab. Mathilde schien schon weit weg von dem Geheimnis, das sie mir eben anvertraut hatte. Sie sprach mit tiefer Stimme, als wäre sie dabei, einen Klatsch zu verbreiten, eine Information, so leicht wie eine Seifenblase, eine Bagatelle, die sie überhaupt nichts angeht. Mathilde schockierte gerne. Kleine Bömbchen anbringen, die dann mitten in einem Gespräch von alleine losgehen. Und ich war aufgesprungen, wie sie gehofft hatte: «Wie das, Georgette war nicht die Tochter deines Vaters?» Mathilde machte sofort einen

Rückzieher. «Nein, nein, ich bin nicht sicher.» Sie fixierte die Baumwipfel vor dem Fenster. Mit ihrem kleinen Kopf und ihrem langen faltigen, ganz gespannten Hals, der nach Luft rang, glich sie einer Schildkröte. «Oh, schau, es heitert auf. Die Sonne schaut hervor.» Mit dieser meteorologischen Betrachtung stoppte sie das kleine Trüppchen gieriger Fragen, das sich bereits hinter meinen Lippen drängte. Noch bevor ich den Mund geöffnet hatte, zückte Mathilde ihre Abschreckungswaffe. Ein Ablenkungsmanöver. Es hatte keinen Sinn nachzubohren. Während Mathilde sich über die Narzissentriebe in den Beeten des Parks ausließ und meinem fragenden Blick auswich, dachte ich an Adèles vermutlichen Ehebruch. Ein paar Wochen später wagte ich mich noch einmal an das Thema heran. «Bist du ganz sicher? Georgette war nicht die Tochter deines Vaters?» Diesmal wich Mathilde meiner Frage nicht mehr aus: «Georgette hatte mal was gefunden. Briefe von einem Cousin. Ein gewisser Brangage? Brandage … Georgette dachte sich nichts Schlimmes dabei. Erst später dämmerte es uns. Wir hatten den Verdacht, dass Georgette vor der Hochzeit zur Welt kam. Mein Vater, ganz der große Herr, hat das Kind adoptiert und alles hingenommen. Wenn ich daran denke. Er hätte alles für sie getan! Wir haben nie darüber gesprochen, aber ich gebe zu: Da war immer ein kleines Geheimnis. Ja nun, das ist jetzt alles Vergangenheit.»

War Georgette ein illegitimes Kind? Eine außereheliche Geburt? War sie die Tochter von Charles Georges Goerké? Oder, wie Mathilde argwöhnte, ein Unfall, die Tochter eines Cousins, von dem die unsterblich verliebte Adèle schwanger war und der sich nie wieder blickenließ? War Adèle eine ledige Mutter, die den untadeligen Ruf der Brüsseler Familie beschmutzte und gezwungen war, mit ihrem Säugling zu flüchten? Der Zivilstandesbeamte der Gemeinde Saint-Gilles in Brüssel bestätigt mir, dass «irgendetwas nicht ganz in Ordnung ist». Charlotte Georgette Goerke ist am 13. Dezember 1891 um neun Uhr morgens am Wohnort ihrer Mutter in der Avenue de la Toison d'Or n°86 zur Welt gekommen. Charlotte Georgette ist, wie die Geburtsurkunde sagt, die Tochter des Charles Georges Goerke, Händler, 27 Jahre alt, der in der Rue du Commerce n°67 wohnt und dieses Kind als das Seine anerkennt. Er gibt ihm seinen Namen. «*Adèle van Cappellen und Charles Georges Goerke*», sagt die Anerkennungsurkunde, datiert auf denselben Tag, «*anerkennen Charlotte Georgette als von ihnen gezeugtes Kind.*» «*Dieses Kind*», ergänzt eine Notiz vom 13. Juli 1895, «*ist durch die Heirat vom zehnten Juli achtzehnhundertfünfundneunzig in Saint JossetenNoode, zwischen Georges Charles Görke, geboren in Schmelz bei Memel, Deutschland, und Adèle van Cappellen, geboren in Brüssel, anerkannt und legitimiert worden.»* Warum hatte Karl Georg Goerke das Kind bei der Geburt anerkannt, aber erst fünf Jahre später legitimiert? Sollte er bei der Geburt ein Kind anerkannt haben, das nicht seins war? Wer wäre, in diesem Fall, der biologische Vater? War Adèle vergewaltigt worden, oder hat sie sich als junge Frau einer Leidenschaft hingegeben? War es vorstellbar, dass Mathilde, eifersüchtig auf diese von ihren Eltern so bewunderte große Schwester, die ganze Geschichte frei erfunden hat? Warum hat Adèle ihrer Tochter Charlotte Georgette die beiden weiblichen Vornamen von Charles Georges gegeben? Um die Großzügigkeit dessen zu würdigen, der akzeptiert hatte, das Kind aufzunehmen? Oder aus sozialer Konvention?

Bei der Heirat von Charles Georges und Adèle erlangt Georgette im Alter von vier Jahren sämtliche Rechte und Pflichten eines Kindes, dessen Eltern bei seiner Geburt verheiratet sind. Warum diese späte Heirat? Haben sich die Familien dieser Verbindung widersetzt? Mathilde erzählte mir oft, dass sich ihre Mutter, «eine arme kleine, im Kloster erzogene Katholikin», ein bisschen verloren vorkam unter all den Protestanten von Memel. Als Charles heiratet, ist sein Vater Friedrich Goerke schon seit langem tot: *Herzschlag* am 4. Januar 1890 in Memel. Sollte es Mathilde Goerke, seine Mutter, mit den Prinzipien der religiösen Übereinstimmung so genau genommen haben, dass sie ihrem Sohn untersagt hat, eine Katholikin zu heiraten? Diese Hypothese hält einer genaueren Betrachtung nicht stand, erst recht, da die Heiratsakte ausdrücklich sagt: «Als Deutscher, über 25 Jahre alt, muss Georges Charles Görke weder den Beweis vom Tod seines Vaters noch die Einwilligung seiner Mutter zur Eheschließung erbringen.» Bestimmt war die Brüsseler Familie nicht gerade begeistert, dass Adèle einen Deutschen heiratete. Adèle hatte ihre Eltern sehr jung verloren. Sie war von dem Notar aufgezogen worden, bei dem ihr Vater arbeitete.

Einige Wochen nach der Geburt ihrer Tochter folgt Adèle Karl Georg nach Deutschland. «Ich denke so oft an Dich», schreibt Adèle an Georgette an einem Nachkriegstag. «Du standest die ganze Nacht vor mir und ich bewundere Dich für den Mut und die Energie, mit der Du Dein Leid erträgst, und für den Stolz, den du aufbringst, um Dich durch die Arbeit unabhängig zu machen. Hätte ich doch auch so mutig sein können vor 27 Jahren, als ich mit Dir, kaum geboren, nach Deutschland ging.» «Bleib mir weg mit deinem Bismarck!», hatte einer ihrer Onkel van Cappellen ausgerufen, als Adèle ihm ihre Abreise mitteilte. Aber es hat sich ziemlich schnell eingerenkt. «Unsere Empfehlungen an Monsieur Goerke», fügt die Brüsseler Familie im Brief an Adèle hinzu. Wie auch immer, Georgettes Leben hat auf jeden Fall mit einem Fehltritt begonnen.

Hier läuft jeder herum, wie es ihm passt

Georgette verlässt Colmar Anfang Frühling 1918, wenige Monate vor Ende des Weltkriegs. Die kaiserliche Armee lanciert ihre letzten großen Offensiven an der Westfront. Gaston und Joseph, die zukünftigen Ehemänner von Marthe und Mathilde, stehen sich im Norden Frankreichs gegenüber – Gaston auf der französischen Seite, Joseph auf der deutschen. Das Elsass ist noch für wenige Monate deutsch. Georgette ist sechsundzwanzig. Bis zu ihrem Tod sechs Jahre später wird sie die dramatischsten Momente der deutschen Geschichte zu Beginn des Jahrhunderts miterleben: die Niederlage und den Waffenstillstand, die Novemberrevolution von 1918 und die Ausrufung der Weimarer Republik, mehrere Spartakistenaufstände und die Ermordung Rosa Luxemburgs und Karl Liebknechts, die Unterzeichnung des Versailler Vertrags, den Kapp-Putsch und den Generalstreik. Deutschland steht die ganze Zeit am Rande eines Bürgerkriegs. Berlin, ein Labor der Moderne, brodelt von neuen Ideen.

Mathilde und ihre Eltern haben Georgette zum Bahnhof begleitet. Marthe schließt sich ihnen an mit einem Kuchen für *'s Schorschel.* Das zarte Grüppchen, das sie bilden, steht noch lange winkend da, bevor es den Übergang zurückgeht, der den Bahnhof mit dem Vogesenwall verbindet. Deutschland reicht von Memel bis Colmar. Diese Größe erschreckt Mathilde. Sie hat Angst, dass dieser Kontinent ohne natürlichen Prellbock ihre Schwester verschlingen könnte. «*Geliebtes Kleines*», schreibt ihr Georgette, sobald sie in Berlin angekommen ist und ihr von der Reise erzählt. «*Ich wusste nur eines. Ich war müde und hungrig und grenzenlos traurig. Unterwegs war mir zum Bewusstsein gekommen, wie elend und wie weit ich mich von Euch entfernte.*» Aus dem Zugfenster betrachtet Georgette die lehmige Erde des Elsass, die schlammigen Täler, die abschüssigen, von der Sonne durchfluteten Weinberge. Sie betrachtet die Buchenhaine, die Schwarztannenwälder auf den Vogesenbelchen, die Hochweiden nah am Himmel, die Feudalschlösser auf den Anhöhen. Nach und nach verschwindet die üppige Landschaft. Bald zeichnen sich in der Nacht die großen Industriezentren ab. Wenn im Morgengrauen die sandige Erde Brandenburgs auftaucht, die von blassem Heideland durchzogenen Birkenwälder, die aneinandergereihten Seenketten und die ersten Berliner Vororte, erinnert sich Georgette plötzlich daran, dass sie mit einer wichtigen Mission betraut worden ist: den Kindern von Adlershof, einem armen Arbeitervorort Berlins, Bildung zu bringen. Die im Reichsland ausgebildete Volksschullehrerin ist nach Berlin berufen worden. Die Notwendigkeit dieses Exils, das einer höheren Sache dient, beruhigt sie. Georgette fängt sich wieder.

Luise Stromberger hat versprochen, Georgette am Bahnhof abzuholen. Sie ist ihr nach Berlin vorausgegangen. Luise und Georgette haben ihre Lehrerinnenausbildung gemeinsam an der Höheren Mädchenschule von Colmar absolviert. Ihre Eltern sind miteinander befreundet. Luise ist in Altkirch, im elsässischen Sundgau, geboren. Die Strombergers sind wie Karl Georg Goerke Deutsche. Aus Hessen stammend, haben sie sich im *Reichsland* niedergelassen. Georgette nennt ihre Freundin *Isebies.*

«*Am 24. Mai frühmorgens um 9 1/4 landete ich im gepriesenen Berlin am Bahnhof Friedrichstraße. Isebies holte mich ab*», schreibt Georgette an Mathilde. «*Sie sah famos und gebräunt und strahlend aus, hatte aber einen Hut an, der mir missfiel. Das sah ich. Mehr nicht! Tilde habe ich mich geschämt!! überall haben sich die Leute nach ihr umgedreht. Sie hat nämlich so entsetzliche*

Manieren. Eine richtige Trampel, (um das Anhängsel wegzulassen- Tier!). Im Hut geht's noch. Aber ohne Hut: einfach entsetzlich. Dekoltiert bis zum Gürtel, nur ganz knappe, winzige Puffärmelchen, dazu Farben! Knallrot, rabenschwarz, papageigrün! Im Grund sehr raffiniert und harmonisch ausgesucht, aber gewagt! Gewagt vor allem für ein Trampel wie sie. Und für die Gelegenheiten, an denen sie's trägt. Das war eine Zusammenstellung für Theaterbesuch oder Cabarettabend oder Gesellschaft. Aber so! Dazu das goldene Stirnband! Shoking. Shoking. My dear. Oh, ich bin schockiert! Und dazu gehört viel! Gell?»

Um auf Georgette Eindruck zu machen, hat sich Luise ganz als Berlinerin gekleidet. Sie erwartet ihre Freundin auf dem Bahnsteig, mit einem unmöglichen Hut. Georgette sieht nur noch ihn. Dieses schrille Gebilde, das über die Menge hinausragt. Der gelbe Stoff. Die auf den Rand gesteckte violette Blume. Luise ist einige Monate vor ihrer Freundin nach Berlin versetzt worden. Sie rechnet wohl damit, sich ein paar Wochen des Status als Eingeweihte erfreuen zu können. Sie will dieser Provinzlerin zeigen, was eine echte Hauptstadtdame ist. Luise hat den strengen Lehrerinnenrock und die weiße Bluse im Schrank gelassen. Hat sich in diese kühne vestimentäre Komposition geworfen. Georgette schämt sich für ihre beste Freundin. Sie empfindet eine gewisse Erleichterung, Mathilde die schlechten Gedanken zu gestehen, die ihr durch den Kopf gegangen sind, als sie auf dem Bahnsteig des Bahnhofs Friedrichstraße Luise sah, die ihre Hände fröhlich schwenkte wie kleine Fähnchen an einem Festtag. Georgette füllt ihre Briefe an Mathilde mit sündigen Gedanken und gepressten Blumen. Sie weiß, dass man mit sechzehn Jahren lieber die kleinen Geschichten über Hüte hört als die monumentalen Großstadtbeschreibungen.

Die Ankunft in Berlin ist ein Fiasko. *«Ich hatte gar keine Gedanken mehr, nur noch den Instinkt: Schlafen. So suchten wir nach einem Hotel. Alles besetzt. Das ernüchterte. Und mein erster Eindruck von Berlin ernüchterte erst recht. Es war … ein fahler Tag. Jede Großstadt wirkt ernüchternd am Morgen und bei der Helligkeit, aber keine Stadt ist so abscheulich wie Berlin, wenn es grell beleuchtet wird. Und es war damals grell beleuchtet bis in die hintersten Ecken hinein. Mich fror bei dieser Nackigkeit. Grässlich war der Eindruck, ich hätte wüten können. Inzwischen waren wir bei einer empfohlenen Pension angekommen, die war auch sehr merkwürdig und vor allem gar nicht billig. Da man vorauszahlen musste, wurde ich gleich einen Haufen Geld los. Dann aß ich ein bissel Schinken von den mitgebrachten Broten herunter, wusch mich und ging zu*

Bett. Es war Abend, als ich erwachte. Da ging ich mit Isebies ein bisschen aus. Nach ein paar Schritten wurde mir schlecht, und zwei Mal musste ich in Apotheken einkehren. Ich glaube, wir waren ‹Unter den Linden›. Ich weiß es heute nicht und wusste es damals auch nicht.»

Georgette sieht nur eine unsaubere Stadt, die in den Schlaf sinkt. All diese Leute, die geschäftig ihren Tag abschließen, machen ihr Angst. Die Zeitungshändler, die Floristen und die Lebensmittelhändler, die ihre Obstkisten auf dem Gehsteig aufstapeln. «*Das Chaos!*», urteilt sie. Sie spricht nicht von den verschlungenen Gassen, den Geschäften und Reklamen an den Wänden. Sie sieht nicht die geschminkten Gesichter der eleganten Damen, deren Röcke über den Bürgersteig wippen, nicht die Herren im Klappzylinder, nicht die Arbeiter in Schirmmützen, die mit nervösem Pfeifen auf den gespitzten Lippen an ihr vorübergehen.

Die Menge, die sie mitreißt, ist vulgär: «*Und die Menschen ekelten mich. Sahen alle übernächtigt, zerfressen und durchwühlt aus. Dazu waren sie abscheulich gekleidet. Ich hatte das Gefühl: Hier läuft jeder herum, wie es ihm passt und wie es grade kommt, wenn es sein muss, im Nachtkleid mit Schwimmmütze.»*

Georgette betrachtet Berlin aus den Augen einer

steifen Provinzlerin. Berlin ist die größte europäische Stadt nach London. Die ganz frische Hauptstadt der größten Industrienation Europas. Das Berlin dieses ersten Morgens passt nicht zu dem eleganten Bild, das sie sich gemacht hat. Diese aggressive Stadt hat nichts zu tun mit der funkelnden Metropole, die sie den beiden Kleinen am Vogesenwall beschrieben hatte, die ihr zuhörten, Mathilde auf dem Bett im Schlafzimmer ausgestreckt, Marthe rittlings auf einem Stuhl. Georgette fühlt sich betrogen. Sie versucht, nicht an London zu denken. Und doch ist sie sicher, dass sie von der weißen Imperiale begeistert gewesen wäre. London war ihr erster großer Jugendtraum, als sie sich auf ihr Lehrerinnendiplom vorbereitete. «Wenn Georgette nach England geht …», schwärmten Marthe und Mathilde, mit den Füßen baumelnd, auf dem Fensterbrett des Dachbodens. Aber der Krieg hat ihre Träumereien unsanft zerschlagen.

Georgette findet sich in Berlin wieder. Sie versteht es nicht, in der neuen Stadt auf Entdeckungsreise zu gehen. Zu flanieren. Sie lässt sich nicht durch die Straßen tragen, in der gehetzten Masse mitgehend. Setzt sich nicht auf eine Caféterrasse Unter den Linden, um das Leben an sich vorbeiziehen zu sehen. Berlin lässt sie kalt. Aber da sie sich auf keinen Fall schon bei der

Ankunft geschlagen geben will, greift sie zu einem Kompromissurteil: *«Im Allgemeinen bin ich jetzt enttäuscht von Berlin, doch erhoffe ich mir viel vom Winter.»*

Chouchou und Isebies

Am nächsten Morgen holt Georgette ihre Koffer und nimmt den Zug nach Adlershof. Adlershof ist nicht das edle Charlottenburg, auch nicht das bohemehafte Schöneberg oder die historische Mitte. Georgette hat nicht die langen, von Bäumen gesäumten Straßen und bonbonfarbenen Jugendstilfassaden der reichen Viertel im Zentrum gewählt. Georgette hat sich für Adlershof entschieden: *«ein großer, allerdings einfacher, aber sauberer heller Vorort»*, der in aller Eile aus dem Boden gestampft worden war. Ein planloses Dorf, das stoßweise im Rhythmus der industriellen Revolution groß geworden ist.

Georgette hat sich bewusst für die überfüllten Wohnungen entschieden, in die sich die vielköpfigen Familien pferchen, für die feuchten Hinterhöfe, die nach Katzenpisse riechen, für die betrunkenen Väter und ihre verlausten Gören. In Adlershof sind die Arbeiterunterkünfte eng, düster und teuer. Das Leben ist hart. Vier Jahre Krieg und Unterernährung haben die

Bewohner ausgelaugt. Das Viertel ist voll von Kriegswitwen und -waisen, verletzten oder verstümmelten Soldaten, Arbeits- und Obdachlosen. Bald kommen die Flüchtlinge aus Schlesien und Westpreußen, aus den Territorien, die durch den Versailler Vertrag Polen zugefallen sind. Es fehlt an allem: an Kartoffeln, Kohlen, Kleidung, Unterkünften. Die Sterblichkeitsrate der Säuglinge ist hoch. Die Tuberkulose richtet verheerenden Schaden an. *«Hier werden die Leute furchtbar früh alt. Sie haben nur ein paar Jahre, in denen sie hübsch sind. Das mag sein in der Zeit zwischen 18 und 25 Jahren. Und dann in der Kindheit. Das ist ein wonniger Blick hier: die vielen blauäugigen, flachsblonden, entzückenden Kinder. Die meisten sind krank. Daher wohl auch das feine, durchsichtige Aussehen!»*, schreibt Georgette kurz nach ihrer Ankunft an Mathilde. Sie ist an die vollen roten Wangen der kleinen Elsässer gewöhnt. Adlershof ist ein Arbeitervorort im revolutionären Aufbruch.

Hier regiert der radikale Flügel der SPD. Die Nazis werden dieses Viertel «das rote Adlershof» nennen. An den Wänden prangern Plakate die soziale Ungerechtigkeit an. Man sieht darauf leichenblasse Arbeiterkinder, die aus dem Fenster ihrer miserablen Unterkunft einen Bürger in der Wohnung auf der anderen Straßenseite beobachten, der in Seide gekleidet an einem reichgedeckten Tisch sitzt. «*Diese Reichen allein sind schuld an der Not der Arbeiter!*», sagt die Legende. Georgette ist schockiert über die Kargheit des Bodens: «*Es ist alles so trocken, so elend hier… Kannst Du Dir gar kein Bild machen, alles bloß ganz weißer trockner Sand. In unserem Garten goss und spritzte ich während der heißen Tage öfters. Da war ich mir im Klaren über die Schwierigkeiten, mit denen die Menschen hier kämpfen müssen, um sich ein paar Blumen und ein bisschen Gartengenuss abzuringen. Obst gibt es fast gar nicht, wenigstens in diesem Jahr. Einmal erfuhren wir, dass Johannisbeeren zu kaufen seien. Schnell machten wir uns auf den Weg. Lange standen wir da. Und bis wir an der Reihe waren, war ausverkauft.*»

Georgette nimmt ihren Dienst in der Ersten Gemeindeschule auf, einem roten Backsteingebäude in der Bismarckstraße, der Hauptstraße von Adlershof. Der Wohnungsmangel ist groß. Aber Georgette hat Glück. Sie findet ein Zimmer in der Waldstraße Nummer 13. In der Waldstraße wohnt die Oberschicht. Georgette hat den Arzt und den Schuldirektor als Nachbarn. Die Arbeiterfamilien drängen sich in den Gebäuden der Hackenbergstraße zusammen. Frau Hirt, Georgettes Vermieterin, hat ihren Mann, einen Apotheker, in Verdun verloren. Sie vermietet ein kleines Mansardenzimmer, um ihre magerere Pension als Kriegswitwe aufzubessern. «*Begeistert bin ich nicht davon, doch hätte ich noch schlimmer fallen können*», schreibt Georgette. «*Schön ist die vorgebaute Veranda mit offenem Blick auf den dunklen Kiefernwald. Seitwärts und oben ist die Veranda weißumsponnen, auf der Brüstung wachsen Wicken. Und unten liegt ein entzückendes Höfchen mit anschließendem Garten. Auf der Veranda haben wir schon gemütvolle traurige Stunden verbracht, weshalb sie den Namen trägt: ‹Märchenstubchen am Kieferhain.› Oft sitze ich auch allein oder mit einem Buch auf der Brüstung und … träume! Selten wohl habe ich mich so an Träumen gefreut wie hier. Im Sommer, d.h. in den wenigen warmen Tagen des diesjährigen ‹Sommers› lag ich stunden-, nein nachmittagelang auf dem Liegestuhl, den hohen Himmel über mir und träumte.*»

Georgette amüsiert sich über den Akzent der Berliner: «*‹Kürschen› sagen die Leute hier nämlich. Die Sprache ist überhaupt seltsam. ‹Icke› heißt ich. Sonst werden alle i wie ü ausgesprochen ei=ee. ‹Eener alleene ist nicht scheene, aber eener alleene und noch eene, det is scheene› ist ein beliebter Ausdruck. Anfangs tat mir die Sprache so wohl. Sie klingt so harmonisch und weich. Wie singen die Leute hier … ? Ach ja, ach du wunderweiche, melodienreiche, einzige Berliner Sprach. Sie haben Recht, die Sprache* *ist schön hier. Im Elsass könnte man manches verfeinern, indem man hier von der Aussprache borgte! Das ganze Getue hier hat übrigens etwas sehr Feines!»*

Georgette ist nach Adlershof gekommen wie eine Missionarin nach Afrika. Sie wird durchhalten. Um ihre Familie in Colmar zu unterhalten, erzählt sie spaßige Abenteuer. Mathilde und Marthe freuen sich an den Wanzen, Flöhen und Bandwürmern von Adlershof: *«Eine Nacht wurde ich furchtbar geplagt von merkwürdigen Stichen. Nach langem Suchen fand ich eine Wanze in meinem Hemd. Es gibt hier überall solche niedlichen Tierchen! Isebies und ich waren einmal auf dem Speicher oben an unseren Koffern. Als wir wieder herunterkamen, lebten wir. An die 60 Flöhe fingen wir. Das war eine Geschichte! Anfangs nahmen wir sie mit Humor und dann wurden wir wütend. Ja mein Kleines, draußen macht man mancherlei mit, was man in der Jugend sich nicht erträumt. Weil ich doch grade bei Tieraufzählung bin, will ich Dir noch ein anderes Erlebnis dieser Kategorie erzählen. Ich hatte einst eine furchtbare Nacht, konnte nicht schlafen und spürte innerliches Würgen und Zerren. Am anderen Morgen wollten wir ins Museum nach Berlin. Da musste ich sehr dringend verschwinden. Und siehe, ein 1/2 m langer, fingerdicker Wurm ging von mir. Mein Schrecken war groß. Ich konnte mich erst erholen, als mich der Arzt beruhigt hatte. Jedenfalls machte ich eine Kur durch. Das war ein Radikalmittel!»*

Georgette wird die wilde Metropole, die in Berlin nach ihrer Ankunft im Entstehen begriffen ist, nicht kennenlernen. Die goldenen Zwanziger werden in Adlershof nicht getanzt. Der Bubikopf, der Charleston und der Jazz, das ist ein anderes Berlin. Die Theater, Kabaretts, Varietés, die ausschweifenden Nächte, die grellroten Neonreklamen, die politischen Cafés, die Androgynen mit ihren Monokeln und Zigarettenspitzen, die Varieté-Tänzerinnen mit ihren losen Sitten, das alles ist weit weg von der Waldstraße.

Die goldenen Zwanziger finden eher in Colmar als in Adlershof statt, in der Avenue de la Liberté sind mehr Straußenfedern, Strass und Boas anzutreffen als in der Waldstraße. Marthe hat ihre Haare im Rechteck geschnitten. Sie geht mit einem kleinen Topfhut und einem langen Schal in die Stadt. Trägt dunkelroten Lippenstift, eine lange Glasperlenkette, Spangenschuhe mit kleinen Absätzen und weiße Seidenstrümpfe. Mathilde streift sich ein enges Band über die Stirn. Die Röcke meiner Großmütter, weit geschnitten und mit tiefer Taille, werden kürzer. «Säcke mit einem Loch in der Mitte und einem lockeren Gürtel», erzählte Marthe, «und wir fanden uns unwiderstehlich!» Marthe und Mathilde saßen stundenlang an der Nähmaschine. Sie schminken sich heimlich, wenn ihre Eltern ausgegangen sind. Marthe presst ihren Busen in ein Band, das sie eng zuzieht. Kleine, feste Brüste sind in Mode. Mathilde ist stolz auf ihre schmalen Hüften und ihre von der Gymnastik durchtrainierten Schenkel. Sie geht oft ins Schwimmbad am Ufer der Ill zwischen Colmar und Horburg. Auf einem Foto steht sie mit aufs Geländer gestützten Armen vor den Holzkabinen. Sie trägt einen tief ausgeschnittenen einteiligen Badeanzug. Diese Freiheit des Körpers gefällt ihr. Mathilde ist nicht prüde. Sie träumt davon, in Berlin zu leben, in dieser Stadt ohne Tabus. Sie spottet über die Korsetts ihrer Mutter, läuft barfuß durchs Haus und enthüllt unter ihrer ärmellosen Bluse ihre bronzenen Schultern. Der Krieg ist zu Ende. Marthe und Mathilde wollen sich amüsieren.

Georgette mit ihren langen, zu einem Knoten aufgesteckten Haaren, mit ihren weißen Blusen und grobleinenen Röcken hat nichts von einer Garçonne. Sie genießt nicht die Leichtigkeit dieser Zwischenkriegszeit. Meine Großtante ist eine Nonne der Erziehung.

Privat nennen sich Fräulein Goerke und Fräulein Stromberger *Chouchou* und *Isebies.* «Mademoiselle

Chouchou» ist ein Roman für brave Kinder aus der illustrierten Kinderbuchreihe von Hachette. Diesen süßlichen Spitznamen hat Luise Georgette verpasst. *Isebies* ist der Name der Heldin aus einem Roman von Helene Böhlau, der Tochter des berühmten Verlegers Hermann Böhlau aus Weimar. Eine heute vergessene Erfolgsschriftstellerin. *Isebies* war eine obligatorische Lektüre für alle jungen Mädchen mit großen Träumen. Ein Amalgam aus frühem Feminismus und wütendem Pathos. *Isebies* beschreibt die «*größte Seelenpein*» der «*müden Herzen*», eine «*herzzerreißende Sehnsucht*». Luise und Georgette leiden. Sie durchleben mit dieser exaltierten Heldin, der sie gerne gleichen würden, «*stille erinnerungsschwere Stunden*». Die Romane dienen den beiden Lehrerinnen als sentimentale Seitensprünge. Ihr Leben verläuft so asketisch zwischen Mansarde und Klassenzimmer dieses Elendsviertels. Das wahre Leben ist anderswo.

Chouchou und *Isebies* bilden eine Wohngemeinschaft lediger Frauen. Ganz allein in Berlin, so weit vom Elsass und von ihren Familien, wärmen sie sich gegenseitig. Sie haben ihre kleinen Zimmer gemeinsam möbliert und teilen sich die Miete. Die Lehrerinnen der Weimarer Republik dürfen nicht heiraten. Sie müssen ganz ihren Schülern zur Verfügung stehen. Die progressiven Pädagogen, mit denen Georgette verkehrt, stellten die Ehelosigkeit der Lehrerinnen in Frage. «*Blutvolle, lebensfrohe Menschen müssen in die Schule hinein anstatt verbitterte, verkrüppelte Seelen, denen Kinderlachen und Kinderjubel oft Schmerz bereitet, weil sie selbst so arm an Glück- und Lebensgefühl sind!*», fordern sie. Georgette hätte auch wie Marthe und Mathilde ihre Aussteuer nähen, Tennis spielen und nach einem Mann Ausschau halten können. Sie hätte eine brave Ehefrau und zärtliche Mutter werden können in diesem kleinen, prosperierenden Colmar, wo sich außer der Farbe der Flagge nie was ändert. Aber Georgette hatte die Freiheit gewählt. Und als die deutschen Frauen im Januar 1919 erstmals wählen dürfen, jubelt sie.

Chouchou und *Isebies* tauschen feurige Schwüre. Zu Luises Geburtstag schenkt Georgette ihrer Freundin ein Liebesgedicht. Sie hat es von Hand abgeschrieben:

«Ihnen, liebes Kind mit den sanften Augen,
folgt meine Seele an jeden Ort.
Ihnen möchte ich weinend meine Geheimnisse anvertrauen und alles sagen
Für Sie schlafe ich sanft. Von Ihnen träume ich im Schlaf
Und Sie, nein Dich, Dich liebe ich.»

Sublimiert Georgette durch diese exaltierten Ausbrüche ihr verdrängtes Intimleben? Georgettes Fotoalbum ist eine Porträt-Galerie junger Mädchen. Am Sonntag isst Georgette in Berlin bei ihrem Onkel Fritz Goerke, Karl Georgs Bruder. Onkel Fritz bewohnt ein großes Haus in der Ringstraße in Lichterfelde. Er ist Witwer und lebt mit seiner Tochter Anna Flora. Sie ist wenig älter als Georgette. Als Adèle von den leidenschaftlichen Gefühlen erfährt, die ihre Tochter der Cousine entgegenbringt, erregt sie sich. Sie möchte alle in die Diele geräumten Briefe von den Freundinnen ihrer Tochter entsorgen: «Findest du nicht, dass es eine gewisse Befreiung wäre, das alles zu vernichten? Wenn man schwer krank ist, hat man sich selbst nicht mehr im Griff, und man ist ein schlechter Hüter solcher Intimitäten. Diese Dinge gehen nur einen selbst etwas an und sind nicht für Dritte bestimmt. Wenn man eine Liebeserklärung zwei, drei Mal gelesen hat, soll nur noch das Herz die Erinnerung daran behalten.»

Georgette muss auf die Vorhaltungen ihrer Mutter ungehalten reagiert haben, denn ein paar Tage später entschuldigt sich Adèle auf Deutsch, also sehr ernsthaft, bei ihrer Tochter: «*Nein, meine Georgette, ich bin nicht böse weil Anna Dir so gut gefällt. Ich frage mir warum Du auf so eine Idee gekommen bist. Ich bin am Gegenteil sehr froh dass du sie dort hast und das Onkel Fritz so nett zu dir ist. Ich habe dir nur gesagt du sollst forsichtig pecuniärich aber nicht eine seconde habe ich daran gedacht dass du deine Liebe dort nicht liebe haben sollst. Ich habe meine alte Ideen mein liebes Kind. Macht dich keine Gedanken. Du bist alle anderen wert. Gebe nur nicht deine ganzes herz, dass bekommst Du ein schädig, nicht zum Werth. Du meine Jugend, meine schönes, meine lieblingst souvenir von meine Leben im meine so geliebtes Vaterstadt.»*

Georgette und Luise erkunden gemeinsam das Berliner Umland. Georgette berichtet ihrer kleinen Schwester in einem rosa Heft mit orangefarbenem Band von ihren Ausflügen. Georgette ist fröhlich, sie geht ganz in dem neuen Leben auf. Weder der zu Ende gehende Krieg noch die sich ankündigende Revolution können die Unbeschwertheit dieses ersten Berliner Sommers trüben. Sie entdeckt Köpenick, Grünau, Schmöckwitz und fährt mit der Elektrischen an den Müggelsee: *«Eine große fein gekräuselte, sehr glatte Flut mit viel Segelbooten. Ich war begeistert über ihr duftiges, leichtbeschwingtes Aussehen. Auf den Bildern siehst Du die Landungstelle für Vergnügungsdampfer aus Berlin. Und dann hinten die Müggelberge. Wenn ich schwimmen gehen will, habe ich die größte Auswahl an ‹Freibädern›. Meist gehe ich nach Schmöckwitz. Das Wasser gibt der Gegend hier einen sonderlichen Reiz, für den ich sehr empfänglich bin.*

Einige Male waren wir in Berlin, im Neuen Museum. Da haben wir uns die Ägypter angesehen. Der Saal, in dem die ägyptischen Denkmale aufbewahrt sind, ist als Tempel eingerichtet. Von allem Ausgestellten hat ein kleiner, entzückender Kopf mir am besten gefallen. Ein Königskopf in ganz feinem, durchsichtigen Profil. Auch im Dom waren wir, einem reichen mit viel Geld ausgestattetem Protzbau.»

An einem Sonntag unternehmen Georgette und Luise einen Ausflug in den Spreewald. Sie besteigen in Lübbenau ein Boot und lassen sich über den Kanal treiben. *«Beiderseits hohe, schöne Bäume. Dahinter saftige Wiesen und begeisternde kleine Dörfchen. Richtige alte Wendendörfchen mit Holzbauten und Strohdächern. In Lehe legten wir an und tranken Milchkaffee mit Apfelkuchen. Was die Leute dort überhaupt noch zu essen haben, ist fabelhaft. Täglich, vor allem aber Sonntags werden sie denn auch von richtigen Hamsterkäuferinnen heimgesucht. Schön sind die Frauen dort gekleidet: dicke, ganz runde, abstehende Röcke, helle Blusen und rosa Schleifen. Sie sind alle groß und stämmig gebaut und bleiben lange jung.»*

In diesem ersten Sommer vergisst Georgette beinahe ihre Krankheit, die bereits ihre Lungen auffrisst. Sie vergisst die Übelkeit, die Schmerzen und diese Mattigkeit, die sie oft befällt.

Der Krieg liegt in seinen letzten Zügen. Jeden Tag treffen Züge mit Verstümmelten und Verletzten in Berlin ein. Die Spanische Grippe überzieht bald das Land mit ihren verheerenden Folgen. Überall lauern Tod und Krankheit. Georgette macht die Lunge schon lange zu schaffen. Mehrere Aufenthalte im Sanatorium bringen keine Besserung.

In Mathildes Fotoalbum wird Georgette zunehmend magerer, die Lider werden immer schwerer, die Wangen ausgehöhlter, die Augen trauriger. Georgette spürt, dass sie nicht mehr viele Jahre zu leben hat: *«Mein Kleines»*, schreibt sie ganz am Ende ihres so heiteren Heftes für Mathilde auf einmal, *«meine Gedanken bewegen sich nur um eines mit Interesse und Ausdauer! Um den Tod! Wozu leben wir? Wo leben wir? Wohin schauen wir? Warum leben wir gerade so und nicht anders? Warum werden so viele Menschen ohne eigene Schuld mit Krankheit geschlagen? Das alles sind Fragen, die mich manchmal zur Raserei bringen wollen, weil ich mir keine Antwort weiß. Und damit darf, will und kann ich Dich nicht auch noch belästigen.*

Mein Kleines, ich trage so schwer am Leben! Davon macht Ihr Euch alle gar keine Ahnung. Dir bin ich aber für so viele kleine und große Freuden dankbar. Deine Briefe, Bildchen und Päckchen sind süße Augenblicke in meinem Dasein.»

Lieber französisch als rot

«Die Revolution grollt», verkündet Karl Georg Goerke hinter seiner Morgenzeitung hervor. Er senkt die Stimme, und Mathilde hat den Eindruck, eine zornige Menschenmasse aus der Kehle ihres Vaters aufsteigen zu hören. Nach vier Jahren Krieg eine Revolution! Karl Georg Goerke ahnt nichts Gutes. «Die Briefe, die von dort kommen, sind mitleiderregend», schreibt Adèle an Georgette. «Die Zeitungen beschreiben uns die Situation. Wir lesen die *Frankfurter* und die *Berliner* und das ist nicht sehr erfreulich.» Anfang November 1918 meutern in Kiel die Matrosen. Sie verweigern ihren Offizieren, die den Seekrieg fortsetzen wollen, den Gehorsam. Sie hissen auf ihren Schiffen rote Fahnen und bilden Matrosen- und Soldatenräte. Die Revolte wird gewaltsam niedergeschlagen. In ganz Deutschland finden Aufstände statt: Generalstreik in Hamburg, Sturz der Wittelsbacher Dynastie in Bayern. In Berlin ruft ein von Karl Liebknecht unterzeichnetes Flugblatt zur «Stunde des Handelns» auf. In Adlershof wird ein Arbeiter- und Soldatenrat ins Leben gerufen. Georgette ist begeistert. *«Allgemeine Revolution in Deutschland»*, titelt der «Elsässer Kurier» am Sonntag, den 10. November 1918. Am Vortag hat Kaiser Wilhelm abgedankt. Der Sozialdemokrat Friedrich Ebert hat eine Regierung gebildet. Am selben Nachmittag ruft Karl Liebknecht vom Balkon des Hohenzollern-Schlosses in Berlin die freie sozialistische Republik aus.

Im November 1918 teilt das Elsass zum letzten Mal ein großes Kapitel der Geschichte des kaiserlichen Deutschland. Die Meuterer von Kiel überqueren die Rheinbrücke. In Colmar wird ein Arbeiter- und Soldatenrat gewählt. Der Bürgermeister wird zum Rücktritt gezwungen. An den Wänden der Stadt informiert ein Plakat die Bevölkerung, dass die Macht in den Händen der Räte sei: «Weder Deutsche, noch Franzosen, noch Neutrale: Die rote Fahne hat gesiegt!» Am Vogesenwall herrscht Panik. «Meine Freundin Madame Charton ist seit mindestes drei Wochen krank. Arme Madame Charton, nach fünf Jahren Krieg sagt ihr Mann zu ihr: ‹Unser Leben besteht nur noch aus Gefahr. Einmal droht sie von deutscher Seite, dann von den Sozialisten›», schreibt Adèle an Georgette. Nur die Franzosen können diesem Chaos, das aus Deutschland kommt, ein Ende setzen. Am 13. November 1918 schickt der Colmarer Stadtrat eine Delegation über die Front des Münstertals, um den Einmarsch der französischen Truppen zu beschleunigen. Man einigt sich auf den 18. November. «Lieber französisch als rot!», sagen die Stammgäste im Café Central. Karl Georg Goerke teilt diese Ansicht. Für einen kurzen Augenblick ist er merkwürdig erleichtert, als die Truppen des General Messimy am 18. November über den Boulevard defilieren. Die Arbeiter- und Soldatenräte werden augenblicklich aufgelöst. Die Ordnung ist wiederhergestellt. Madame Charton wird wieder gesund.

Die Revolution in Colmar ist erstickt. Umso heftiger tobt sie in Berlin. *«Das Chaos in Deutschland. Situation in Berlin verwirrt. Es kam zu Schießereien.» – «Die Lage in Deutschland. Die Schlacht in Berlin.» – «Die Gardekavallerie-Division säubert die Stadt von den Spartakisten. Ernstere Straßenkämpfe in den Vororten.» – «Bürgerkrieg in Berlin.»* Karl Georg und Adèle Goerke machen sich Sorgen um ihre Tochter, wenn sie am Morgen die Zeitung lesen. Monatelang lebt Berlin in permanenter Aufstandsstimmung. Nach jedem neuen Fieberstoß in den Straßen der deutschen Hauptstadt beschreibt der «Elsässer Kurier» die Straßen voller Glasscherben, die geplünderten Geschäfte: *«Überall starren die durchgehenden Maschinengewehre entgegen. Die Franzö-*

sische Straße und die Kaiserstraße, einst zwei der schönsten Straßen Berlins, erinnern jetzt mit ihren von Geschossen jedes Kalibers zerstörten Häusern an gewisse Städte Nordfrankreichs. Es hat sich herausgestellt, dass an den Unruhen in Berlin russische Bolschewisten teilgenommen und in der Bewegung ihre Hand im Spiele gehabt haben.» Während sich Colmar nach den Jahren des Kriegs und der Entbehrung langsam wieder aufrappelt, steht Berlin ständig am Rand des Bürgerkriegs: Spartakistendemonstrationen, Straßenkämpfe, Barrikaden, Menschenjagden, Generalstreik, blutige Niederschlagung durch Panzer und Kanonen der Armee, Verhängung des Belagerungszustands. Am 15. Januar 1919 werden Rosa Luxemburg und Karl Liebknecht ermordet. Am Tag ihrer Beerdigung finden riesige Trauerdemonstrationen statt. Sämtliche Turbulenzen spielen sich vor dem Hintergrund der Verhandlungen zum Versailler Vertrag ab. Die von den Siegern durchgesetzten Bedingungen werden als erniedrigend angesehen. Als die deutsche Regierung den Vertrag am 28. Juni 1919 im Spiegelsaal von Versailles endlich unterschreibt, schreien die Demonstranten «Verrat» durch die Straßen von Berlin. Die fragile Weimarer Republik wird von allen Seiten bedroht.

Karl Georg Goerke liest seiner Familie jeden Morgen

aus der Zeitung vor. Adèle und Mathilde sitzen neben ihm. Die Berichte versetzen sie in große Angst. Sie denken an Adlershof. Sie machen sich Sorgen, weil sie keine Post mehr bekommen. Als Georgette später nach Colmar zurückkehrt, erzählt sie Mathilde und Marthe von den Demonstrationen und Straßenkämpfen. Mathilde erinnert sich an die alarmierenden Berichte ihrer Schwester: «Rosa Luxemburg und Karl Liebknecht. Das waren zwei Namen, die wir nicht kannten. Georgette sprach nur noch von verirrten Kugeln, Standgerichten mit Revolvern, wütenden Mengen, Leichen, die auf der Straße herumlagen ... Wir bekamen Angst, als sie uns von diesem Horror erzählte! Meine Schwester war eine Kommunistin. Mit Leib und Seele.» Die deutsche Revolution ist Georgettes Feuertaufe. Sie entdeckt neue und so edle Ideen. Sie erzählt Marthe und Mathilde von der Leiche Rosa Luxemburgs, die im Landwehrkanal gefunden wurde. Mathilde stellt sich Ophelia vor, die zwischen den Seerosen des Kanals liegt, den Kopf von Gewehrkugeln durchlöchert. Georgette beschreibt Rosa Luxemburgs Begräbnis. «An diesem Tag war sie dabei, irgendwo ganz klein in der Menge, meine Schwester!», sagte Mathilde. Sie war stolz, dass ihre große Schwester einer Romanheldin glich. Marthe gesteht irgendwann, dass das Wort «Spartakus» in ihr eher die kleinen Spekulatius-Plätzchen mit Ingwer wachruft, die Augustine Réling zum Heiligen Nikolaus vorbereitete.

Die Bolschewisten, mit denen seine ältere Tochter verkehrt, gefallen Karl Georg Goerke ganz und gar nicht. Adèle kann die Briefe, in denen sie von ihren politischen Neigungen spricht, noch so gut verstecken, der Vater beobachtet Georgettes wachsende Begeisterung für «diese subversiven Ideen» mit Besorgnis. Adèle ebenfalls. Sie kennt ihre Tochter. Sie weiß, dass sie diese ganze Umbruchstimmung nicht gleichgültig lassen wird: «Mein armes Kind! Diese ganze Müdigkeit! Keine Politik mehr, nicht wahr! Was hat es denn mit diesem dicken Brief auf sich, der schon vor ein paar Tagen eingetroffen sein soll und über den mir Papa kein Wort sagt. Willst Du mir bloß eine Freude machen, wenn du Dich so friedlich gibst?» Adèle spürt genau, dass die revolutionäre Begeisterung ihrer Tochter so schnell nicht wieder nachlassen wird. Dabei ist Georgette schwer krank. *«Sei sparsam mein Kind und denk auch an deine Gesundheit, nicht nur an die vielen Bücher»*, mahnt Adèle vergeblich, auf Deutsch, um auch sicher verstanden zu werden. Georgette ist in die Lektüre der spartakistischen Manifeste vertieft. Aber in den Briefen, die mir Mathilde gegeben hat, ist kaum von der Revolution die Rede. «*Luise ist in Berlin. Ich ängstige mich, denn es geht toll zu. Es wird mit Maschinengewehren und Kanonen geschossen. Sie wird mir doch nicht in den Tumult kommen?*», schreibt Georgette. Das ist die einzige explizite Anspielung auf die Wirren in Berlin. Mathilde erzählte mir, wie die anderen Briefe von Georgette verschwunden sind. Einmal, als ihr Mann in der Stadt war, verbrannte Adèle im steinernen Spülbecken der Küche einen ganzen Packen. Sie hatte sie Karl Georg nie gezeigt. Der arme Papa hatte schon genug Sorgen. Es sind die Briefe, in denen ihre Tochter von ihrer Sympathie für die spartakistischen Ideen und ihrem bescheidenen Beitrag zur deutschen Revolution erzählt. Adèle betrachtete schweigend, wie die Flamme aufstieg und das Papier nach und nach verkohlte. «Als ‹Geduldete› in dem wieder französisch gewordenen Elsass», erklärte mir Mathilde, «war diese deutsche, revoluzzende Tochter das Letzte, was die Goerkes brauchen konnten.» Adèle hielt es für besser, die Beweise zu beseitigen. Sie, die sämtliche Briefe ihrer Tochter sorgfältig aufbewahrte. Sie, die jeden Morgen die Briefe der vergangenen Woche wieder las. Sie, die jeden Satz auswendig kannte, die den Ton abhorchte und jede einzelne Wendung unter die Lupe nahm, um eine Traurigkeit, eine Schwäche, eine Lüge aufzuspüren. Sie, die fast wahnsinnig wurde, wenn der erwartete Brief nicht eintraf. Sie verbrannte im Spülbecken der Küche die Briefe ihrer «teuren Abwesenden». Die Grausamkeit, die in diesem Akt liegt, sagt alles über die Angst, die das Leben der Goerkes bestimmte. Ein Tagebuch zu führen, seine Gedanken in einem Brief festzuhalten, war gefährlich. Ein Foto, auf dem Georgette von ihren Schülern umringt ist, beruhigte sie: «Du siehst nicht schlecht aus auf dem Bild mit Deinen Schülern. Ich freue mich, dass ich dieses Andenken habe und stelle mit Vergnügen fest, dass dort gute und friedliche Sitten herrschen.»

Adèle weiß genau, dass Georgette schon immer ein rebellisches Kind gewesen war. Auf der Höheren Mädchenschule glänzte Georgette durch das Dichten von satirischen Liedern, in denen die Autoritäten verhöhnt werden. Georgette schrieb Verse und vertonte sie, um sich über die Lehrer und ganz besonders über die Direktorin Fräulein Kunst lustig zu machen, eine fürchterliche alte Jungfer, die für Bergwanderungen das Tragen eines Korsetts vorschrieb. *«Ihr solltet nie und nimmer ein altes Korsett tragen»*, trällert Georgette auf eine Wiener Opernmelodie vor dem verdutzten Fräulein Kunst. «Aber Georgette war der Stolz von Fräulein Kunst. Die Lehrer bewunderten sie. Eine so gute Schülerin. Ihre Frechheit war schnell verziehen», schwärmte Mathilde. Georgette war eine Anführerin, der Klassenclown. Auf den Fotos sitzt sie strahlend in der Mitte einer Mädchengruppe. «Einmal ist Georgette heimlich durchgebrannt. Hat sich bei *Nacht und Nebel* davongemacht.» Mathilde mochte den romantischen deutschen Ausdruck, in dem etwas Unheimliches lag. Ich sah Georgette vor mir, wie sie bei Nachteinbruch von einer Nebeldecke verschlungen wird. Georgette hatte eben ihr Lehrerinnendiplom der Höheren Mädchenschule erhalten. Das Lyzeum hatte eine Abteilung für junge Mädchen, die sich für den Lehrberuf entschieden haben. Sie wollte Englisch und Gymnastik studieren. Vor allem aber wollte sie nicht heiraten.

Sie lief ohne ein Wort von zu Hause weg. Die Familie blieb mehrere Tage ohne Nachricht. Dann kam endlich ein Brief. Georgette wohnte in München in einem evangelischen Heim für junge Mädchen. Adèle beeilte sich, ihrer Tochter zu antworten: *«Liebe Georgette, Ich habe dir noch eine Koffer senden lassen. Schreibe was du noch willst aus deinem Zimmer. Deine Mama.»* Man hatte ihr bereits verziehen. «Sie hatte von Colmar die Nase voll», erklärte Mathilde. «Ging nach München. Und auch da wieder hat Vater ihr verziehen. Hat ihr

Geld geschickt. Ein paar Wochen später kam sie wieder in einem gelben Mantel und einem violetten Hut. Und er, er fand das herrlich!» Als die Ausreißerin in den Vogesenwall zurückkehrte, überschüttete Karl Georg Goerke sie mit Geschenken. Mathilde erinnert sich noch gut an das ultramoderne Fahrrad, das ihr Vater der Schwester geschenkt hatte. Aber auch an die Eifersucht, die an jenem Tag an ihr nagte. Niemand hat je erfahren, was in München geschehen ist, aber Georgette hat einen Beweis für ihre Freiheitsliebe erbracht. Es gab bereits einen ersten Riss in Georgettes Leben. Es war nur natürlich, dass meine Großtante sich von der Revolution verführen ließ.

Kapp-Putsch

Im Leben aller Rebellen gibt es ein Ereignis, das sie aus der Bahn wirft. Ein ganz bestimmter Moment, leicht auszumachen in der dichten Chronologie der Jahre, der sie radikalisiert. Ein Einschnitt, der ihr Leben in ein Vorher und ein Nachher spaltet. Für Georgette ist diese Zäsur eine Viertelstunde, in der sie, die Stirn an die kalte Fensterscheibe des Schulzimmers gepresst, zusieht, wie drei junge Arbeiter an der Mauer des Pausenhofs exekutiert werden. Es sind die entsetzten Augen. Die Hände auf den Gesichtern, als wollten sie sich vor den Kolben- und Bajonetthieben schützen. Kurz vor der ersten Salve des Standgerichts vielleicht ein animalischer Schrei. Und drei Körper, die zusammensacken, langsam die Mauer hinabgleiten, auf dem Lehmboden aufschlagen. «Georgette war nie wieder dieselbe», sagte Mathilde. Georgette hatte dieses schreckliche Erlebnis ihrer kleinen Schwester eines Abends in der Küche in Colmar erzählt. Mathilde hatte fassungslos zugehört. Viel hatte sie nicht verstanden. Mit den Jahren brachte sie alles durcheinander. Sie wusste nur, dass ihre Schwester verfluchtes Glück gehabt hatte.

1920 ist das große Jahr im kurzen Leben von Georgette. Sämtliche Familienfabeln laufen in den wenigen Tagen der politischen Unruhen vom März 1920 zusammen. Mathilde konnte mir den historischen Kontext dieser Tage nie erklären. Nie habe ich sie von Kapps Staatsstreich oder vom Generalstreik reden hören, der für sein Scheitern verantwortlich war. Mathilde hatte nie versucht, die Bruchstücke der Geschichte zu sortieren. Hatte kein Licht in diese undurchsichtigen Anekdoten gebracht. Der Kapp-Putsch ist ein kurzes, aber wichtiges Kapitel für die deutsche Geschichte. Er ist Teil der langen Serie von inneren Erschütterungen, die die junge Weimarer Republik heimsuchen. Im Frühling 1920 verbündet sich der Generallandschaftsdirektor von Königsberg Wolfgang Kapp mit General Walther Freiherr von Lüttwitz. Die beiden glühenden Nationalisten finden die Bedingungen des Versailler Vertrags erniedrigend. Der Vertrag verpflichtet nicht nur zu enormen Reparationszahlungen und zur drastischen Reduzierung der Stärke der Reichswehr, sondern ordnet vor allem die Auflösung des Großen Generalstabs an. General von Lüttwitz weigert sich, die «Brigade

Ehrhardt» aufzulösen, ein Freikorps, das aus Marineoffizieren der «Baltikumer» besteht. In der Nacht vom 12. zum 13. März 1920 marschieren Kapps und Lüttwitz' Putschisten auf Berlin zu. Die Männer der «Brigade Ehrhardt» defilieren durch das Brandenburger Tor. Auf ihren Helmen tragen sie das Hakenkreuz. Die Reichswehr ist geteilt. Manche ergreifen Partei für Kapp. Andere bleiben der Regierung treu. Die reguläre Armee weigert sich, auf die Putschisten zu schießen. Die Mehrheit der Aufständischen sind Ehemalige der Reichswehr. «Reichswehr schießt nicht auf Reichswehr!», heißt die berühmt gewordene Parole. Die Putschisten rufen Wolfgang Kapp zum Reichskanzler und von Lüttwitz zum Kriegsminister aus. Die Regierung flüchtet nach Stuttgart.

Um diesen Ansturm auf die junge Republik abzuwehren, ruft die sozialdemokratische Partei zum Generalstreik auf. Adlershof leistet dem Aufruf Folge. Die Gemeindeverwaltung und der Arbeiter- und Soldatenrat beschließen, die Schulen zu schließen. Georgette gehört zu den radikalen Lehrern, die diese Entscheidung unterstützen. Die Gemeindeschule der Bismarckstraße dient als Sanitätsstelle für die Verletzten und als Sicherheitswache für die Verteidiger der Republik. In dem «Werbebüro für bewaffnete Kämpfer» stellen sie ihre Waffen unter und registrieren sich. In Adlershof entsteht eine «Rote Armee». Am 17. März 1920 ist der Kapp-Putsch geplatzt. Georgette und die Streikenden triumphieren. Kapp flieht nach Schweden. Etliche Putschisten sind in die Reichswehr zurückgekehrt. Der Aufstand hat dem Generalstreik nicht standgehalten. Die junge Weimarer Republik ist gerettet. Um rasch wieder Ordnung herzustellen, ruft die Regierung unter Friedrich Ebert zum «Kampf gegen den Bolschewismus» auf. Der Kanzler fordert die Auflösung der Sicherheitswachen. Verlangt, dass die Arbeiter ihre Waffen abgeben. Eine günstige Gelegenheit, «das rote Adlershof», das gefürchtete bolschewistische Nest, zu säubern. Eine Einheit der Reichswehr aus Potsdam besetzt das strategisch wichtige Benzollager. Die bewaffneten Arbeiter der Roten Armee gehen davon aus, dass es sich um Kappisten handelt, und greifen an. Es kommt zu Kämpfen. Eine Einheit wird am selben Tag ins Viertel geschickt, um die Aufständischen wieder auf Linie zu bringen. Sie fällt am 20. März in Adlershof ein. Die Soldaten gehen unter dem kleinen Bahnhofstunnel in Stellung und schießen in die Bismarckstraße. Sie verfolgen die bewaffneten Arbeiter, die sich durch die Kleingartenkolonie bis nach Köpenick flüchten. Die ganze Nacht dauert die Menschenjagd. Am nächsten Morgen zwingen die Soldaten die Bewohner von Adlershof, die Leichen auf den Straßen einzusammeln wie Pilze. Fünfzehn junge Leute sind getötet worden.

Georgette ist dabei, im Schulzimmer die Verletzten zu pflegen, als Soldaten in die Schule eindringen. Sie rennt ans Fenster und sieht im Hof drei Exekutionen. Sie wird verhaftet und aufs Köpenicker Rathaus gebracht. Georgette wird verhört, vielleicht auch misshandelt. Ein Behelfsgericht beschuldigt sie, Waffen transportiert zu haben. Sie leugnet es und erklärt, sie habe nur den Verletzten Decken gebracht. Georgette wird am nächsten Morgen freigelassen. Als sie das Rathaus von Köpenick in aller Frühe verlässt, verstecken die Bewohner von Adlershof ihre Lehrerin, bis wieder Ruhe eingekehrt ist.

«Schriftenreihe», die Zeitung des Deutschen Kulturbundes, Arbeitskreis ‹Geschichte Treptows und der Treptower Arbeiterbewegung› vom Mai 1971, erzählt das Drama, das Georgette Goerke miterlebt hat: *«Die Verhafteten im Köpenicker Rathaus waren vor einem Maschinengewehr zusammengepfercht und durften sich nicht rücken und rühren. Hier war Frl. Gehrke Zeuge vieler Misshandlungen, bevor man sie entließ. Am Dienstag sollte sie wiederum verhaftet werden, hatte sich aber bereits in Sicherheit gebracht. Durch diese Ereignisse wurde Frl. Gehrke seelisch und körperlich vollkommen gebrochen.»* Den Ideologen der Sozialistischen Einheitspartei Deutschlands gefiel diese mustergültige Laufbahn. Georgette Goerke, eine kleine wehrlose Volksschullehrerin, wurde Opfer eines skrupellosen Militaristen. Ein bürgerliches Mädchen hatte an der Seite der Arbeiter zu den Waffen gegriffen. Georgette hatte sich um den Klassenkampf verdient gemacht. Über die genaue Rolle Georgettes während dieser blutigen Märztage, im wichtigsten Ereignis ihres Lebens, weiß ich nicht viel. Ist sie misshandelt worden? Beleidigt? Haben sie die jungen Soldaten, die es eilig hatten, die Ordnung wiederherzustellen, geschlagen? Ist sie gefoltert worden? Ist sie nur mit knapper Not dem Standgericht entkommen, wie Mathilde glaubte? Oder war sie nur Zeugin der standgerichtlichen Erschießung im Schulhof und der brutalen Verhöre im Gefängnis von Köpenick?

Der Tumult ist nur von kurzer Dauer. Der Bürgermeister beschließt für den 23. März die Wiedereröffnung der Schulen und das Einschalten der Heizung. Georgette nimmt ihren Dienst wieder auf, als wäre nichts gewesen. Nur die extreme Blässe von Fräulein Goerke, ihre Magerkeit zeugen von dem Drama, das sie durchgemacht hat. Die Gemeindevertretung von

Adlershof hat nur eine einzige Sorge: So schnell wie möglich die öffentliche Ordnung wiederherzustellen. Die Straße reinigen, die Toten beerdigen, die Einschusslöcher auf den Mauern der Bismarckstraße verputzen, Fabriken, Büros und Schulen wieder in Gang setzen. Jede kleinste Übertretung, die spontan begangen worden war, wird analysiert, untersucht, sortiert, eingeordnet, gerechtfertigt.

Ein Gemeindevertreter findet, es sei an der Zeit, die während der Revolution von 1918 geschaffenen Arbeiter- und Soldatenräte aufzulösen. Sie hatten zum Generalstreik aufgerufen, ohne den Gemeindevorstand zu konsultieren. Er verteidigt den militärischen Eingriff, der zwar bedauerlicherweise zu Standgerichten geführt, aber für die Einwohner von Adlershof das Schlimmste verhütet habe: «*Wäre das Militär nicht eingetroffen, so hätte man wohl bestimmt mit Plünderungen rechnen können!*» Ein sozialistischer Gemeindevertreter erwidert: «*In revolutionären Zeiten fragt man nach keinen Behörden!*»

Die Toten von Adlershof werden unter militärischer Überwachung auf dem Friedhof Waldstraße beigesetzt. Die Gemeinde übernimmt die Bestattungskosten. Eine Untersuchungskommission wird eingerichtet. Zum

Gedenken an die «März-Opfer» wird eine Granitplatte aufgestellt. Am 13. März 1930 hält Wilhelm Pieck auf dem Waldfriedhof eine Rede:

«Zum zehnten Mal rufen wir:
Des Volkes Blut verströmt in Bächen
und bittre Tränen rinnen drein,
doch kommt der Tag, da wir uns rächen,
dann werden wir die Richter sein!
Darum Arbeiter, Klassengenossen, Werktätige von Adlershof, organisiert die Abwehr gegen faschistische und sozialfaschistische Überfälle. Tretet ein in die antifaschistischen Organisationen!
Stärkt die Rote Klassenfront!
Werdet Mitglied der Kommunistischen Partei!»

Die Schalmeienkapelle der Oberspree spielt einen Trauermarsch und die Internationale. 1933 wird das Denkmal von den Nazis zerstört. Die jährliche Gedächtnisfeier wird verboten. 1970 wurde in der Hauptallee des Friedhofs das Monument «Der Kämpfer» errichtet.

Eifrige Missionarin

In Adlershof wütet ein kleiner Religionskrieg. Die Gläubigen auf der einen, die «*Gottlosen*» auf der anderen Seite. In der Fabrik, im Pausenhof und in Wöllsteins Lustgarten wird nur noch über Gott gesprochen. Nichts kann dem Strom der Überläufer Einhalt gebieten. Die Arbeiter boykottieren den Sonntagsgottesdienst. Lassen ihre Neugeborenen nicht mehr taufen. Die Eltern wollen den Einfluss der Kirche auf die Schule unterbinden. Georgette ist eine der Ersten, die sich entrüstet: Hier dient die Bibel zum Lesenlernen! Bis zu sechs Stunden die Woche wird Religion unterrichtet! Sie spottet über die «*Frommen*», über diese Lehrer, die zu Anfang und Ende jeder Klassenstunde Kirchenlieder singen lassen. Sie findet, dass Deutschland stark im Rückstand ist gegenüber Frankreich, wo die laizistische Schule seit langem existiert, kostenlos und obligatorisch. Die Trennung von Kirche und Staat stammt aus dem Jahr 1905. Niemandem käme es in den Sinn, sie ernsthaft in Frage zu stellen.

Mit den Ereignissen vom März 1920 bekommt eine alte linke Idee, für die Adlershof seit langem kämpft, endlich ihre Chance: die Schaffung einer weltlichen Schule, die alle *«Gottlosen»* aufnehmen sollte. Der Kapp-Putsch ist dank des Generalstreiks gescheitert. Dieser Sieg zeigt den Bewohnern von Adlershof, wie groß ihre Macht ist. Petitionen zirkulieren. Die Kampagne ist in vollem Gange. *«Etliche Männer und Frauen jubelten, viele erschraken»*, schreibt Georgette. *«Der überlieferte Aberglaube der Kirche hatte sich ihnen zu tief ins Fleisch verkrallt! Doch die Propaganda ließ nicht locker. Aberglauben und Aufklärung rangen miteinander, wissbegieriges Volk hörte zu, ließ sich belehren und im Sommer 1919 waren einige hundert Kinder aus dem Religionsunterricht entrissen.»* Georgette rechnet. Es reicht, um eine Weltliche Schule zu gründen.

Am 17. Mai 1920 wird in Adlershof eine Weltliche Schule eröffnet. Es ist die erste nicht konfessionelle Schule Preußens, eine der ersten in Deutschland. Zum Schulbeginn empfängt Georgette ihre Schüler an der Schulpforte in der Radickestraße. Ein Flügel des Gebäudes ist für die Weltliche Schule reserviert. Die Stattlichkeit des neuen Gebäudes illustriert die Wichtigkeit, die die Sozialdemokraten diesem neuen Projekt beimessen. *«Zum Schulanfang»*, schreibt Karl Georg

Goerke im Namen der Colmarer Familie, «*wünschen wir Dir viel Glück, hoffend, dass Du Deine Tätigkeit bei guter Gesundheit wirst fortsetzen können, bis Du Dich dann im Sommer durch längeren Aufenthalt bei uns weiter erholen kannst. Herzliche Grüße von Deinem Dich sehr liebenden Papa.*» Mit diesem Projekt wird Georgette endlich ihren revolutionären Hunger stillen können. Jetzt kann sie die Welt verändern. Georgette hat nur Hohn übrig für jene, die in der Weltlichen Schule eine antichristliche Fabrik sehen, welche die Seele der Kinder in Gefahr bringt: «*Das war verblüffend! Unerhört! Der volksparteiliche Geist der Herren Rektoren und ihrer Getreuen vereiste ob solcher Dreistigkeit. Ihre Haare stellten sich zu Berg, ihre Augen quollen aus den Höhlen, Kiefer knackten. Kaum hatte sich ihre Erstarrung gelöst, als sie nach schlagenden Schimpfworten suchten. Beim Umkrempeln ihres Gehirns stießen sie auf den Inbegriff alles Ruchlosen, auf das Wort ‹Bolschewisten›. Daraus wurde Bolschewisten-Schule. In dieses Wort fletschten sie ihre ganze Verachtung. Ihre ganze Wut. Es schien ihnen rund, schön zielsicher und ganz neu. Sie klammerten sich mit Inbrunst daran. Da sie sich nicht mehr fürchteten, ließen sie das Wort über die Schulpfähle springen, schrien den ‹Gottlosen› ins Gesicht und jagten es damit in die Menge. Die Menge griff es auf. Allerseits schrieb man es sich ins*

Herz bei den einen flammenrot im Zeichen der Liebe! Auf der andern Seite geil gelb im Zeichen ohnmächtiger Wut.

Und so steht es heute in den Herzen. Ich kenne eine Dame, die phosphoriziert bis in den letzten Zipfel ihres darmkranken Innern, wenn sie daran erinnert wird.»

Georgette hat eine wahre Mission für sich entdeckt: Das Proletariat muss vom Joch der Kirchen befreit, das Korsett der erstickenden preußischen Moral gelockert werden. Sie will ihre Schüler zu Freidenkern erziehen. Die preußischen Werte *Fleiß, Ordnung, Disziplin* und *Gehorsam* sind dieser im milden Rheinland aufgewachsenen Halbbelgierin stets etwas fremd gewesen. In Colmar, in Brüssel hasst man die Preußen. Georgette ist der Katalog der gesunden republikanischen Tugenden näher: Freiheit, Gleichheit, Brüderlichkeit ... Laizität. «Man muss», schreibt Georgette an Adèle, «in den Kindern den Sinn für Toleranz, für das Leben in der Gemeinschaft, für die Freude an der Verantwortung wecken.» Georgette nimmt an den großen Volksversammlungen in Adlershof teil. Beteiligt sich engagiert an den Lehrerkonferenzen. *«Fräulein Goerke»*, der Name springt einem auf den trockenen Sitzungsprotokollen förmlich entgegen. Fräulein Goerke hebt die Hand, ergreift das Wort, unterbricht, widerspricht. Sie bekundet mit fester Stimme ihre Meinung, auch wenn sie sich damit gegen die Mehrheit stellt. Sie beharrt, allein gegen alle, auf ihrer Ansicht. Georgette ist gegen körperliche Züchtigung in der Schule. Sie schlägt vor, die Rohrstöcke symbolisch im Pausenhof zu verbrennen. Georgette will nicht mehr die gefürchtete Lehrerin sein. Will nicht mehr Schläge und schlechte Noten verteilen. «Diese primitiven Methoden», schreibt sie ihrer Mutter, «werden durch eine sanfte Pädagogik ersetzt, die die Persönlichkeit des Kindes respektiert. Bei uns wird keiner mehr geschlagen!» Auf dem Klassenfoto vom August 1920 sitzen die Jungen auf der einen, die Mädchen auf der anderen Seite. Es ist das erste Mal, dass sie sich ein Klassenzimmer teilen. Georgette steht im Hintergrund des Saales, die Arme eng am Körper, in eine weiße Bluse gezwängt, aufrecht wie die republikanische Tugend, von der sie beseelt ist. Die Kinder schauen, die Hände aufs Pult gelegt, mit zusammengekniffenen Augen ins Objektiv des Fotoapparats. Keines lächelt.

Der *«Sozialistische Erzieher, Zeitschrift für proletarische Schulpolitik»*, ein Sprachrohr für die neuen Ideen zur Erziehung, wird Georgettes Leib- und Magenblatt. Als die Redaktion der Gazette die kleine Volksschullehrerin von Adlershof bittet, von der Entstehung der Weltlichen Schule zu berichten, lässt sich Georgette vom Rausch der Worte mitreißen. Sie beschreibt die Lehrer ihrer neuen Schule: «*Sie fühlen sich gelöst von Heuchelei, befreit von knechtischem Druck. Ihre Persönlichkeit strömt hemmungslos und gebiert ungeahnte Kräfte. Alle fühlen sich stark und jung, alle arbeiten mit einer Liebe und Hingabe, die über das Maß gewöhnlicher Pflicht weit hinausgeht. Daraus erwächst die Eigenart unseres Kollegiums, Rhythmus und Tempo unserer Konferenzen und Kurs und Struktur der Schule. Die Eigenart unseres Kollegiums lässt sich zusammenfassen in Wort und Begriff: Aktivität. Wir sind alle sehr regsam. Wir warten nicht ab, wir gehen entgegen. Wir reden nicht, doch handeln wir. Wir theoretisieren nicht, doch nehmen wir in Angriff.*»

Die Lehrer der Weltlichen Schule bleiben nachmittags in der Schule, ohne dafür bezahlt zu werden, um weitere Aktivitäten anzubieten. Georgette unterrichtet Französisch. Luise Stenographie. Andere geben Kurse in Gartenbau, Musik und Theater. Die Kinder hängen nachmittags nicht mehr auf der Straße herum. Am Wochenende brechen die Schüler mit ihren Lehrern zu Ausflügen auf. Die Lehrer verwalten die Schule gemeinsam. «*So ist's immer und überall bei uns*», schreibt Georgette. «*Auch bei den Konferenzen. Schlag auf Schlag geht's da! Beschluss auf Beschluss! Persönliches ist ausgeschaltet. Nur die Sache entscheidet. Überhaupt kommt nur die Sache zu Wort. So erledigen wir mit größter Schnelligkeit die schwierigsten Dinge. Mit größter Fixigkeit werfen wir die längsten Tagesordnungen hinter uns. Die Struktur der Schule fällt den Fremden immer zuerst auf am kameradschaftlichen Ton, der zwischen Lehrern und Schülern herrscht. Eingeweihte erspüren sie an der Bereitwilligkeit, mit der auf elterliche Wünsche reagiert wird. Und die Kinder erleben sie an der Hingabe und Förderung, die ihren persönlichen Interessen zuteil werden. Die Struktur trägt zum Kurs! Der heißt: menschliche Menschlichkeit! Liebende Wirklichkeit! Freiheitlicher Geist! Kritischer Verstand! Soziales Gemüt! Eigene Produktion!»* Georgette reiht wahllos Formeln aneinander. Lässt sich vom erhabenen Klang ihrer Suada berauschen. Sie scheint in einem Zustand von dauerhafter Erregung zu leben. Es ist dieser Anflug von Verrücktheit, der mir an ihr gefällt, ihre unverbrüchliche Begeisterung, die Reinheit ihres Glaubens. Vor allem aber ihr Humor.

Auf den Seiten des «*Sozialistischen Erziehers*» trifft Georgette auf die Soldaten der proletarischen Schulpolitik: Hinter ihrem Glauben verbarrikadierte Herren, entflammte Reformer, traurige Pädagogen mit kleinen ovalen Brillen und dichten Schnurrbärten, die ihre Nächte auf verrauchten politischen Versammlungen herumbringen. Kein bisschen Humor geht von ihren

Predigten aus. Die geradlinige Argumentation duldet keine Abweichung. Der Zweifel könnte die glatte Oberfläche der Gewissheiten erschüttern. Georgette mag diese runden Dogmen, diese großen magischen Deklarationen. Die schulmeisterlichen Moralisten unternehmen zweimal die Woche die Reise von Berlin nach Colmar. Georgette schiebt Schnipsel aus militanten Zeitungen in ihre Briefe, wie die jungen Mädchen ihres Ranges Heiligenbildchen zwischen die Seiten ihres Kirchengesangbuchs stecken. Georgette unterstreicht die wichtigen Sätze mit energischem Bleistiftstrich. Manchmal ist auf einer Seite die zustimmende Spur eines Nagels zu sehen. Georgette klebt in ihr Heft das Credo des Münchener Pädagogen Josef Schuster, der neue Zeiten anbrechen sieht: «*Die Idee des Sozialismus wirbt und wirbt mit Kraft über die ganze, sich im tiefsten Elende krümmenden Erde.*» Ein kleines Löchlein auf dem oberen Rand eines Zeitungsausschnitts weist darauf, dass sie auch vom Genossen Edwin Hoernle angetan ist. Sie hat seine Gedanken an die Wand ihres Zimmers geheftet: «*Nehmen wir irgendein beliebiges Lesebuch zur Hand. Wie wimmelt es darin von religiösen Mahnungen und Geschichten, wie trieft darin alles von einer verlogenen kleinbürgerlichen Moralität. Und dazu kommt noch der Geist des Nationalismus, der Geist des*

Monarchismus, trotz aller Republik und sozialistischen Ministerherrlichkeit.» Aber am liebsten von all diesen Propheten ist ihr Dr. Sophie Schöfer. Sie spricht vom Sozialismus als von einem «*Glaubensbekenntnis*», das die Lehrerinnen vor der «*seelischen Heimatlosigkeit*» schützt. Und als ihre Muse die sozialistische Mission der Lehrerin beschreibt, hat Georgette den Eindruck, als spräche sie direkt zu ihr: «*Wie oft haben wir schon mit Bedauern ein begabtes Proletarierkind in der Werkstätte, in der Fabrik verschwinden sehen, während Sprösslinge begüterter Eltern mit oft weniger als Durchschnittsbegabung durch alle Schulen zu Amt und Würden geschleppt wurden. Wir sind die wirklichen Freunde und Berater unserer Kinder, nicht Bändiger, Aufseher, Einpauker, wie bisher. Darum kommt und helft! Lasst uns Menschen, Frauen erziehen voll Selbstgefühl und Würde, voll Unabhängigkeit, Unbestechlichkeit und Stärke der Gesinnung, aber auch voll Verständnis und Güte für alle!*»

Georgette zieht in ein kleines Reihenhaus in einer Straße mit dem bezeichnenden Namen Volkswohlstraße. Die von der Stadt erbaute Kleinhaus-Siedlung, mit Stall und kleinem Garten zu jeder Wohneinheit, wurde «Bonzensiedlung» genannt, weil hier viele sozialdemokratische Gewerkschaftler und Beamte wohnen. «Seit ich hier wohne, habe ich viel mehr Ruhe», schreibt sie. Sie zeichnet einen Plan ihres «schönen, kleinen, fast quadratischen Zimmers»: Bett, Schrank, Vertiko und Spiegel, Schaukelstuhl, Sofa, Tisch, Teppich, Krug und Wasserschüssel, Kachelofen. Georgette fühlt sich in Berlin zu Hause. Ihre politischen Aktivitäten erfüllen sie. Um ihre kranke Mutter nicht zu beunruhigen, täuscht Georgette ein banales Berufsinteresse vor. «Ich interessiere mich für moderne Pädagogik», schreibt sie. Die ängstlichen Ratschläge ihrer Mutter bringen sie auf die Palme. Nach ihren «Torheiten» beim Kapp-Putsch hätte es Adèle gerne gesehen, wenn die Tochter ihre Leidenschaft etwas zügelte: «Ich lese mit Freude, dass es Dir besser geht. Streng Dich nicht zu sehr an mit all diesen philanthropischen Werken, mit denen Du Dich beschäftigst. Wirst Dir noch Dein restliches bisschen Gesundheit ruinieren damit. Behalt sie für Dich, sie ist unser kostbarstes Gut, und fast das Einzige, das wir haben. Du solltest Dich nicht so erhitzen!» Das Engagement für eine große Idee sozialer Gerechtigkeit ist für Adèle ein wohltätiges Werk, das nicht lohnt, sich dafür die Gesundheit zu zerstören. «Mein armes Kleines, Du siehst ganz schön mager aus auf dem Klassenfoto. Du musst Dich wirklich ausruhen!» Georgette sitzt umgeben von ihren Schülern vor der Schulhofmauer. Sie trägt eine Häkeljacke. Sie ist gebückt, ganz traurig. Die Krankheit ist vorangeschritten. Die Jungen tragen ihre Jacken bis zum Hals zugeknöpft. Pressen die Lippen aufeinander. Sie lächeln nicht. Zwei kleine Mädchen mit Schleifen in den Haaren schmiegen sich an ihre Lehrerin. Adèle teilt ihrer Tochter umgehend Adressen und Tarife mehrerer Sanatorien mit, wo sie sich pflegen lassen könnte. Legt nach mit guten Ratschlägen. Mathilde dagegen ist ganz hingerissen. «Georgette hatte moderne Ideen!» – «Georgette war eine mutige Frau!» – «Georgette stand auf der Seite der Guten!», sagt sie jedes Mal, wenn ich sie bitte, mir – «ausführlich, bitte, grand-maman» – von den politischen Aktivitäten ihrer Schwester in Berlin zu erzählen. Aber Mathilde konnte sich einfach nicht an die Fakten halten. Dafür bewunderte sie diese große Schwester viel zu sehr. Sie wenigstens wusste, wie man diese seit dem Krieg und der Rückkehr des Elsass nach Frankreich so wankend gewordene Welt wieder hochbekam. Mathilde gefielen Georgettes Rezepte. Ihre Zukunftsvision war klar. Sie kannte weder Zaudern noch Zweifel. «Georgette wollte mit eigenen Händen eine neue Gesellschaft aufbauen!», sagte Mathilde. Sie wollte sich nicht einfach von «den Ereignissen» mittragen lassen wie Karl Georg und Adèle. Die Passivität ihrer Eltern brachte Mathilde zur Verzweiflung. Sie warf Karl Georg seinen fehlenden Mut vor. «Wenn Georgette bei uns gewesen wäre, dann hätte sie es diesen Franzosen gezeigt!», drohte sie. Sie war überzeugt, dass Georgette die Familie Goerke vor ihrem traurigen Schicksal bewahrt hätte.

Anstelle von Bibelstunden wird den Kindern der Weltlichen Schule eine «Stunde der Moral» angeboten. Man setzt sich mit einfachen philosophischen Fragen auseinander. Man bespricht die politischen Ereignisse. Man spricht über den Krieg, die Arbeitslosigkeit. Man lernt, über seine eigenen Lebensbedingungen nachzudenken. In einem Heft mit schwarzem Ledereinband sammelt Georgette Maximen voller universaler Weisheiten. Sie bedient sich auf dem großen ideologischen Trödelmarkt ihres Jahrhunderts. Jeden Tag klebt sie ein neues Fundstück ein. «*Kleinigkeiten sind die Bausteine zur Vollendung, und die Vollendung ist keine Kleinigkeit*» (Michelangelo), oder auch «*Nutze deine jungen Tage, lerne zeitig klüger sein. Du musst steigen oder sinken, du musst herrschen und gewinnen oder dienen und verlieren, leiden oder triumphieren, Amboss oder Hammer sein.*» Mathilde hat diese Zitierwut von ihrer Schwester geerbt. In jedem Brief, den sie mir schreibt, fügt sie einen Zeitungsausschnitt bei. Die Wände ihrer Küche waren mit kleinen, in aller Eile auf eine ausgerissene Heftseite notierten Sätzen tapeziert. «Würden die Männer von der Liebe leben, gäbe es keine Not mehr, die Soldaten wären Troubadoure» hing über dem Herd. «*Ein Stück Narcismus ist nötig für die Frau*» an der Besenschranktür. «*Wer nur nimmt, der zahlt später drauf*» auf dem Spiegel über dem Büfett. «Manche verstehen es, in Weisheit zu leben, wie der Bär, der seinen Winterschlaf hält», blieb lange gedankenschwer auf der Kühlschranktür.

Georgette beschreibt im «*Sozialistischen Erzieher*» die neuen, egalitären Beziehungen zwischen Schülern und Lehrern. Schluss mit dem autoritären Ton, dem eiskalten Respekt und den Stockschlägen. «*Statt Zwang Freiheit, statt Macht Liebe!*», schreibt sie. Fräulein Goerke verlangt nicht mehr, dass die Schüler strammstehen, wenn sie das Klassenzimmer betritt. Ein einfaches «*Guten Morgen Fräulein Goerke*» genügt ihr. Emil Rudolf Greulich ist der einzige noch lebende ehemalige Schüler der Weltlichen Schule, dessen Spur ich gefunden habe. Der alte Schriftsteller aus der DDR, ein aktiver Antifaschist und Drucker bei der kommunistischen Zeitung «Die rote Fahne», kann sich noch gut an die «beiden Fräulein vom Rheinland» erinnern: «*Fräulein Goerke war dafür, dass man das ‹Sie› abschafft zwischen Schüler und Lehrer. Ein Vorläufer der antiautoritären Erziehung. Fräulein Stromberger war eine sehr liebe Lehrerin. Fräulein Goerke war die politischste. Sie war immer die Erste auf den Barrikaden. Sie wollte die Revolution. Eine junge, resolute Frau. Sie war immer vorne weg. Sehr stürmisch, energisch. Sie hat mit ihrer Idee gelebt. Die Kinder waren begeistert von ihr.»* Fräulein Goerke starb im Jahr, als Emil Greulich seine Schriftsetzerlehre anfing: *«Diese Schule, diese Lehrer haben uns geprägt. Fräulein Goerke hat unser Selbstbewusstsein gestärkt und uns eine bestimmte Vorstellung von der Welt gegeben. Die Kinder haben sich Gedanken gemacht, was sie sein wollen. Fräulein Goerke hat uns unterstützt. Sie saß am Ende der Klassenzimmer und hat mitgefühlt.»*

Erlösung durch Kunst. Eine der großen Utopien des letzten Jahrhunderts. Manchmal führt Georgette ihre Schüler nach Berlin. Schreitet mit ihrem Trüppchen Habenichtse die Gänge der modernen Kunst ab. Heißt sie vor einem Aquarell von Paul Klee stehen bleiben. Mit erstaunten Augen starren die Kleinen auf die ineinander verschlungenen Farbstriche. Georgette befragt sie mit sanfter Stimme: «Magst du dieses Bild? Lass deine Seele sprechen!» Die Kinder prusten los. Georgette ist sich so sicher, der Funke werde überspringen, dass sie nicht merkt, wie die Kinder sich über sie lustig machen. Sie möchte, dass sie endlich *«eine andere, freie Luft*» atmen, möchte «neue Menschen» schaffen. Aber die Bengel freuen sich vor allem auf die Limonade nach der Besichtigung, die ihnen Fräulein Goerke in Aussicht gestellt hat. Sie ziehen die Menschenmengen, die in den schönen Vierteln über das Trottoir schlendern, den unförmigen Flecken Paul Klees vor.

In der Weltlichen Schule ist das Lesen von «*Schmökern*», dieser «wertlosen» Groschenromane, verboten. «*Die Weltliteratur kann auch spannend sein!*», sagt Georgette. Die *Schmöker* werden im Schulhof verbrannt. An diesem Tag wird ein großes Fest organisiert. Fräulein Goerke verteilt Jack London, Mark Twain, Melville und Edgar Allan Poe. Der Schriftsteller Walter Kolbenhoff, ehemaliger Schüler von Fräulein Goerke an der Weltlichen Schule von Adlershof, lachte als Kind über die schrulligen Methoden seiner Lehrerin. Dieser Mitbegründer der Gruppe 47 nach dem Zweiten Weltkrieg wird in seinem autobiographischen Roman «Schellingstraße 48» von Gewissensbissen geplagt, wenn er an die beiden Lehrerinnen zurückdenkt, die aus Colmar gekommen sind, um sich an diesem pädagogischen Experiment zu beteiligen: «*Was müssen diese beiden idealistischen Damen von einem Jungen wie Männe Rex und von uns anderen Proletarierkindern gedacht haben? Es gelang der einen von ihnen, sie hieß*

Fräulein Gehrke, drei Jungen, zu denen ich auch gehörte, wie eine übereifrige Missionarin zu den ‹Höheren Werten› hinzuführen. Sie schleppte uns zu Ausstellungen moderner Malerei, zum Beispiel von Kandinsky, George Grosz und Käthe Kollwitz oder wir marschierten durch die Säle des Kronprinzen-Palais ‹Unter den Linden›, blickten auf die riesigen klassischen Gemälde, verstanden nichts, und sie fragte uns voller Hoffnung: ‹Was sagt euch dieses Bild, sprecht ganz spontan, wie ist euer Eindruck?› Und wenn wir es verstanden hätten, wir hätten die Worte nicht gehabt, es auszudrücken, zudem uns auch kaum getraut, etwas zu sagen, weil es vollkommen verkehrt hätte sein können. Was wusste diese gebildete Dame von uns? Sie meinte es gut, wir fühlten es, aber es trennten uns Abgründe. Sie flehte uns an, sie mit Du anzureden. ‹Wir sind doch Kameraden!› Es ging einfach nicht.

Später, während des Kapp-Putsches, haben die Faschisten sie eingesperrt und ein paar Tage und Nächte gefoltert.

Sie hat treu und tapfer zu uns gehalten, sie hat ihnen auf ihre unflätigen Fragen mutig und stolz geantwortet.

Während die Soldateska die Arbeiter aus ihren Wohnungen und Verstecken holte und sechzehn von ihnen hinter ‹Wöllsteins Lustgarten› am Rande von Adlershof erschoss, hat sie zu uns gehalten. Warum konnten wir uns als Kinder nicht so gut mit ihr verstehen, wie sie es so heiß wünschte?»

Georgette lebt im goldenen Zeitalter des siegessicheren Sozialismus. Es ist noch vor der anderen großen Katastrophe des Jahrhunderts. In den Straßen von Adlershof verleiht Kandinsky den Seelen keine Schwingen. Man ist damit beschäftigt, wie man sich satt essen und schlafen kann, ohne in dem überbevölkerten Bett erdrückt zu werden. Man hat Angst vor Krankheiten, Epidemien, Unterernährung, Arbeitslosigkeit. Während Fräulein Goerke ihre Schüler in die abstrakte Kunst einführt, versucht der Direktor der Weltlichen Schule die Flöhe und Läuse zu vertreiben. Walter Kolbenhoff entzaubert Georgettes Illusionen: *«Die meisten Arbeiterkinder in unserer Schule waren nicht so, dass sie von einer strahlenden Welt und dem Zeichen des Sozialismus träumten, dazu war die Welt viel zu hart. Schon das Wort Sozialismus war viel zu schwierig, und sie hätten sich geschämt, von ihren Träumen zu sprechen, soweit sie überhaupt welche hatten.»* Georgette kannte diese andere Welt aus den Büchern Zolas, die sie, in einen samtenen Fauteuil im Wohnzimmer ihrer Eltern geschmiegt, im zweiten Stock eines Mietshauses in einer wohlhabenden Kleinstadt am anderen Ende des Reiches las. Georgette fällt auf mit ihren gutgeschnittenen Röcken und den feinen Manieren. *«Mein geliebtes Kleines»*, schreibt sie an Mathilde, die ihr Fotos von der Colmarer Familie geschickt hat, «*wie ich mich an den Bildchen freue. Sie sind ganz famos. Ich zeige sie allen Leuten, ob sie sie sehen wollen oder nicht. Sie müssen ganz einfach. Alle finden Papa sehr chic, Dich elegant. So einem Schulmeisterlein wie mir trauen sie das gar nicht zu.*» Georgette weiß, dass die Welt von Adlershof nie die ihre sein wird.

Georgette sanft eingeschlafen

Es war Isebies, die es Karl Georg und Mathilde mitteilte. Zwei Telegramme folgten dicht aufeinander.

«Berlin 10.35. Georgette erkrankt. Luise.»

«Berlin. Georgette sanft eingeschlafen. Luise.»

Meine Großmutter hat sich nie von ihnen getrennt. Als sie beim Ordnen ihrer Papiere auf die zwei blauen Dokumente stieß, kam der ganze Kummer ungelindert wieder hoch. Ein paar wenige Wörter, in telegraphischer Einfachheit aneinandergereiht, denen man das Unheil, das sie angerichtet haben, nicht ansieht. Karl Georg legte das Telegramm auf den Küchentisch und zog sich wortlos auf sein Zimmer zurück, genauso wie bei Adèles Tod. Einen langen Augenblick wagte Mathilde nicht, sich dem Telegramm zu nähern. Hatte nicht die Kraft, die Nachricht zu lesen, deren Inhalt sie bereits ahnte. Sie blieb stehen, mitten in der Küche, getroffen von diesem neuen Schicksalsschlag, und konnte nicht weinen, konnte sich nicht auf die Fliesen fallen lassen.

Mathilde konnte nicht weinen. Sie konnte weder

unverhohlen weinen noch geradeheraus küssen. Ihre Tränen waren ein lauer Niederschlag. Ihre Küsse ein kaum wahrnehmbares Streifen von Wange gegen Wange. Ich mochte Mathildes Pseudoküsse nicht. Es fehlte ihnen an Überzeugung. Bei Marthe hingegen knatterten die Küsse nur so über meine Kinderwangen. Dutzende kleine Erschütterungen, die mich zum Lachen brachten. «Ich werde dich noch mal ersticken mit meinen Küssen», drohte sie. Ich tat, als hätte ich Angst vor ihrer unersättlichen Liebe. Und sie legte wieder los. Ich kreischte vor Freude. Mathilde konnte unsere lautstarken Ausbrüche nicht leiden. Ihre Liebe war ruhiger. Ihre Traurigkeit trocken. Sie hätte es nie gewagt, mich aufs Bett zu werfen und ihr Gesicht unter gierigem Knurren an meins zu pressen. Mathilde war eifersüchtig auf Marthe. Ihre Freundin konnte so gut mit Kindern umgehen. Aus Rache hatte Mathilde Marthe erklärt, ihre Enkelkinder würden sie mal vorziehen, wenn sie größer wären, weil sie die Intelligentere von beiden sei. Aber Marthe glaubte ihr nicht. Am Ende ihres Lebens stellte sie eine ausgeglichene Bilanz auf: «Sie haben mich genauso geliebt wie sie!» Ein einziges Mal habe ich Mathilde weinen gehört. Es war am Telefon. Bei der Geburt meines Sohnes, ihres ersten Berliner Urenkels. Meine Großmutter weinte vor

Glück. «*Ein neuer Weltbürger!*» Sie fand, einzig dieser auf Deutsch gebräuchliche Ausdruck sei dem Ereignis angemessen. Nun war sie nicht mehr die einzige Deutsche in der Familie. Ein kleiner Junge, der ihr glich, ist auf die Welt gekommen. Er hatte zwei Pässe. Dass Mathilde nicht weinte, hatte nichts mit dem puritanischen Gesetz zu tun, dass Gefühle nicht öffentlich zur Schau gestellt werden sollen. Es war eine Vorsichtsmaßnahme. Seit Georgettes Tod hielt Mathilde ihren Kummer zurück, aus Angst, er könnte sie erschlagen.

Luise schreibt an Mathilde: «*Georgette ruht auf dem kleinen Friedhof am Wald. Sie mochte ihn gern. Sie hat ein ruhiges Plätzchen in der Nähe, auf der einen Seite liegt eine Wiese, dahinter der Wald, in den eine schöne Birkenallee führt. Da liegt unser Liebes.*

Ach Tilde. Georgette, die das Leben liebte, die es umarmte. Kann das sein? Warum darf das sein? Warum hat es mich nicht genommen? Sie war in allem der größere Mensch. Denn im Grunde habe ich nur für Georgette gelebt. Sie war der Mittelpunkt und ich habe mich so in Chouchou hineingelebt, daß ich eigentlich nicht mehr ich selbst war. Und nun ist das alles anders. Wir sollen unser Liebes in unsere Liebe einhüllen und sie in unserem Herzen tragen.

Ja, das sage ich nun so. Und dabei zerreißt es einem das Herz, daß man nichts mehr für Chouchou tun kann, ihr nicht mehr zeigen kann, wie lieb man sie hat. Sie brauchte so sehr viel Liebe. Wie ein Kind. Ein süßes, bezauberndes Kind. Ein wunderbarer schöner Mensch. Liebling, konntest Du nicht bei uns bleiben?

Mein kleines Tildchen. Ich habe Dich lieb und wünsche Dir so ein schönes Glück.

Das Schwesterchen meines geliebten kranken Kindes.

Gute Nacht, Liebes.

Ich denke an Dich.

Deine Isebies.»

Karl Georg Goerke veröffentlichte keine Todesanzeige im «Elsässer Kurier». Er wollte das Risiko nicht eingehen, durch die Bekanntgabe des Todes einer in Berlin lebenden Tochter auf sich aufmerksam zu machen. Er schickte den Angehörigen und zahlreichen Freundinnen seiner Tochter eine schwarz geränderte Karte. Vorsichtshalber erwähnte Karl Georg den Todesort darauf nicht. Keine Kondolenzbesuche, keine Beerdigung, keine Tränen in der Öffentlichkeit. Mathilde und ihr Vater durchlebten eine stille, heftige Trauer in den eigenen vier Wänden. Sie konnten nicht zur Beerdigung fahren. 1924 waren Reisen nach Deutschland für «geduldete» Ausländer mit ungesichertem Status nicht gern gesehen. Und Karl Georg Goerke hatte auch nicht mehr die Mittel für zwei

Eisenbahnfahrkarten Colmar – Berlin. Luise musste das Geld für die Beerdigung und das bescheidene Grab im städtischen Friedhof am Ende der Waldstraße vorstrecken. Ein ganz einfaches Grab. Nichts Pompöses. «*Sag Du Deinem Vater, dass es endlos lange Zeit hat, bis er das Geld zurückzuzahlen braucht*», schreibt Luise an Mathilde. «*Ich wusste, dass es Dir eine fürchterliche Qual sein würde, nicht kommen zu können. Es ging wohl nicht. An solchen Tagen meint man, es müsste eben alles möglich sein, nicht wahr. Ich hätte Dich immer so gerne bei uns gehabt. Tilde, liebe Tilde, sei gut zu Deinem Vater. Bist mir nicht böse, wenn ich Dich darum bitte. Der arme Mann. Es schneidet mir ins Herz, an seinen Schmerz zu denken.*»

Alle stürzten sich eilfertig auf diesen untröstlichen Witwer, der zwei Jahre nach dem Tod seiner Frau nun auch noch seine Tochter verloren hatte. Karl Georg Goerke sah mitleiderregend aus. Augustine Réling brachte alle zwei Stunden etwas in den zweiten Stock hoch, eine warme Suppe, einen Kuchen, Blutwurst mit Äpfeln zum Abendessen. Eine Trauerfamilie, die auf ihren einfachsten Ausdruck reduziert war: ein alter, von Kummer und Sorgen gebrochener Mann und eine unglückliche Jugendliche. Henri Réling lud seinen Nachbarn zu einem Spaziergang unter Männern auf dem Champ de Mars ein. Damit ihn dieser Ausflug an der frischen Luft auf andere Gedanken brachte, hütete sich Henri Réling, den Namen Georgette auszusprechen. Mathildes Kummer wurde kaum beachtet. Die Kleine hatte noch das ganze Leben vor sich, dachte man sich in der Avenue de la Liberté, aber der Alte …

Die Todesurkunde Nummer 450 von Georgette Goerke ist auf dem Standesamt Mitte registriert, doch Georgettes Grab gibt es nicht mehr. 1933, wenige Wochen nach der Machtübernahme, lösen die Nazis die Weltlichen Schulen, diese «*Schmieden des Klassenkampfes*», auf. Sie führen «*eine gründliche Reinigung der gesamten Beamtenschaft von marxistischen Elementen durch*». Neue Lehrer, überzeugte Nazis, kommen in die Schule. Die Bibelstunden werden wieder aufgenommen, die gemischten Klassen abgeschafft. Im Hintergrund des Klassenzimmers kommt wieder der Rohrstock zum Einsatz. Es wird Rassenkunde unterrichtet. Die Größe der Nation und der *Lebensraum* werden gepredigt. Am 12. Mai 1933 werden sieben als «*politisch unzuverlässig*» eingestufte Lehrkräfte von Adlershof beurlaubt, darunter Luise Stromberger. Luise findet eine Stelle an einer evangelischen Schule von Oberschöneweide. Sie wird am 1. Februar 1944 in Rente gehen.

Dasselbe in französisch und katholisch

Am 5. Juli 1926, zwei Jahre nach Georgettes Tod, wird Mathilde durch ihre Ehe Französin. Sie heiratet Joseph Klébaur, einen alteingesessenen Elsässer, der am 26. Juli 1920 zu einem vollberechtigten französischen Staatsbürger wurde. Bis zu ihrer Hochzeit fürchtet Mathilde die Vertreibung.

Mit der Legalisierung ihrer Situation durch den Heiratsvertrag ist die Angst aber noch nicht aus der Welt geschafft. Sie nimmt nur eine weniger auffällige Form an. Macht komplizierte Umwege, um in Gestalt eigenartiger Eruptionen, plötzlicher Unmutsanfälle, deren Beweggrund wir nicht zu identifizieren vermochten, wieder an die Oberfläche zu kommen. Diese Anwandlungen von Boshaftigkeit konnten jäh die fröhliche Harmonie eines Familiensonntags zerstören. Ein kleiner Zwischenfall konnte ein unverhältnismäßiges Drama auslösen, eine Bagatelle eine bissige Reaktion provozieren. Der Zorn kam von weit her. Mathilde schien sich nicht vorstellen zu können, dass es das Schicksal gut mit ihr meinte. Sie war ständig auf der Hut, als müsste gleich ein Unglück eintreffen. Sie hatte Mühe, das einfache Glück eines Nachmittags in den Bergen zu ertragen. Marthe nannte diese stummen Wutausbrüche «Mathildes Stimmungsschwankungen», als hätte sich einfach eine Wolke vor den sonnigen Tag geschoben. Dann saß Mathilde ganz allein abseits, böse auf sich selbst und von Gewissensbissen gequält. Sie wäre so gerne wieder zu der kleinen Gemeinschaft ihrer verzweifelten Familie zurückgekehrt, als sei nichts gewesen.

Diese Giftpfeile, die keiner kommen sah, entsprangen nicht den Launen einer verwöhnten alten Dame, sondern waren eher die Nachwehen einer vertrauten, immerselben Angst. Die Demütigung, sich von einem Tag auf den anderen ohne Rechte und Status zu sehen, das Gefühl, überflüssig zu sein, die Furcht, dass es an allem fehlt, dass man sich ohne Geld und Papiere auf der Straße wiederfindet, haben meine Großmutter nie ganz verlassen. Die Geschichte hat sie zerrüttet. Mathilde hatte immer den Eindruck, ein ungesundes Geschwür im Körper dieser katholischen, französischen Familie zu sein. «Ich bin der Krebs der Familie», verkündete sie eines Tages.

«Dasselbe in französisch und katholisch», erklärte Witwe Klébaur mit eiskalter Stimme, als ihr Sohn ihr Mathilde vorstellt. Nach dem Tod ihres Mannes Louis Prosper am 1. Januar 1910 fand sich Witwe Klébaur allein an der Spitze einer großen Kinderschar und des «Geschäfts» wieder, der 1790 gegründeten Fabrik für emaillierte Leitungsrohre und Kacheln aller Art.

Dabei hat Emilie Klébaur gar keinen persönlichen Hass auf die Deutschen. Vor ihrer Heirat hatte sie in einem Modegeschäft gearbeitet, das von einem deutschen Paar geleitet wurde. Im Dezember 1918 begleitete sie ihre ehemaligen Arbeitgeber sogar zu Fuß zur Grenze bei Neubreisach. Trotzte dem hasserfüllten Geschrei der jungen Elsässer. Wischte mit dem Handschuhrücken den Schaum ihrer Spucke vom Stoff ihres Wintermantels. Stand lange winkend auf der Brücke und vergoss eine aufrichtige Träne.

Witwe Klébaur spricht genauso gut Deutsch wie Französisch. Ihre beiden Söhne haben in der Kaiserlichen Armee gedient. Louis, der ältere, ist im August 1914, in den allerersten Kriegstagen, für den Kaiser gestorben. Sie weigert sich, die Deutschen «Boches» zu nennen. Und wenn sie mit sich selbst ehrlich wäre, so hätte sie nicht den Eindruck gehabt, dass die Elsässer, wie man es kurz nach 1918 auf Schritt und Tritt hören kann, achtundvierzig Jahre nichts anderes getan haben, als Frankreich nachzutrauern und unter der deutschen Unterdrückung zu leiden. Witwe Klébaur ist vor allen Dingen eine pragmatische Geschäftsfrau. Ihr Instinkt lässt sie nie im Stich. Sie hat nach der Rückkehr zu Frankreich 1918 ihre Illusionen rasch aufgegeben. Die Franzosen haben sie enttäuscht. Sie nimmt es ihnen übel, dass sie aus Prinzip sämtliche von den Deutschen eingeführten Gesetze rückgängig gemacht haben. Ihrem kleinen Unternehmen ist es unter dem «Reichsland» gut gegangen.

Witwe Klébaur findet Deutschland moderner und effizienter als dieses jakobinische, verbeamtete Frankreich. Sie mokiert sich über die so typisch französische Zentralisierung. Sie begehrt auf gegen die rigiden Bestimmungen, die aus dem fernen Paris kamen. Die Pariser Gesetzgebung ist für die Bedürfnisse der Region schlecht geeignet. Witwe Klébaur ist der Ansicht, Paris verstehe nichts davon. Paris ist für sie eine autoritäre Gouvernante. Paris mischt sich in alles ein. Paris will nicht wahrhaben, dass sich das Elsass seit 1870 verändert hat. Paris glaubt, die Elsässer hätten all die Jahre heulend auf die Rückkehr zu Frankreich gewartet. Paris will unter die gesamte deutsche Periode einen Strich ziehen. Paris, wohin Witwe Klébaur nie einen Fuß gesetzt hat. Sie hat genug davon, stundenlang im Vorzimmer eines Büros auf eine Bewilligung aus der Hauptstadt zu warten. Sie lehnt sich auf gegen diese französischen Beamten, die von so weit hergelaufen kamen, um den Platz der vertriebenen Deutschen einzunehmen. Unter dem Vorwand, sie sprächen kein Französisch, werden die Elsässer auf niedrige Posten abgeschoben. Und die französischen Beamten erhalten eine Kolonialprämie, wenn sie ins Elsass kommen!

Witwe Klébaur versteht nicht, warum das Elsass nicht das Recht hat, sich weiterhin um die eigenen Angelegenheiten selbst zu kümmern. Sie weigert sich, ihren gesunden Menschenverstand im Namen blödsinniger nationalistischer Prinzipien auszuschalten. Der Grenzhandel erholt sich nur mühsam. Witwe Klébaur hat viele treue Kunden jenseits des Rheins verloren. Vor allem aber misstraut sie den «antiklerikalen Bestrebungen» der Laienrepublik. Frankreich droht im Elsass, das noch von Napoleons Konkordat von 1801 bestimmt ist, sogar die Trennung von Kirche und Staat einzuführen. Als 1924 das Kartell der Linken die Wahlen gewinnt und davon die Rede ist, die Gesetze von 1905 auch hierzulande einzuführen und damit die Trennung von Kirche und Staat durchzusetzen, ist Witwe

Klébaur in größter Bedrängnis. Frankreich, das ist das Land der Freimaurer und Heiden!

Als aber Joseph ihr Mathilde vorstellt, vergisst Witwe Klébaur ihre Toleranzgelübde. Das ist alles andere als eine «schöne Heirat», wozu sich ihr Sohn da anschickt. «Die Großmutter war nicht gerade begeistert. Diese Heirat hat in Colmar einen Skandal ausgelöst. ‹Klébaur heiratet eine Protestantin!›, raunte man, wenn Mutter Klébaur vorbeiging. Die Stadt sprach von nichts anderem mehr!», erinnert sich Mathildes Nichte. Witwe Klébaur hatte unter den heiratsfähigen Mädchen der alten Colmarer Familien bereits eine Auswahl getroffen. Die Töchter der Kurzwarenhandlung Schwartz gleich neben dem Haus Klébaur wären eine ganz andere Partie. Jeanne oder Marie wären doch bestens geeignet. Die beiden Familien sind eng befreundet. Paul, der Sohn des Hauses, ist Josephs Schützengrabenkamerad. Aber Joseph pfeift auf die Meinung seiner Mutter. Er will die heiraten, die er auserwählt hat. Mathilde ist schön, blond und sportlich. Sie fährt Fahrrad. Sie mag die Berge und schwimmt gerne. Joseph nennt sie «Tilde» und geniert sich auch nicht, sie in aller Öffentlichkeit mit diesem Kosenamen anzusprechen. Er ist verliebt. «Was Joseph gefiel, war Mathildes Art. Sie war die Modernste der ganzen Clique!» Marthe ist die Einzige, die sich freut. Sie bespöttelt die Überheblichkeit der Madame de Klébaurette, wie sie Mathildes hochmütige zukünftige Schwiegermutter nennt. Für Witwe Klébaur ist Mathilde eine schlechte Partie. Eine deutsche Schwiegertochter ist das eine. Aber dann auch noch eine Protestantin. Und zu allem Überfluss ist der Vater der zukünftigen Braut bettelarm. Denn jeder weiß, dass Mathilde weder Mitgift noch Aussteuer in die Ehe bringt. «Nicht einmal ein Laken aufs Ehebett hat sie!», zischen die Schwägerinnen.

Als eifersüchtige Mutter protestiert Witwe Klébaur aus Prinzip. Sie hätte gegen jedes junge Mädchen, das ihr verhätschelter einziger Sohn und Erbe nach Hause gebracht hätte, etwas einzuwenden gehabt. Bis sie am 29. Juni 1937 versehen mit den heiligen Sterbesakramenten der Kirche stirbt, wird sie jedem Fauxpas auflauern: Mathilde hat ihr nur zwei Enkeltöchter und keinen Stammhalter geschenkt. Bei jedem Besuch hebt Witwe Klébaur die Röcke der Kleinen, um zu prüfen, ob sie auch ja die Wollstrümpfe tragen, die Großmutter für sie gestrickt hat! Die Kleinen üben nicht für ihre Klavierstunde! Die Kleinen machen keinen Knicks, wenn sie ihre Großmutter begrüßen! Mathilde würde sich besser um ihren Haushalt kümmern, als am Sonntag die Vogesenpfade abzurennen! Mathilde kleidet sich höchst unschicklich! Und all diese Romane, die sie nachts im Bett liest, werden ihr noch den Kopf verdrehen! Als Mathildes älteste Tochter zur Erstkommunion geht, empört sich die Witwe: «Die Kleine ist ja gar nicht religiös erzogen worden! Sie ist ein Heidenmädchen! Sie weiß nichts vom Katechismus!» Witwe Klébaur geht vor der Arbeit jeden Morgen zur Messe, bevor sie ins Geschäft flitzt. Um keine Zeit zu verlieren, nimmt sie ihr Frühstück im Büro ein. Das Dienstmädchen Eugénie bringt ihr die Butterbrote und den Milchkaffee in einem großen Weidenkorb. Manchmal gönnt sich Mathilde insgeheim in ihrem Tagebuch einen Anflug von Ungehorsam: «Madame Witwe Klébaur», schreibt sie nach einer Wanderung auf dem Mont Sainte Odile, «findet, es sei keine Erholung für ihren Herrn Sohn, wenn er für seine Kinder und seine Frau eine Tasche tragen muss!!!??? Giftschlange!»

Witwe Klébaur hat von 1894 bis 1908 zehn Kinder zur Welt gebracht. Antoine ist bei der Geburt gestorben. Pierre und Marie Jean im frühen Kindesalter. Louis im Krieg. Er war gerade mal zwanzig Jahre alt. Außer Joseph haben nur fünf Mädchen überlebt: Maria, Madeleine, Emilie, Odile und Marguerite. In der Familie wurden sie «die Tanten» genannt. Meine Großtanten bildeten einen Rosenkranz kleiner, alter, sehr frommer Damen.

Sie glichen einander alle. Gingen stets in Schwarz. Ihre Mäntel und Röcke fielen ihnen bis auf die Knöchel. Sie hatten hohe Wangen, einen grauen Teint und Augen von stechendem Blau, die mich einschüchterten. Sie rochen im Winter nach Naphthalin und im Sommer nach Lavendel, als wären sie identisch mit dem militärisch angeordneten Inhalt ihrer großen Wäscheschränke. Wir, Mathilde und ich, konnten nicht in die Stadt gehen, ohne nicht mindestens einer von ihnen in die Arme zu laufen. Vor allem Tante Maria, die Älteste, flößte mir Angst ein. Die ehemalige Lehrerin, eine wahre Betschwester und radikal ehelos, schenkte mir jedes Mal ein Heiligenbildchen, wenn wir sie besuchten. Ihre gigantische Handtasche, die sie wie einen Schild vor dem Bauch trug, beherbergte eine Kolonie ekstatischer Madonnen und blutender Christusse. Ohne ihren Rosenkranz und ihren schwarzen Schleierhut ging sie nie aus dem Haus. Winters trug sie einen Silberfuchs um den Hals. Dieses tote, an ihre Schultern geschmiegte Tier versetzte mich in Angst und Schrecken. Je älter sie wurde, umso ähnlicher wurde Tante Maria meinem Großvater. Ihr Gesicht war von einem grauen Flaum bedeckt. Unter dem Kinn wuchs der Bart dichter. Ich mochte ihren Geruch nicht. Ich mochte es nicht, wenn sie sich über mich beugte. Sie presste ihr

Gesicht an meinen kleinen Kinderkopf und durchforschte das Innerste meiner Augen. Ein teuflisches Lächeln entstellte ihr Gesicht. Ich hatte den Eindruck, das verformte Abbild meines Großvaters zu sehen. Ihre Küsse glitschten wie Schnecken über mein Gesicht. Sobald sie ihre Umklammerung lockerte, trocknete ich meine Wange mit dem Handrücken. Mathilde konnte nur mit Mühe ein Lächeln unterdrücken. Ich bin sicher, sie freute sich über meinen Ekel.

Mathilde und Joseph haben sich wie Marthe und Gaston im Tennisclub Sports Réunis kennengelernt. Mathilde war nur dank Marthe Mitglied geworden, die für sie bürgte. Eine Deutsche durfte in keine alteingesessene Colmarer Institution eintreten. Mathilde hat nie etwas von dieser demütigenden moralischen Kaution erfahren. «Was habe ich geflirtet! Ich habe geflirtet, dass sich die Balken bogen!», erzählte Mathilde, als sie mir die Bilder vom Tennis zeigte. Marthe und Mathilde in weißen Röcken, ein Band um die Stirn, den Schläger in der Hand vor dem Netz. *«Was kost' die Welt für so zwei!»*, sagte Mathilde jedes Mal, wenn sie die Fotos ihrer blühenden Jugend betrachtete. Das junge deutsche Mädchen hatte Angst, übrig zu bleiben. «Flirten» war ein gelinder Ausdruck, um zu sagen, dass sie verzweifelt einen Mann suchte. Mathilde ist vierundzwanzig, als sie Joseph heiratet. Sie ist stolz, Marthe überholt zu haben, die erst zwei Jahre später zum Traualtar schreitet, als Gaston aus Marokko zurückkehrt.

Marthe richtet im Grand Hôtel Terminus eine große Hochzeit aus. Es gibt Vogeser Blauforellen an Sauce Mousseline, Rehkeule an Wildrahmsauce, Bresshuhn, getrüffelte Gänselebermedaillons, Eisbombe, Javanais-Kuchen, Waffeln, Petits Fours und Früchte. Getrunken werden Saint Emilion und Champagner. Monsieur Louis Borocco, ein Industrieller, sendet den glücklich Vermählten seine aufrichtige Gratulation und Glückwünsche. Henri Réling sagt ein paar schöne, eines republikanischen Lehrers würdige Sätze auf, die Augustine und Alice Tränen entlocken. Auf dem Foto aus dem Atelier Adam trägt Marthe ein kurzes Kleid und einen langen, mit Orangenblüten bestickten weißen Schleier. Sie lehnt sich vorsichtig an den medaillengespickten Oberkörper des uniformierten Leutnants Gaston Hugues. In der Hand den Säbel, weiße Handschuhe und das goldbetresste Käppi des 152. Regiments. Monsieur Adam hat eine Tafel mit azurblauem Himmel und duftigen Wölkchen hinter die Jungvermählten geschoben. Marthe und Gaston lächeln nicht. Sie wagen sich kaum zu berühren. Sie sehen aus, als wären sie ganz erschocken über das, was mit ihnen geschieht. Oberst

Charles Jordan, Offizier der Ehrenlegion, Kriegskreuz, und Henri Réling, Lehrer in Colmar, sind die Zeugen. An diesem Tag ist Mathilde eifersüchtig.

Ein paar Tage vor der Hochzeit seiner Tochter hinterlegt Karl Georg Goerke bei Notar Kubler einen handgeschriebenen Brief, in dem er erklärt, «sämtliche Möbel und Haushaltsgegenstände, die sich in meiner Wohnung, Avenue de la Liberté Nr. 6 befinden, an meine Tochter, Mathilde Goerke, zu übereignen». Um seine Tochter zu verheiraten und ihr eine Mitgift auszusetzen, gibt Karl Georg Goerke sein ganzes Hab und Gut weg. Er besitzt nichts mehr. Schlafzimmer, Speisezimmer, Boudoir, Küche und Geschirr, Gemälde und Wäsche ... Was in der Wohnung der Avenue de la Liberté übrig bleibt, wird auf 15 000 Francs geschätzt und gehört fortan dem jungen Paar. Am 2. Juli 1926 stellt Notar Kubler den Ehevertrag nach dem «gesetzlichen Güterstand der Errungenschaftsgemeinschaft» aus. Er besagt, dass «alles, was die zukünftigen Eheleute in die Ehe einbringen, und alles, was sie während ihrer Verbindung durch Erbschaft, Schenkung, Legate sowie jede andere unentgeltliche Zuwendung an beweglichen wie unbeweglichen Vermögenswerten erwerben, von dem zu verschmelzenden Gesamtvermögen ausgenommen ist». Witwe Klébaur hat vorgesorgt. Mathilde wird kein Recht auf das Unternehmen Klébaur bekommen. Eine Klausel hält fest, dass der Ehegatte Joseph Klébaur vom Vater der Braut verursachte Schulden nicht übernehmen wird.

Der Brautsegen wird im kleinsten Kreis in der Stiftskirche Saint Martin erteilt. Eine diskrete Heirat unter den engsten Angehörigen. Wenn man eine Protestantin heiratet, hängt man das nicht an die große Glocke. Nicht einmal Marthe ist eingeladen. Karl Georg Goerke ist Trauzeuge für seine Tochter Mathilde. Paul Schwartz, Josephs Schützengrabenkamerad, ist der Zeuge des Bräutigams. Das Hochzeitsessen findet in der Wohnung der Witwe Klébaur statt. Es gibt kein offizielles Bild im Fotoatelier. Tante Maria fotografiert im Wohnzimmer. Mathilde trägt einen kleinen, enganliegenden Schleier und ein kurzes Kleid. Joseph ist im Frack, die Haare sind mit Pomade nach hinten gekämmt. Sie sitzen nebeneinander auf einem kleinen Sofa. Mathilde hat Joseph ihre Hand untergeschoben. Dieses Mädchen aus dem deutschen Bildungsbürgertum heiratet den Sohn eines Kachelofenfabrikanten. Mathilde ist voll Dankbarkeit. Joseph hat den Mut gehabt, eine Deutsche zu heiraten. Er hat sie vor der Vertreibung gerettet und ihr einen ordnungsgemäßen französischen Pass verschafft. «Mit vierundzwanzig habe ich in eine der größten Colmarer Familien eingeheiratet!», sagte sie. Mathilde nennt Witwe Klébaur «Maman». Sie beugt sich sämtlichen Wünschen ihrer Schwiegermutter. Nur die Religion wechselt sie nicht. Das Bistum gewährt ihr eine Religionsdispens für gemischte Heirat. Mathilde, die Akatholika, verspricht, ihre Kinder im katholischen Glauben zu erziehen. Sie wird nie konvertieren. Nicht einmal zur ersten Kommunion ihrer Töchter: «Kannst du dir das vorstellen, ich mit fast vierzig knie mich in weißem Schleierchen und einer Wachskerze in der Hand auf einen Betstuhl nieder und wechsle die Religion, um meiner Schwiegermutter zu gefallen!» Sie war stolz auf ihre Auflehnung. Nach Josephs Tod kehrte Mathilde zum protestantischen Kultus zurück. Sang aus voller Kehle die Kirchenlieder. Sie liebte diese Ausflüge ins Verbotene. Sie fand die Protestanten viel christlicher als diese «scheinheiligen Katholen». Sie schätzte ihr soziales Engagement. Die direkte Sprache des Pastors. Die Nüchternheit ihrer Kirchen. Damit gönnte sie sich als alte Dame, die endlich frei schalten und walten konnte, eine letzte Rache.

Stammbaumwettbewerb

Als Mathilde Joseph heiratet, fühlt sich Karl Georg Goerke verlassen. Er verliert dieses ergebene Kind, das ihm den Haushalt geführt und Gesellschaft geleistet hat. Mathilde und Joseph besteigen das Motorrad und gehen auf Hochzeitsreise. Karl Georg Goerke schiebt einen großen Packen Watte in den Koffer seiner Tochter: «Für die Hochzeitsnacht.» Mathilde versteht die Anspielung erst, als im Zimmer des Hôtel de la gare et du château d'eau in Pontarlier Blut über ihre Beine läuft. «Ach, so unvergesslich ist das nicht!» Mathilde war realistisch, wenn sie an ihre Hochzeitsnacht zurückdachte. Sie schreibt ihrem Vater jeden Tag: «Die Pension und das Zimmer sind ausgezeichnet. Suppe, Vorspeise, zwei Hauptspeisen, Dessert, alles mit viel Butter. Bis heute Morgen waren wir in den Wolken, sind aber trotzdem jeden Tag rausgegangen, und ich habe mich noch nie so gut gefühlt.» Zum ersten Mal überschreitet Mathilde die Vogesen. Zum ersten Mal sieht sie das wahre Frankreich. Pontarlier begeistert sie.

Am 3. Mai 1927 bringt Mathilde ihre erste Tochter zur Welt. Während ihre Schwägerinnen an ihren gespreizten Fingern die zehn Monate abzählen, die die junge Frau und die ganze Familie mit knapper Not vor dem Skandal retten, geht Karl Georg Goerke unter den Fenstern der Klinik auf und ab. «Er war gelb wie eine Quitte», erzählte mir Mathilde. «Erst viel später habe ich verstanden, warum er solche Angst hatte. Er hatte nur noch mich. Er hatte Angst, dass ich ihm auch noch wegsterben würde.» Das junge Paar wohnt mit dem Säugling bei ihm in der Avenue de la Liberté. Jeden Morgen bricht Monsieur Goerke zu seinem Spaziergang in den Wasserturm-Park auf. Und jeden Morgen darf er eine Rose mitbringen. Die Stadtgärtner drücken ein Auge zu für diesen alten Herrn, der seine Melone lüftet zum Gruß, wenn er in der Hauptallee am Rosengarten vorbeikommt. Die Gärtner erwidern das Kompliment und zeigen mit dem Kinn auf ein scharlachrotes Beet. Monsieur Goerke bückt sich, nimmt eine Gartenschere aus der Jackentasche und schneidet sich eine rote Rose. Er hebt zum Dank noch einmal den Hut, bedächtiger diesmal, damit seine Dankbarkeit auch gut zum Ausdruck kommt. Und geht vergnügt seines Weges.

Der elegante Herr mit seinem kleinen Rassehund,

seinem Spazierstock, mit der Uhrkette, die aus seiner perfekt geschnittenen Weste hervorschaut, seinem akkurat geschnittenen grau melierten Spitzbart und seinem Oberlippenbart versteht es, die große Not, in der er sich befindet, zu verbergen. Wenn Marthe Monsieur Goerke die Hand gibt, schlägt sie die Augen nieder und deutet einen Knicks an. Monsieur Goerke tätschelt mit seinen blassgelben Handschuhen den Kopf der jungen Frau. Sonntags lädt Witwe Klébaur den alten Herrn zum Essen ein. Karl Georg Goerke erscheint stets wie aus dem Ei gepellt. Seine tadellose Aufmachung ist eine Rüstung der Würde für diesen Mann, der alles verloren hat. Monsieur Goerke spricht ein äußerst gepflegtes Französisch. Von Zeit zu Zeit, wenn die Kontrolle, mit der er seine Aussprache seit so vielen Jahren überwacht, nachlässt, klingt innerhalb eines Satzes ein Rest von Akzent an. «Er sprach ein schönes Französisch», beteuerte Marthe. Meine Großmutter wollte nicht zulassen, dass ihr schwerer elsässischer Akzent und ihr gelegentlich etwas ungenaues Französisch sie disqualifizieren sollten, um die linguistischen Kompetenzen anderer beurteilen zu können. Monsieur Goerke hat vor allem ein Ziel im Leben: Er will nicht für einen Deutschen gehalten werden. Bloß nicht auffallen. Sich integrieren. Jede Spur seines Herkunftslandes ausradieren. Von «seinem Memel» hat er nur eine kleine Schwäche für Heringe an süßer Sahne und eine verträumte Liebe für die kahlen, vom Wind gepeitschten Weiten behalten.

«In Litauen war er *Rittergutsbesitzer!* Ach, er war ein guter Typ! Er war kein Deutscher. Er kam aus Memel. Memel ist nicht deutsch. Das ist fast russisch.» In ihren allerletzten Lebensjahren zeichnete Marthe die Grenzen Europas auf ihre eigene Weise. Es hat ihr nie an Respekt vor dem Mieter im zweiten Stock gefehlt. Selbst als er tief gesunken und bettelarm war, blieb Karl Georg Goerke in ihren Augen ein «guter Typ».

Mathilde hatte ganze Arbeit geleistet. Sie hatte Marthe mit ihren Geschichten von baltischen Fürsten und napoleonischer Verwandtschaft infiltriert. Wenn sie von ihren jeweiligen Familien sprachen, plusterte Mathilde sich auf, und Marthe schwieg. Mathilde war nie in Memel gewesen. Sie kannte die andere Mathilde nicht, die Großmutter väterlicherseits, der sie ihren Namen und das intensive Blau ihrer Augen verdankte. Eine kleine Frau mit einer schwarzen Mantille auf dem Kopf, die zu Weihnachten Marzipankuchen schickte. «Meine Großmutter stellte eine ganze Gans in den Ofen, so wie ich ein Schnitzel in die Pfanne lege. Sie lebten auf großem Fuß da oben, und sie sprachen alle französisch!», erzählte Mathilde, und Marthe kam sich ganz klein vor. Plötzlich schien ihr die Apfeltarte, die ihre brave elsässische Großmutter sonntags servierte, banal.

Mathilde glänzte im Who's who der Verwandtschaft. Friedrich Goerke, der Vater Karl Georgs, hatte in Schmelz, einem Vorort von Memel am kurischen Haff, einen Holzhandel und Sägereien besessen. Bis zum Ersten Weltkrieg war Memel wichtigstes Holzhandelszentrum des Baltikums. Das kleine Memel verdrängte sogar Königsberg und Danzig. Schottische und englische Reeder kauften hier ein. Die Streichhölzer von Memel waren auf der ganzen Welt berühmt. Mathilde und Friedrich Goerke hatten elf Kinder. Meine Großmutter hatte zweiundzwanzig Cousins ersten Grades. Sie war stolz, dass zwei ihrer Onkel James und Edward hießen. Englische Vornamen waren Mode in Memel. Mathilde vergaß nie darauf hinzuweisen, dass die vier Söhne Goerke ihren Beruf auf einer Bank in Bordeaux erlernt hatten. Mathilde bewunderte die hochmütige Pose ihrer Onkel auf dem Foto aus dem Atelier Schulz auf dem Boulevard Nicolai in Riga. Fritz und James sitzen in Fauteuils an einem niedrigen Tischchen. An ihrer Seite stehen Karl Georg und Edward. Schwere Vorhänge, die kaum das Tageslicht durchlassen, vervollständigen das Dekor. Da hat Karl Georg noch pralle Wangen und den Blick voller Ambition. Er besuchte in Memel das humanistische Gymnasium. Bevor er sich in Colmar niederließ, verbrachte er mehrere Jahre in Königsberg, Riga, Bordeaux, Wien, Budapest, Mailand, Genf, Amsterdam, Brüssel und Düsseldorf.

Als Mathilde die Namen dieser großen europäischen Städte Revue passieren ließ, wurde es Marthe ganz schwindelig. Wie eng das Territorium ihrer eigenen Ahnen doch war! Es reichte gerade mal von Colmar bis zum Tal Sainte Marie aux Mines (Markirch) am Eingang der Vogesen. Marthe hatte die Partie eindeutig verloren.

Marthe schämte sich für die «Erdbeerbauern» und «*Schulmeisterle*» in ihrer Familie. Sie bat um Gnade, doch Mathilde kannte kein Erbarmen. Sie führte weitere Joker ins Feld. Zog Fritz Goerke aus der Tasche. Ihr wohlhabender Onkel war Eigentümer zweier großer Güter bei Memel gewesen. Mathilde erzählte, im Garten von Onkel Fritz sei es gewesen, dass Königin Luise Napoleon zum ersten Mal getroffen habe. Nach dem Tod seiner Frau ließ sich Onkel Fritz in Berlin nieder. Jedes Jahr im Frühling besuchte er seinen Bruder in Colmar. Dann führte ihn Karl Georg Goerke immer nach Drei Ähren, in den eleganten Luftkurort, wo sich Diplomaten, die Königin von Holland und hohe Offiziere die Klinke in die Hand gaben. «Ins Grand Hôtel, das galt damals als das schickste. Mein Vater brachte auch seine Kunden aus Le Havre oder Hannover dahin», meinte Mathilde unbedingt hinzufügen zu müssen. Bevor Mathilde ins Altersheim kam, hatten meine Großmütter die Gewohnheit, im Grand Hôtel von Drei Ähren die Spielkasse ihrer Scrabble-Partien zu verjubeln. Am Ende jedes Spiels legte die Verliererin drei Francs in eine lederne Brieftasche. Einmal im Jahr stiegen die Kamaradle im Autobus zur Kurstation hinauf. Drei Ähren hatte die Pracht der Vergangenheit längst verloren. Die Geschäftsleute und gekrönten Häupter sind von den Kurgästen der Krankenkasse abgelöst worden. Die beiden Scrabblerinnen bestellten eine Königinnenpastete, ein kleines Glas Riesling, eine Meringe und einen Kaffee. Nach dem Essen machten sie es sich an einem niedrigen Tischchen vor den breiten Glasfenstern des Salons gemütlich und nahmen ein neues Turnier in Angriff.

Mathildes größter Trumpf aber war Professor Franz Emil Goerke, Karl Georgs Cousin. Professor Goerke war ein strenger Mann mit kleinen ovalen Brillengläsern und dichtem Oberlippenbart. Meine Großmutter bewahrte ihn für den Schluss auf, diesen Vielgereisten,

Kunstfotografen und Direktor der Urania, der ersten Aktiengesellschaft für wissenschaftliche Popularisierung in Deutschland, eine angesehene kulturelle Einrichtung Berlins. Professor Goerke war ein reicher Mann, berühmt und respektiert, mit dem Königlichen Kronen-Orden 4. Klasse dekoriert. Er war von Brandenburg nach Ägypten gereist, «*um die Schönheit der Welt mit schönheitsdurstigen Augen und einem heimatstarken Herzen heimzutragen und sie dann später seinen Hörern zu übermitteln*», sagt ein Zeitungsartikel, den Mathilde aufbewahrt hat. «*Er bereiste mit Johannes Trojan die Weichsel, machte auf Einladung des Kaisers die Reise nach Jerusalem mit, an die sich eine mehrmonatige Reise nach Ägypten schloss, er nahm an den beiden Jungfernfahrten des ‹Imperators› und der ‹Vaterland› nach Amerika teil – dann kam der Krieg. Im Auto fuhr er durch seine ostpreußische Heimat zur Zeit der Schlacht bei Tannenberg und der Winterschlacht in den Masuren, dann kamen seine vielen Reisen im Zeppelin und im Flugzeug.*» Franz Goerke hatte seine Diapositive in Dresden, Rom, Wien, Paris, Brüssel an die Wand projiziert. Er hatte Kunstfotografie-Bücher veröffentlicht, deren Titel meine Großmutter ins Schwelgen brachten: «*Die Markbrandenburg in Farbenphotographie*», «*Die Festfahrt nach Jerusalem*», «*Leuchtende Stunden*». Professor Goerke war ein Feuerwerk, ein Geschenk des Himmels! Er hatte alles, um Mathilde zu gefallen. Es reichte, seinen Namen zu erwähnen, und sämtliche Minderwertigkeitskomplexe waren verflogen.

Mathildes Brüsseler Familie mütterlicherseits war ein kleines Extra außer Konkurrenz, eine letzte kleine Politur an der illustren Porträtgalerie. Marthe fand, dass die Demütigung der Linie Réling auch ohne die Intervention dieser belgischen Anwälte und Doktoren der Medizin perfekt gewesen wäre. Mathilde aber war nicht zu bremsen. Es bedurfte keiner langen genealogischen Erklärungen, um die großzügige Geburt ihrer Mutter, Adèle van Cappellen, aufzuzeigen. Es reichte, die Augen auf Malvina zu richten, die, im Format 1 Meter 30 auf 40 Zentimeter, an der Wohnzimmerwand hing. Der Beweis war erbracht. Malvina war ein Ölgemälde, das hinter einem riesigen Rahmen unter Lorbeerblättern, gotischen Zierleisten, gewundenen Rippen und vergoldeten Kanneluren fast erstickte. Malvina, Mathildes Brüsseler Großmutter, war genau ein Jahr nach der Geburt ihrer Tochter Adèle gestorben. Malvina ist eine schöne Frau mit dunklen Augen in grauem Seidenkleid mit schwarzem Spitzenschal. Malvina sieht Georgette ähnlich. Ihre hochmütige Haltung, das Plissee ihres Kleides, die einfache Tatsache, dass sie genug Geld und

Selbstachtung besaß, um einen Maler zu engagieren und stundenlang zu posieren, belegen den Aufstieg der Familie van Cappellen. Malvina rächte Mathilde für ihre soziale Deklassierung, für sämtliche Erniedrigungen, die sie jahrelang hatte hinnehmen müssen. Nicht einmal in den schwierigsten Augenblicken nach der Rückkehr zu Frankreich 1918 wäre es den Goerkes eingefallen, sich von Malvina zu trennen. Sie diente als schmeichelhafter Hintergrund für all diese Fotos von Erstkommunikantinnen, Abiturientinnen und Jungvermählten der Familie. Bevor Malvina in ihr Zimmer im Altersheim transportiert und über ihrem Bett aufgehängt wurde, ließ Mathilde einen Kostenvorschlag für eine Restaurierung erstellen. «Hierzulande hat man noch nie ein so schönes Werk vor Augen gehabt!», hatte sie dem Rahmenbauer erklärt. Dieser riet ihr von einer kostspieligen Instandsetzung ab. «Sie hält noch Jahrzehnte durch. Sie werden sehen, Madame Klébaur, sie wird Sie überleben. Sie wird Ihnen mit ihrem kleinen Fächer zuwinken, wenn Sie mal die Beine strecken werden!»

«Bei Mathilde verkehrte die große Welt!», stellte Marthe respektvoll fest. Um etwas gegen ihre Frustration zu tun, ging Marthe jeden Morgen zu ihrem Zeitungshändler und kaufte sich «Point de vue. Images du monde», die Zeitschrift der gekrönten Häupter, und drei Tafeln Suchard-Schokolade. Das war ihre wöchentliche Ration patrizischen Umgangs und süßen Naschwerks. Sie ernährte sich von blauem Blut und schwarzer Schokolade. «Diese ganzen Königsgeschichten sind Marthes Opium», lachte Mathilde leicht verächtlich. «Die Monegassen» und «die Windsors» wurden zu Marthes zweiter Familie.

Mathildes Märchen waren so schön, dass Marthe darob beinahe vergessen hätte, dass der baltische Prinz vom zweiten Stock jahrelang kaum seine Miete bezahlen konnte, während Henri Réling morgens mit der Melone auf dem Kopf seine Kohlen bestellte und abends vorbeikam, um die Summe bar auf den Tisch zu legen. Marthes Vater war erleichtert, als Karl Georg Goerke seinen Mietvertrag endlich kündigte: «Er hatte überhaupt kein Geld. Er war arm wie ein Penner», sagte Marthe. «Es hieß sogar, er habe seine Suppe im Armenheim gegessen. Er sei von der Stadt ernährt worden.» Die Stadt war für Marthe die fürsorgliche Mutter aller Notleidenden. «Benutz immer schön die Fußgängerpassagen. Wenn du dich totfahren lässt, zahlt die Stadt das Begräbnis!», riet sie mir. Bekam Karl Georg Goerke am Ende seines Lebens eine städtische Rente? Aß er mittags in der Volksküche in der Rue des Cloches? Mathilde hatte jeden Entwurf der langen Briefe aufbewahrt, die ihr verschuldeter Vater an die Bank geschickt hatte. Am 12. Januar 1937 beklagt sich Charles Georges Goerké bei seiner Colmarer Bank: «Ich bin aufrichtig empört, denn Sie kennen meine prekäre Situation und wissen, dass ich ohne eigene Schuld durch höhere Gewalt beinahe meinen ganzen Broterwerb verloren habe.» Charles Georges Goerké war entrüstet, dass seine Aufrichtigkeit in Zweifel gezogen wurde. Er, der vor dem Krieg einer der erfolgreichsten Vertreter des südlichen Reiches war, kann diese Demütigung schlecht ertragen. Er hat nie aufgehört, sich als ein Opfer der «Umstände» zu betrachten.

Als Mathilde mit ihrem zweiten Kind schwanger war, wurde es in der Avenue de la Liberté zu eng. Joseph und Mathilde ziehen in die Avenue de la République. Während einiger Monate lebt Karl Georg allein in einer kleinen Wohnung in der Nähe des Bahnhofs. Er hat Mühe, die Miete zu bezahlen. Kann sich kaum ernähren. Ohne seine Tochter ist er verloren. Joseph schlägt Mathilde vor, seinen Schwiegervater aufzunehmen.

Der alte Herr bewohnt fortan die beiden Mansardenzimmer. Meine Mutter ist es, die ihrem Großvater das Essen hinaufbringt. Sie betet diesen alten Herrn an, der ihr von den Dünen der Ostsee und von dem unter dem

Meer versteckten Bernstein erzählt. Charles Georges Goerké ist ganz gerührt über dieses sanfte kleine Mädchen. Auf dem Schreibtisch meiner Mutter stand immer ein Foto ihres Großvaters. Er drückt seine beiden Enkeltöchter an sich. Sie sitzen zu dritt auf einem großen Sofa. Charles Georges Goerké ist ein alter Mann mit melancholischen Augen. Er hat nichts mehr mit diesem jungen Geck zu tun, der mit gezwirbeltem Schnurrbart und prahlerischem Blick im Fotoatelier von Riga posiert. *«A biserl Libe und a biserl Treu und a biserl Falschheit ist alliweil dabei»*, singt der alte Herr und lässt die beiden Kleinen auf seinen Knien walzern.

Ariane

Mathilde nennt ihre erste Tochter Georgette. «Mein geliebtes kleines Mädchen», schreibt sie ins Tagebuch, das sie für ihre Tochter führt, «mögest Du glücklich sein! Alle lieben Dich, niemand hat auch nur einen schlechten Gedanken für Dich. Auf dass Du nicht unter dieser schrecklichen menschlichen Ungerechtigkeit leiden musst.» Dann notiert sie Gewicht, die ersten Zähne, den Milchschorf und die Ausschläge dieses so kostbaren kleinen Mädchens. Drei Jahre zuvor ist ihre Schwester Georgette gestorben. Mathilde trägt immer noch schwer an diesem Kummer.

Kaum ist sie volljährig, flieht meine Tante das «so provinzielle» Elsass und zieht nach Paris. In aller Heimlichkeit packt sie ihre Koffer. Steigt ohne Einwilligung ihres Vaters in den Zug, um das mondäne Paris zu erobern. Als sie in ihrem Dienstmädchenzimmer eingerichtet ist, entledigt sie sich als Erstes ihres Vornamens, den sie «plouc», hinterwäldlerisch, findet. Als sie dieses Adjektiv, schwer und scharf wie eine Guillotine, fallen ließ, war allen klar, dass es keinen Sinn hatte, sie davon abbringen zu wollen. Seit dem Tag ihres 21. Geburtstages will Georgette Ariane genannt werden. Ein affektierter Vorname, der gut zu ihrem neuen Françoise-Sagan-Look passt. Ariane hat einen porzellanfarbenen Teint, ganz kurz geschnittene, platinblonde Haare und eine Zigarette im Winkel ihres karminroten Mundes. Ihre Brauen sind über den Augen zu zwei gleichmäßigen Flügeln gezupft. Sie trägt weite, taillierte Röcke und enganliegende Oberteile mit winzigen Trägern und Pfennigabsätze. Arianes Hüften, Taille und Brüste respektieren auf den Millimeter genau die Maße für weibliche Formen, die Hollywoods Filmsternchen vorgeben. Mit Entsetzen sehen sich die Tanten diese Allüren eines gefallenen Mädchens an. Maria wittert die leibliche Sünde im Schlepptau ihrer Pariser Nichte.

Nach ein paar Jahren undankbarer Kleinjobs eröffnet Ariane in der Rue Dauphine ein kleines Modeatelier. Sie beliefert die begüterten Kundinnen der schönen Viertel mit getupften Popelineröcken und vorne zugeknöpften Hemdblusen mit Bubikragen. Da ihre Tochter nie eine Nadel richtig in der Hand halten konnte, bittet Mathilde ihre Schneiderin, ihr in aller Diskretion ein gefälschtes Schneiderinnenzertifikat auszustellen. Ariane hat Geschmack. Ihre Angestellten arbeiten gut.

Die Geschäfte laufen. Meine Tante führt in der französischen Hauptstadt ein libertinäres Leben. Sie tanzt in den Jazzkellern von Saint-Germain-des-Prés, pfeift von morgens bis abends Chansons von Juliette Gréco und häuft Liebhaber an. Ariane ist schön und wird hofiert. Sie raucht, trinkt nur Tee, liest die kommunistische Zeitung «L'Humanité» und empfängt auf ihrem Balkon die Freundesclique. Cella, Jeannine und ihr Hund, zwei durchreisende Amerikaner, Arlette, Fred, Michelle, Gilbert, Kriss, Teddy und Eddy ... Freunde und Liebhaber spuken in ihren Briefen herum, die sie abends an Mathilde schreibt.

Ariane legt Wert auf ihre Unabhängigkeit. Sie schert sich nicht um die Tanten, die die Köpfe schütteln, wenn sie vorbeikommt. «Ein leichtes Mädchen!», seufzt Tante Maria. *«Min's Mamele»*, schreibt Ariane an Mathilde, «weit und breit kein Ehemann in Sicht (abgesehen von Sidney, der stets treu auf seinem Posten ist! Und Jean-Louis, der immer noch sehr verliebt ist. Es ist zu schade, dass ich schon allein, ehrlich, schon allein beim Gedanken an einen Kuss schaudere! Er ist ziemlich hartnäckig, hat mir einen schönen Gedichtband von Gérard de Nerval mit einer lobenden Widmung geschenkt. Ich habe mich zum ersten Mal mit Eddy gestritten. Heute war ich so traurig. Ich möchte, dass es zu einer Hochzeit kommt, und stelle mich so ungeschickt an. Hinterlässt so ein erster Streit Spuren? Ich habe die ganze Nacht geweint, es ist furchtbar), aber das kann ja noch werden. Ich sag es Dir noch einmal, mir wäre eine ordentliche Situation und ein hübsches Zimmer für mich allein lieber. Ich werde kämpfen, wie ich kann, um beides zu bekommen, und heirate nur, wenn ich mich geschlagen geben muss. Paris, einzig Paris hält mich, mehr als irgendjemand, und ich gebe es ihm zurück. Das weißt Du doch.»

Ariane ist Mathildes französische Tochter. In Paris vergisst Ariane ihr im «Dritten Reich» unter Zwang erlerntes Deutsch. Sie erzählt Eddy und Cella nicht, dass sie wie alle jungen Mädchen ihres Alters im Elsass im Bund Deutscher Mädel war. Ihre Freunde wissen nichts über die Vergangenheit ihrer Mutter. Anfang der fünfziger Jahre war der Krieg noch zu nahe. Hängen die Elsässer nicht noch immer an ihren alten Nazi-Herren, fragen Arianes Freunde? Wie weit sind ihre Kompromisse gegangen? Ariane hat in Paris Leben und Namen geändert. Sie gerät in schreckliche Wut, wenn Joseph, der nichts von dieser «Laune» versteht, seine Tochter weiterhin hartnäckig Georgette nennt. Joseph sorgt sich vor allen Dingen um die Jungfräulichkeit seiner Tochter. «Ariane» lässt das Schlimmste befürchten.

Dieser Vorname riecht geradezu nach Laster. So heißt kein Mädchen, das in eine anständige Colmarer Familie einheiratet. «*Ariane, a Pfeffnama. Was soll dann das!*», brüllt er. Und vor seinem Kopf ziehen die Soldatenphantasmen vorbei: die kleinen Frauen von Paris, der French-Cancan, die Kokotten des Moulin-Rouge im Petticoat. Als seine Tochter zum ersten Mal nach Colmar zurückkehrt, will er sie zum Arzt zerren, um sich ein Jungfräulichkeitszertifikat ausstellen zu lassen. «Aber so lass sie doch!», fleht Mathilde. Sie kann die Fluchtträume ihrer Tochter nur allzu gut verstehen. Und doch ist meine Großmutter verletzt, dass ihre Älteste einen Vornamen, der ihr so viel bedeutet, bei der ersten Gelegenheit abstreift. Nach ein paar Monaten Kleinkrieg einigt man sich auf «Poupette», Püppchen. Ein Kompromiss, der Ariane lächerlich macht, dafür aber Joseph beruhigt. Dank dieses Spitznamens bleibt die Ausreißerin auf immer ein unschuldiges kleines Mädchen. Der Schein ist gerettet. Noch mit fünfzig war meine Tante, wenn sie ihre Eltern besuchte, Poupette.

Der Vorname Georgette passt tatsächlich überhaupt nicht zu Ariane. Die Diva meiner Kindheit mit ihren malvenfarbenen Augen holte mich im Jaguar und in Begleitung eines «Onkels», der selten derselbe war, von der Schule ab. Wenn Ariane im Elsass aufkreuzte, ging ein wilder Wind durchs Haus. Ariane bestand darauf, dass ihr schwarzer Pudel namens Kookie am Familientisch mitaß. Kookies Stuhl stand etwas vorgerückt neben meinem. Wir beäugten uns feindselig. Ariane brachte stets ihre silberne Teekanne und ihren Chinatee mit. Sie fand die Elsässer Töpferware ihrer Schwester klobig. Der Rübenzucker wurde durch Würfelrohrzucker ersetzt. Auf einmal gehörten Zucchini, Safran und Thymiantee auf den Speiseplan. Die Unterhaltung war ein ständiger Hochseilakt, denn wehe, man stolperte über Namen wie Malraux, Paul Morand oder Vasarely. Der Onkel gab meiner Mutter ätherische Handküsse, die sich genierte, weil ihre Finger nach den Zwiebeln rochen, die sie fürs Mittagessen geschnitten hatte. Und dann packte Ariane ihre Teekanne, ihren Liebhaber und ihre feinsinnigen Gespräche wieder ein. Stieg in den Jaguar und preschte nach Paris zurück.

Wir atmeten wieder durch in unserer Provinz. Ariane, die «Pariserin», hatte ihre elsässische Identität abgeworfen. Sie hasste diesen Rest Akzent, der ihr, wenn sie sich aufregte, schwer auf der Zunge lag. Das Elsass war rückständig und schwerfällig, plouc eben. Die Elsässer galten lange als etwas zweifelhafte Franzosen, beinahe als Boches. Auf jeden Fall als grobschlächtige Provinzler, die sich im Land der Störche von Sauerkraut und Bier ernährten. Ariane hasste diese pittoreske Beschreibung. Für die Pariser Onkel war das Elsass ein ungerader Flicken, der dem ebenmäßigen Stoff Frankreich aufgenäht worden war. «Die Elsässer sind Deutsche, die sich als Franzosen verkleidet haben!», sagt eine Redensart, die Ariane nicht ausstehen konnte. Das Elsass hatte nichts zu tun mit dem Pariser Chic, den sie zum Atmen brauchte. Erst als sie die sechzig überschritten hatte, rehabilitierte meine Tante die Heimat ihrer Mutter und ihre elsässische Kindheit. Ariane wurde Stammgast im Goethe-Institut. Sie verpasste keinen einzigen Vortrag, verbrachte Stunden in der Bibliothek, spickte ihre Briefe mit Zitaten von Kleist und Goethe. «Das Deutsche kommt wieder hoch», sagte sie ganz ergriffen.

Und doch gab es zwischen den beiden Georgettes eine Familienähnlichkeit. Ariane teilte mit Mathildes Berliner Schwester ein mächtiges Verlangen, die Welt zu verändern. Sie aber setzte sich weder für die laizistische Schule noch für den Aufstieg des Proletariats ein. Arianes Mission, das war die Befreiung des Körpers: Sie kämpfte für das Recht auf oben ohne an den Stränden von Saint Tropez und auf Abtreibung. Wenn sie von den «Engelmacherinnen» anfing, dachte ich immer, sie wolle uns ein Märchen erzählen. Aber meine Großmütter schauten mich schräg an. Schickten mich in den Garten zum Spielen. Da verstand ich, dass das Gespräch sich auf bedrohliche Pfade begeben würde.

Im Sommer verbrachte ich meine Ferien mit Ariane in Saint Tropez. Ich sah auf dem zierlichen Körper meiner Tante sämtliche Moden defilieren: den Bikini aus Liberty-Stoff, die kleine blaue Handtasche der Boutique Chose, die rosa Bermuda-Shorts, den Pareo, das Kettchen um die Taille, eine Kompression von César als Anhänger, den Bikini-BH in Dreiecksform, den BH mit Träger um den Hals, den BH mit großem Plastikring zwischen den Schalen und zu guter Letzt: den Monokini. Ariane bettete ihre goldenen Brüste neben meinem flachen Jungmädchenkörper auf ihre Strandmatratze. Wenn wir unter der Strohhütte der Strandbar zu Mittag aßen, baumelte vor meinen Augen eine Reihe Brüste über die Teller hinweg. Während Gérard, der Kellner des Voile Rouge, Kettchen mit Namensplakette am Handgelenk und Haare bis in den Nacken, mit Ariane flirtete, stellte ich fest, dass die Brustwarzen dieser Damen dieselbe Farbe hatten wie die Bolognese meiner Spaghetti. Und ausgerechnet Ariane, die Verfechterin der Barbusigkeit, die den Brüsten die warme Luft des Mittelmeers gönnte, griff zum Telefon und tadelte ihre Schwester, als ich eines Sommers mit meinem ersten BH ankam, so einem weißen Gerät mit Bügeln und breiten Trägern, das meine Mutter bei einem seriösen Miederwarenhändler in der Rue de la Première Armée in Straßburg gekauft hatte, um meine entstehenden Rundungen unterzubringen. «Wie kannst du einem so kleinen Mädchen bloß einen solchen Maulkorb verpassen, Yvette!», schimpfte sie. Wir sprangen in ihren Fiat 500. Zu meinen Füßen lag Kookie und legte den Kopf auf meine Knie. Ich spürte seinen feuchten Atem auf den Beinen. Ariane brachte mich in die schickste Boutique für Dessous der Stadt. Ich kehrte mit einem violetten Spitzen-BH, bestickt mit einem seidenen Gänseblümchen, ins Elsass zurück.

Eines Morgens, einige Zeit nach Mathildes Tod, bekam ich in Berlin einen Anruf von der Verwaltung der Luxusresidenz, in der Ariane lebte. Man wollte mich warnen. Meine Tante spazierte im Nachthemd durch die Parkalleen. Sie schwebte – «leichtes Mädchen» – einer Sylphe gleich zwischen dem Lorbeerwäldchen und den Lavendelbeeten umher. Sie verirrte sich und ließ die Tür zu ihrer Wohnung weit offen stehen. Ariane hatte als einzige Gesellschaft die herumstreunenden Katzen, die sie am Fuß des Gebäudes fütterte. Nachts warfen sie unter fürchterlichem Krach die Mülltonnen um und strichen auf den Balkonen herum. Es hieß, Ariane esse rohe Ravioli. Sie wurde auch dabei überrascht, wie sie in ihrem Müllschlucker herumstocherte. Und niemand hat herausgefunden, ob die Schalenstücke, die sie ihm entnahm, für ihr eigenes Mittagessen oder für die Katzen bestimmt waren, die unter ihren Fenstern miauten.

Ariane erinnerte sich an nichts mehr. «Maman ist gegangen», sagte sie mit der dünnen, durchdringenden Stimme eines erschreckten Kindes, das nicht fassen kann, dass seine Mutter ohne sie auf eine so lange Reise gegangen ist. Innerhalb weniger Wochen nach dem Tod von Mathilde ist sie der senilen Demenz verfallen. Die kurzen lichten Momente wurden immer weniger und blieben schließlich ganz aus. Meine Tante hatte beschlossen, in einer ewigen Gegenwart zu leben. Sie hatte sich in eine hermetische Welt zurückgezogen, in der ihr glanzvolles Leben keine Spuren hinterlassen hatte.

Die Behördenpost, die ich aus dem Altersheim bekam, in das wir sie gebracht haben, war auf den Vornamen Georgette ausgestellt. Ariane existierte nicht mehr.

Allein

Ein sportliches Paar. So wurden Mathilde und Joseph in der Familie charakterisiert. Man achtete sorgfältig darauf, den Akzent auf das Verbindende zwischen den beiden zu setzen, die auf den ersten Blick doch schlecht zueinander passten. «Joseph hat nicht Mathildes Bildung. Er ist ein Mann der Tat», sagten die Tanten.

Joseph hat einen athletischen Körper. Die männliche Schönheit meines Großvaters macht seine mangelnde Leidenschaft für die schöne Literatur wett. Mathilde und Joseph bilden ein stummes Paar. Die gemeinsamen körperlichen Unternehmungen erlauben es ihnen, ohne Worte auszukommen. Wenn sie zu zweit in der Küche den Teig des Kugelhopfs kneten, wenn sie auf Skiern die Vogesenhänge hinunterkurven, wenn sie sich im Sommer die Rucksäcke aufschnallen und die Kinder an die Hand nehmen, dann vergessen Mathilde und Joseph, dass sie nicht miteinander reden können, und sind beinahe glücklich. In den Fotoalben wimmelt es von über die Knöchel gerollten Socken, Knickerbockern und Wanderschuhen. Ihre Töchter tragen Dirndl. Joseph Golfhosen in Tweed. Mathilde und Joseph strahlend vor einem Kruzifix am Wegrand. Sie wandern Seite an Seite an Kuhherden vorbei. Wenn sie einen Bach überqueren, stützt sich Mathilde auf Josephs ausgestreckten Arm.

Mathilde ist Joseph dankbar, dass er ihr die französische Staatsbürgerschaft und materielle Sicherheit gegeben hat. Aber sie nimmt es ihm übel, dass er ihr nicht das vornehme Leben bieten kann, von dem sie träumt. Mathilde hält ihre trübe Stimmung in kleinen Heften fest. «Heute bin ich es leid», schreibt sie 1937. «Wie schwer das Leben doch ist! Liebe Nacht, nimm mich in Deine Arme! Drück meinen Kopf an Dich wie eine Mutter, die all die traurigen und hässlichen Dinge vor ihrem Kind verstecken will.» Sie fühlt sich «auf der Erde überflüssig. Was tun? Wohin gehen?» Sie versteht nicht, wovor ihr Mann flüchtet. Einzig die Ausflüge in die Vogesen besänftigen sie. Abends nach der Rückkehr beeilt sich Mathilde, dieses vorübergehende Glück festzuhalten, aus Angst, es könnte sich für immer verflüchtigen: «Mont Sainte Odile über Klingenthal. Sehr weit. Abstieg über Ottrott kürzer. Wir sind glückliche Menschen!» Aber Joseph glänzt an den Familiensonntagen oft durch Abwesenheit. Mathilde verargt es ihm. «Mit den Kindern im strömenden Regen in Trois Châteaux. Allein», schreibt sie. Das Adjektiv ist mit Bleistift hinzugefügt worden. Mathilde ist jeden Sonntag allein. Joseph ist im Café Central. Eines Herbstsonntags schreibt Mathilde in großer wütender Schrift: «Allein allein allein allein allein allein!!» Auf der letzten Seite ist das schräg über jeden Sonntag geschriebene Wort «allein» durchgestrichen. Mathilde hatte es aus Gewohnheit bereits im Voraus notiert. Joseph hat im letzten Moment die Meinung geändert. Er wollte an jenem Tag lieber zu Hause bleiben. Einige Tage später notiert Mathilde in einen kleinen Kalender aus weinrotem Leder: «Was ich in Paris gerne sehen möchte. Frankreich, das wahre Frankreich. Ein Stück von Molière. Rodins Atelier, den Berg Sainte Geneviève. Den Louvre am Abend! Die Statuen von Germain Pilon und die Gemälde von Renoir. Cézanne, den ich so liebe. Le Bourget, das heißt die Flugzeuge.» Auf der gegenüberliegenden Seite hat Mathilde die Anweisungen zu einer Übung für die Brustmuskeln abgeschrieben: «Die beiden Hände fest gegeneinanderpressen. Die Ellenbogen heben und senken, ohne die Finger zu bewegen.» Darunter das Singer-Schnittmuster für eine neue Bluse: «Den Brustumfang an der stärksten Stelle messen.» Die Reise nach Paris gehört zu den guten Vorsätzen dieses schwierigen Jahres, genauso wie die Gymnastik und die Näharbeiten. Die Karte des Kalenders zeigt Frankreich von 1937, seine Präfekturen und sein Kolonialreich. Um Paris hat Mathilde einen Bleistiftkringel gezogen.

Mathilde hat zu viele Romane gelesen. Sie hatte sich die Liebe anders vorgestellt. Etwas spannender als wochentags die Geschäfte und sonntags die Schwiegerfamilie. Ritterlicher als die schweigenden Abendessen zu zweit im Speisezimmer. Fröhlicher, verrückter, umwerfender. Die Liebe hätte etwas mehr von diesen fiebrigen Schwüren haben sollen, die ihr die Kindheitsfreundinnen in ihrer schönsten Schrift ins Poesiealbum geschrieben haben. Gertrud, Hedwig, Lili und Maria gelobten Mathilde ewige Treue, versprachen ihr ein Herz wie Kohlen so glühend, Arme voller duftender roter Rosen, Sonnenuntergänge und sternenübersäte Himmel. Liebesbriefe im Frühling und laue Nächte unter Apfelbäumen im Sommer. *«Je reiner und edler Deine Seele ist, desto inniger wirst Du geliebt werden und je mehr Du innern Wert und innere Kraft besitzest, desto mehr kannst Du lieben»*, schreibt Rola. Mathilde hatte sich betäuben lassen. Waren diese Erklärungen nicht viel verführerischer als die Wirklichkeit? Sie wusste, wie die Liebe auszusehen hatte. Und die Liebe mit Joseph, das war nicht ganz das Wahre. Nie setzte Joseph sie in Erstaunen. Noch nie hat Joseph solche Worte geschrieben. Er verstand nichts davon. Die Ansprüche seiner Frau machten meinem Großvater Angst. Dabei war er durchaus guten Willens, wenn er abends mit einem Nelkenbouquet und einer Schachtel Schokoladen-Eclairs nach Hause kam. Er gab sich Mühe. Aber er wusste die solide Zuneigung, die er seiner Frau entgegenbrachte, nicht mit Schnörkeleien zu versehen. Am liebsten hätte er gelacht, als Mathilde ihm diese glühenden Verse deklamierte:

«Frau Königin, die Liebe wacht,
Ich bring zwei weiße Pferde,
Wir reiten still die ganze Nacht
Über die blühende Erde.»

Joseph hat nichts von einem Ritter aus der Legende, wenn er mittags, die Hosenbeine voller Kachelstaub, zum Essen nach Hause kommt. Er hat den Blick über den Teller gesenkt. Mathilde mustert ihn. Er spricht von den neuesten Bestellungen im Geschäft, von der Lieferung eines Ofens auf einen Bauernhof im Münstertal. Sie dürfen Marguerites Geburtstag nächste

Woche nicht vergessen. Maria ist über das Trottoir gestrauchelt und hat sich den Fuß verstaucht, und der Lastwagen hustet wie ein Tuberkulosekranker. Joseph wird ihn nach der Arbeit zum Mechaniker bringen. Könnte etwas später werden. Sie soll nicht mit dem Essen auf ihn warten. Mathilde nimmt die Anweisungen mit abwesendem Blick entgegen. Wacht darüber, dass zwischen dem Cervelatsalat und dem Kasseler mit Bratkartoffeln keine Pausen entstehen. Wenn sie sich zum Spülen in die Küche zurückzieht, beglückwünscht sie sich zu dieser perfekten Choreographie. Joseph war immer von Frauen umgeben gewesen: erst von einer dominierenden Mutter und fünf eifersüchtigen Schwestern, dann von einer Frau und zwei Töchtern. Und doch bleiben die Frauen für ihn Gestirne, die in einem anderen Universum kreisen. Dabei hat die weibliche Launenhaftigkeit von Mathilde wenig zu tun mit dem kräftigen, gesunden Menschenverstand der Witwe Klébaur. «Du bist unvernünftig, Mathilde», sagt Joseph manchmal mit sanfter Stimme. Und macht sich davon ins Central.

Der Zweite Weltkrieg erlaubt Joseph einen kurzen Abstecher ins Territorium der Verliebten, zu dem Mathilde die Grenzen genau abgesteckt hat. Als 1939 der Krieg ausbricht, wird Joseph als französischer Soldat in die Verbindungsstation von Colmar bestimmt. Der «drôle de guerre», der Sitzkrieg, beschert Mathilde und Joseph einen Liebesfrühling. Es geschieht nichts. Brigadier Joseph Klébaur langweilt sich. Mathilde und ihre Töchter sind ins Münstertal geflohen. «Oh, chéri», schreibt Mathilde nach einem Besuch Josephs. «Ich bin so glücklich, dass Du gekommen bist. Ich fühle mich viel stärker seither. Ich wusste gar nicht, dass ein Mann eine solche Stütze für eine Frau sein kann. Ich war so selbstsicher, vorher! Chéri, das wird doch hoffentlich nicht lange dauern.» – «Ich bin jetzt ruhiger, da ich Euch in Sicherheit weiß», antwortet Joseph. «Ich möchte gerne, dass dieser Krieg aufhört. Hier passiert nichts Ungewöhnliches. Es ist alles ruhig. Sei mutig. Man darf sich nicht gehenlassen. Alles wird gut. Ich umarme Euch von ganzem Herzen, meine lieben Kinder, nur Mut.» Dieser neue Krieg macht meine Großmutter ganz kopflos. Sie hat so stark unter dem ersten gelitten. Wieder kämpfen Deutsche gegen Franzosen. Das Land ihres Vaters gegen das Land ihres Mannes. Mathilde ist zerrissen. Der bevorstehende Einmarsch der Deutschen bringt sie durcheinander. Sie hat Angst, dass alles wieder von vorne losgeht. Ihr Vater und sie sind eben erst Franzosen geworden. Sie fühlt sich so zerbrechlich mit ihren beiden Töchtern allein in Münster. Gasmasken werden verteilt. Joseph ist weit. Mathilde ist beunruhigt, aber gleichzeitig fühlt sie sich von der Gefahr angeregt. Endlich bekommt das Leben einen Geschmack von Abenteuer. Mathilde betrachtet ihren «Mann» mit anderen Augen, trifft sich mit ihm auf eine Nacht: «Chéri, ich möchte gerne kommen morgen. Am Abend! Wenn ich ein Auto finden könnte ... Aber warte nicht auf mich. Ich frage mich, was in der Welt vor sich geht. Hier weiß niemand Bescheid. Die Leute sind so ruhig. Küss mich. Du küsst so gut.» Nach dem Einmarsch der Deutschen im Jahr 1940 wird Joseph demobilisiert. Am 25. August 1942 jedoch beschließt Gauleiter Robert Wagner, gefürchteter Chef der Zivilbehörde in Baden-Elsass, per Dekret die erzwungene Eingliederung der Elsässer in die Naziarmeen. Das Dritte Reich braucht an der Ostfront frische Truppen und hofft, dass die deutsche Uniform die Elsässer zu echten Nazis machen wird. Dieses Dekret ist eine Verletzung des Waffenstillstandsabkommens, das im Juni 1940 mit Frankreich unterzeichnet worden ist, und der Haager Konvention, die es einer Besatzungsmacht untersagen, die Bevölkerung des besetzten Gebietes einzuberufen. Die Einziehung der «Malgré-nous», wie die Elsässer genannt werden, die gegen ihren Willen einberufen werden, ist ein illegaler Akt.

Diejenigen, die sich weigern, werden hart bestraft. Ihre Familien haben mit Repressalien zu rechnen. Nicht selten werden sie zum Tod verurteilt. Mein Großvater ist zu alt, um «Malgré-nous» zu werden. Er nimmt seine Arbeit wieder auf. Das Leben von Mathilde und Joseph geht wieder seinen gewohnten Gang.

Mathilde bewahrt in ihrem Sekretär die glutroten Briefe eines französischen Verehrers auf. Marthe dient ein paar Jahre lang als Postbote. Wenn ein Brief des «Verehrers» in der Avenue de la Liberté eintraf, stürzt Marthe zu ihrer Freundin. Diese heimliche Mission, die Mathilde ihr anvertraut, erinnert Marthe an die Frauen von Tours, denen bei Kriegsende die Köpfe geschoren wurden, weil sie deutsche Liebhaber hatten. Sie scheint für diese Rolle prädestiniert zu sein: den Briefträger für die Liebe der anderen zu spielen. Alice missbilligt die Vermittlerrolle ihrer Schwester. Sie betitelt den Briefeschreiber mit «joli cœur». Ein auf den ersten Blick sehr zärtlicher Ausdruck. Doch Alices Stimme ist voller Verachtung. Ein «joli cœur» verletzt das Privateigentum der Ehemänner! Ein «joli cœur» ist kein offenes, kein stolzes Herz, nicht einmal ein leidenschaftliches, sondern ist nur von sich selbst eingenommen! Dieser «Provinz-Don-Juan!», schimpft

Alice, wenn Marthe den Brief in ihre Tasche stopft und sich lachend zu Mathilde aufmacht. «Dieser Kaffeehaus-Dandy! Dieser Feuerwehrball-Verführer.» Einige Monate vor ihrem Tod wollte mir Mathilde unbedingt einen Brief ihres «joli cœur» vorlesen. Sie saß mir in Josephs großem Fauteuil gegenüber und deklamierte die in altmodischem Französisch zusammengestellten Galanterien. Ihr Verehrer spricht vom «sanften goldenen Licht des sterbenden Tages». Von der «Erinnerung an die reinsten und stärksten Freuden, die mir das Leben je gegönnt hat». «Grüße die brave Marthe schön von mir», steht als Postskriptum am Ende jedes Briefes. Mit 99 Jahren war Mathilde stolz, die Muse eines solchen Victor Hugo gewesen zu sein. Ich bin rot geworden. Ich war mir nicht ganz sicher, ob ich die geheime Leidenschaft meiner Großmutter wirklich mit ihr teilen wollte.

Im Januar 1949 kauft Joseph die Villa Primerose im südlichen Teil Colmars. *«'s Milliona Viertel»* ist das schickste Viertel der Stadt. Unter dem «Reichsland» hatten in den großen Häusern Beamte und Anwälte gelebt, das deutsche Großbürgertum. Diejenigen, die im Winter 1918 / 19 vertrieben wurden. Am Ende ihrer Straße ist das katholische Vereinshaus Saint Martin. Die Villa Primerose befindet sich in der Rue de Castelnau, die nach einem General des Ersten Weltkriegs benannt ist. Doch die Freude, Herrin eines begehrten Hauses zu sein, der Stolz, in der städtischen Hierarchie vier Stufen auf einmal aufgestiegen zu sein, ist stärker als die bösen Erinnerungen. Mathilde ist überglücklich. Joseph atmet auf. Die Villa Primerose ist 1912 erbaut worden. Sie hatte nacheinander einem reichen Bäcker, einem Obersten, einem Hauptmann der französischen Armee und schließlich Monsieur Fausto Funès gehört, einem Konsul von San Salvador. Mathilde fühlt sich ganz zu Hause. Die Geschäfte gehen gut. Mathilde und Joseph reisen quer durch Europa. In ihrem Fotoalbum weitet sich der Horizont. Es gibt Strände und Sonnenschirme, geblümte Sommerkleider. Der Turm von Pisa und die Loire-Schlösser, die Kapellbrücke von Luzern und der Gotthardpass, die Villa Carlotta und die Zypressenalleen, ein Boot auf dem Gardasee, schicke Restaurants und Vergnügungsschiffe. Zum ersten Mal fahren Mathilde und Joseph nach Paris. Mathilde ganz die Dame. Sie trägt ein schwarzes Kostüm und dunkle Strümpfe. Die Haare sind über den Schläfen zu zwei symmetrischen Bananen aufgerollt. Mathilde sieht ernst aus. Mit ihrem Baedeker bewaffnet, gleicht sie den Deutschen auf den «*Vogesenbildern*» des Elsässer Zeichners Hansi, der sich so sehr über die Deutschen lustig gemacht hat – diese langen Stangen ohne Brüste und Hintern, durchgebogen wie Stuten in ihren grobleinenen Kostümen.

Joseph steht neben seiner Frau. Es ist Mathilde, die ihren Mann für Paris eingekleidet hat. Er fühlt sich nicht wohl mit seiner großkarierten Krawatte und der kleinen Sonnenbrille. Man sieht, dass er vor der Abfahrt noch zum Friseur gegangen ist. Mathilde führt ihn in den Louvre, auf die großen Boulevards und nach Versailles. Joseph hat seine Frau auf der Brüstung einer Seinebrücke abgelichtet, aufrecht wie ein Pfeil vor dem Arc de Triomphe, bei den Bouquinisten und beim Schreiben einer Postkarte auf dem kleingewürfelten Tischtuch eines Restaurants. Mathilde hat ihren Mann von einem Ende der Stadt zum anderen gelotst. Joseph ist ein gefügiger Begleiter. Die Begeisterung seiner Frau überfordert ihn. Doch er ist froh, dass es ihr hier gefällt.

Später, als die Mädchen aus dem Haus waren, wird die Stille noch drückender. Die Ankunft des Fernsehers befreit Mathilde und Joseph ein für alle Mal von ihren langen gemeinsamen Abenden. Joseph stellt den Apparat auf einen Beistelltisch mitten im Wohnzimmer. Er behandelt den Fernseher wie einen wichtigen Gast, dem man den besten Stuhl anbietet. Mathilde setzt durch, dass die Sprecherinnen des großen Loewe nicht die Abendmahlzeiten mit ihnen teilen. Über dieses Prinzip lässt sie nicht mit sich reden. Da ist ihr das leise Schmatzen ihres Ehemannes lieber als das affektierte Getue der Blondinen auf dem Bildschirm. Mit der Regelmäßigkeit eines Metronoms fällt Josephs Gebiss klappernd auf seinen Gaumen. Dieses Gerät scheint erfunden worden zu sein, um den Takt der nicht endenden Minuten zu schlagen. Nach dem Abendessen zieht sich Joseph in seinen Lederfauteuil zurück, der ihn vor den Fragen seiner Frau schützt. «Einen Kaffee?», fragt Mathilde. Joseph deutet mit dem Kopf ein nachlässiges «ja» an. Allwissende Wesen, die über alles Bescheid wissen, bevölkern den Salon meiner Großeltern. «Sie» haben gesagt, es regne morgen. «Sie» haben eine Steuererhöhung angekündigt. Josephs gleichgültige Stimme hält Mathilde auf dem Laufenden, wenn sie vorbeigeht, um den Tisch zu decken. Mathilde bleibt vor dem Bildschirm stehen, wenn «sie» Nachrichten aus Deutschland verkünden. Als ein französischer Präsident vor einem Bündel Flaggen einem deutschen Kanzler kräftig die Hand schüttelt, ist Mathildes Kehle wie zugeschnürt. Sie kann nicht recht an diese große Versöhnung zwischen Frankreich und Deutschland glauben. Plötzlich passiert man die Grenze ohne Probleme. Autobusse voller deutscher Schüler kreuzen in Colmar auf. Der «Boche» ist der erste Handelspartner Frankreichs. Es ist von einer «Lokomotive» die Rede, und vom deutsch-französischen «Paar» im Herzen Europas. Die beiden Kriege scheinen vergessen und vergeben. Ein wahres Wunder. Mathilde bleibt wachsam. Drei Mal hintereinander haben sich Deutsche und Franzosen gegenseitig umgebracht. Ein solch plakativer Frieden, da muss etwas dahinterstecken. Bis zu ihrem Lebensende fürchtete Mathilde einen neuen Krieg. Es war einfach stärker als sie.

Die Villa Primerose wird von beschlipsten Männerrümpfen und vorwiegend aus Bein und samtweichen Dauerwellen bestehenden Frauen heimgesucht. Die Männer verlesen vor einem Pult die Börsenkurse von Paris und die Ergebnisse der Gehaltsverhandlungen bei Peugeot. Die Frauen, mit glatten, übereinandergeschlagenen und gut sichtbaren Beinen auf der Kante des Rattansessels, verkünden Joseph das dreigängige Menü des Abends: Spiel ohne Grenzen, Western, Nachrichten. Doch der liebste «Er» meines Großvaters, sein großer Freund, ist Léon Zitrone. Mathilde ist nicht einmal eifersüchtig auf die mediale Intimität zwischen diesem russischen Emigranten, einem Kommunismus-Flüchtling, Kommentator von Hochzeiten,

Beerdigungen und Amtseinführungen der Großen dieser Welt, von sechs Tour-de-France-Rundfahrten, acht Olympischen Spielen, von Eurovisions-Schlagerwettbewerben, Pferdetoto und sechzehn 14.-Juli-Militärparaden, und meinem elsässischen Großvater, Überlebender von 14–18, Kachelofenbauer-Meister aus der Rue Kléber in Colmar. Manchmal schneit es dicke graue Flocken über den Bildschirm, und Léon Zitrone ist gestreift wie ein Zebra. Dann springt Joseph mit einem Satz auf und stürzt ans Fenster. Rot vor Wut. Die Jungen des Viertels fahren mit ihren Mofas vor dem Haus auf und ab. «Hört sofort auf, ihr *Wackes*! Ihr stört das Bild!», schreit ihnen Joseph hinterher. Die Wackes, die Schlingel, verkrümeln sich. Léon Zitrones warmes Lächeln durchströmt von neuem den Raum. Joseph bezieht wieder Stellung im Fort seines Sessels. Und Mathilde begibt sich auf ihr Zimmer, um zu lesen. Das Deklamieren von Eisenbahnkatastrophen, Raumexpeditionen und anderer Nachrichten der Welt von außen interessiert sie nicht. Zusammengerollt in ihrem Bett, liest Mathilde Romane. Mathilde stellt auf ihrem kleinen Schlafzimmerregal seltsame Paare zusammen. Sie ordnet die Bücher nicht alphabetisch, sondern platziert Marcel Pagnol neben Heinrich Böll. Schiller lehnt sich an Molière. Colette ist die ungleiche Nachbarin von Hannah Arendt, und Racine verkehrt mit Goethe. Mathilde macht sich einen Spaß aus diesen Verbindungen der allerfranzösischsten mit den allerdeutschesten Schriftstellern.

Wenn zum Programmschluss das Testbild des ORTF aufflimmert, erhebt sich Joseph und geht hinauf. Mathilde ist eingeschlafen.

Je älter Joseph wurde, desto mehr verstummte er. Am Sonntag ist er Marthes und Mathildes Taxichauffeur. Sie fahren zu dritt in die Vogesen. Marthe sitzt vorne. Fürchtet sich vor gar nichts. Mathilde hinten, zitternd. Joseph biegt in Einbahnstraßen ein, fährt regelmäßig bei Rot über die Ampel. Eines Sonntagabends gerät er nach einem Ausflug ins Kloster Saint Marc auf die Bahnschienen. Die Barriere des Bahnübergangs beginnt sich zu senken. Der Bummelzug Türkheim–Colmar nähert sich in voller Geschwindigkeit. Joseph gelingt es mit knapper Not, seine Besatzung in Sicherheit zu bringen. Da beschließt die Familie, den Wagen zu konfiszieren. Joseph ist des Rests seiner nachlassenden Männlichkeit beraubt. Eine Gehirnanämie verschafft ihm in den letzten Lebensjahren ein Alibi für seine Stummheit. Bei unseren Familienpicknicks hat Joseph, ein freundliches Lächeln um die Lippen, die Aufgabe, die Körbe zu tragen und die Würstchen über dem Feuer zu drehen.

Mitten in der Wiese auf einer Schottendecke liest er die deutsche Ausgabe der «L'Alsace». Seine Enkelkinder toben um ihn herum. Mathilde verwandelt sich in eine ergebene Magd, eine tadellose Krankenpflegerin. Sie bringt den Kaffee, rückt die Kissen zurecht, stimmt die Besuche der Ärzte und Krankenschwestern aufeinander ab. «Fünfzig Jahre treue und ergebene Dienste in Küche, Geschäft und Bett!», konstatiert Mathilde und trommelt mit den Fingernägeln auf dem Zifferblatt der kleinen Golduhr, die Joseph ihr zu einem Hochzeitstag geschenkt hatte. Josephs Tod am 5. Juni 1972, im selben Jahr wie Maurice Chevalier und zwei Jahre nach General De Gaulle, ist eine uneingestandene Erleichterung. Léon Zitrone muss das Defilee vom 14. Juli in Zukunft ohne meinen Großvater präsentieren. Mathilde erlangt die Freiheit wieder.

Mathilde wollte unbedingt, dass mich meine Eltern Josepha nannten: «Josepha? Was haltet ihr davon? Das ist doch mal ein Vorname mit Stil!» Doch es waren gerade Catherine, Isabelle, Martine und Pascale in Mode. Meine Eltern blieben fest. Noch mal Glück gehabt. Da Mathilde also ein anderes Mittel finden musste, um das Andenken ihres Mannes zu ehren, ließ sie eine Gipsbüste von Joseph gießen. Kopf und Rumpf eines ewig jungen Mannes standen neben dem

Telefon auf der Dielenkommode. Später ließ sie die Büste, ohne jemanden nach seiner Meinung zu fragen, vergolden. Ein phosphoreszierender grüner Puder bedeckte Lider, Nasenflügel und Stirn bis zu den Haarwurzeln. Nachts sah mein Großvater aus wie ein riesiges Glühwürmchen. Mathilde ließ das Gewissen keine Ruhe. Sie nahm es sich übel, dass sie an ihrem braven Mann herumgenörgelt, ihn ständig getriezt hatte. Sie stellte ein spätes Inventar von Josephs Tugenden auf: schön, sportlich, fleißig, lieb zu seinen Töchtern und kein bisschen kleinlich. Sie bereute es ein wenig, ihn nicht so genommen zu haben, wie er war. Das Leben wäre einfacher gewesen. Aber dafür war es jetzt zu spät. Manchmal setzte Mathilde der Büste aus Spaß einen Panamahut auf den Kopf. Hängte ihre Perlenkette oder eine Girlande aus Feldblumen um Josephs muskulösen Hals. Einmal hat sie ihm ein kleines rosa Damenhütchen mit Vergissmeinnicht verpasst. Unser Großvater sah damit aus wie eine große Tunte.

Die Wackes

Es gibt ein Foto vom Stammtisch meines Großvaters im Central. Auf dem weißen Tischtuch warten die bereits leergetrunkenen Bierkrüge auf Ablösung. Acht junge Männer in Anzug-Weste-Krawatte sitzen um einen kleinen Tisch herum. Einer von ihnen ist in die Lektüre seiner Sportzeitung vertieft. Alle anderen schauen ins Objektiv. Kaum dass ein ängstliches Lächeln die Gesichter etwas aufhellt. Nur Joseph schaut schräg ins Leere. Er ist der Dritte von rechts, im grauen Filzhut. Im Hintergrund drei Kellnerinnen im schwarzen Satinkleid, die ihre Gäste mit mütterlichem Wohlwollen umsorgen. Sie allein ahnen etwas von der Zerbrechlichkeit, die sich hinter dem steifen Konformismus dieser jungen Provinzbürger verbirgt. Ein Sonntagmorgen der Zwischenkriegszeit. Die jungen Männer versammeln sich jede Woche am selben Tisch. Es sind Überlebende. Sie haben Kälte, Schlamm, Durst und Hunger, Ungeziefer und Ratten, Wundbrand und Typhus hinter sich. Die Detonationen haben ihnen das

Trommelfell zerrissen. Sie haben die Verletzten verbunden. Haben zermalmte Glieder, zu blutigem Brei verwandelte Gesichter vor sich gehabt. Haben ohnmächtig zugesehen, wie ihre Kameraden neben ihnen starben. Haben Leichen transportiert, Tote übereinandergeworfen, unkenntliche Körperreste in Tuchstoff geknüpft. Sie riechen den Gestank des faulenden Fleisches noch immer. Sie erinnern sich an das gelbliche Wasser auf dem Grund der Schützengräben, an die Erdklumpen und Eisenteile, die durch die Luft flogen. Sie haben zu Gott gebetet. Wenn sie niemand hören konnte, riefen sie nach ihrer Mutter.

1937 beklagt sich Mathilde in ihrem Bijou-Kalender das ganze Jahr über, dass ihr Mann die Sonntage im Café verbringt. «Schlechte Laune. Allein zu Hause. J. im Café.» – «J. im Café. So sieht unser Familienleben aus! Was haben wir eigentlich von all diesen Sonntagen?» Joseph ist im Café Central. Trinkt Bier. Joseph ist nicht bei seiner Frau. Nicht einmal am 5. Juli. Er hat den Hochzeitstag vergessen. Mathilde stellt das Inventar der sonntäglichen Vernachlässigungen auf. Sie versteht nicht, dass diese wöchentlichen Treffen für Joseph überlebenswichtig sind. Die kleine Kameradengemeinschaft hat ihm im Krieg geholfen, durchzuhalten. Und heute beschützt sie ihn, wenn ihn die Erinnerungen zu überwältigen drohen. Im Central brauchen diese großen, in respektable Herren verkleideten Kinder keine Worte. Sie wissen, dass sie alle nachts in ihren weichen Ehebetten manchmal ganz plötzlich von der Angst vor dem Tod eingeholt werden.

250 000 Elsass-Lothringer wurden von 1914 bis 1918 in die Kaiserliche Armee Deutschlands eingezogen. Nach Unterzeichnung des Waffenstillstands legen sie die feldgrauen Uniformen ab und gehen nach Hause. Colmar wirft sich den französischen Soldaten in die Arme. Es ist verboten, auf der Straße die deutsche Uniform zu tragen. Am 21. November 1918 wird an den Wänden des Rathauses eine Verordnung angeschlagen.

General Messimy, Stadtkommandant in Colmar, verordnet:

1. *Alle elsass-lothringischen Soldaten, welche die deutsche Uniform tragen, werden gemäß Anordnung des kommandierenden Generals der II. Armee bis auf weiteres nach Mülhausen überführt. Die französische Behörde kann nicht zulassen, dass Soldaten, welche die Kleidung der während 4 ½ Jahren bekämpften Armee tragen, sich hier frei von jeder Disziplin bewegen.*
2. *Aus Nachsicht und Wohlwollen wird ihnen indessen*

bis auf weiteres der Aufenthalt an ihrem gewöhnlichen Wohnort unter der ausdrücklichen Bedingung gestattet, dass sie sofort ihre Zivilkleidung anlegen.

3. *Die Militärpersonen, welche dieser Verordnung nicht innerhalb 48 Stunden nach erfolgtem Anschlag am Bürgermeisteramt nachkommen, werden von den französischen Militärbehörden ergriffen und ins Hauptquartier der I. D. geführt.*
4. *Alle, die deutsche Uniform tragenden Militärpersonen sind verpflichtet, am Tage und bei Nacht die französischen Offiziere zu grüßen.*
   Jeder Verstoß gegen oben genannte Vorschriften hat zur Folge: für die Militärpersonen sofortige Verhaftung und Verbringung in ein Konzentrationslager, für die Bürgermeister gerichtliche Verfolgung.

Die elsässischen Soldaten verstecken sich 1918 nicht wie 1945 die «Malgré-nous». 1914, als der Erste Weltkrieg ausbricht, sind Joseph und seine Kameraden deutsche Staatsbürger. Ihre Mobilisierung in der Kaiserlichen Armee ist legalisiert durch den Frieden von Frankfurt, den internationalen, von Frankreich anerkannten Annektierungsvertrag von 1871. Als sie nach der deutschen Niederlage in die Heimat zurückkehren, machen sie sich allerdings ganz klein. Sie haben an der

Seite dieser «Boches» gekämpft, die von der ausgelassenen Menge verhöhnt werden. Colmar feiert die französischen Soldaten, gegen die Joseph noch vor wenigen Tagen gekämpft hat. Die Siege, welche die französischen Generäle auf dem Rapp-Platz ausrufen, waren seine Niederlagen gewesen. Die deutschen Soldaten sind unter Hohngeschrei auf die andere Seite des Rheins zurückgeführt, die Offiziere öffentlich degradiert worden. Auch wenn die elsässischen Zeitungen daran erinnern, dass diese jungen Männer «von einer Regierung ohne Herz und Moral in einen Bruderkrieg hineingezogen und gezwungen wurden, gegen ihren Willen ihr Blut im Kampf gegen einen Feind zu vergießen, den sie lieben», Joseph und seine Kameraden knäueln ihre Uniformen zusammen und sehen zu, so schnell wie möglich wieder in diese Anzüge, Westen, Krawatten, gestärkten Hemden, Schnürstiefel, Panamas und Filzhüte zu schlüpfen, die sie vor den Blicken der Menge schützen. Sie kehren nach Hause, zu ihren Eltern zurück. Sie werden erwartet. Sie werden gebraucht. Das Leben soll so rasch wie möglich weitergehen. Sie machen sich sofort an die Arbeit. Ab Dezember 1918 sind die Zeitungen voller Kleinanzeigen: «Vom Felde zurück, nehme ich meine Stadt- und Landpraxis wieder auf», teilt der Arzt Victor Meng mit. «Anzeige! Ich habe die Ehre, meiner werten Kundschaft mitzuteilen, dass ich wieder bereit bin, alle Schuhreparaturen, die mir anvertraut werden, anzunehmen und mit größter Sorgfalt und Zuverlässigkeit durchzuführen», verkündet Schuhmacher Reich. Joseph kümmert sich, unter der Kontrolle seiner Mutter, wieder um die «Maison Klébaur». «Der Krieg, mein Junge», sagt Witwe Klébaur, «ist nur noch eine schlechte Erinnerung. Mach dich an die Arbeit und vergiss das alles!»

Die Grande Guerre, der große Krieg, wie der Erste Weltkrieg in Frankreich genannt wird, reduziert sich bald auf die übersichtliche Dimension eines kleinen Abenteuers, auf Heldentaten von Stubengemeinschaften, lustige Anekdoten, Geschichten um Wein, Weib und Gesang. Joseph wird zum Unterhalter der Familie. *«Du lieber Sepp»*, hatte seine Mutter vorausgesagt, als ihr Sohn an die Front ging. *«Was wirdst Du uns erzählen! In deinem ganzen Leben wirdst Du Stoff haben! Wer hätte dies geglaubt, dass Du ein solcher Kämpfer wirdst!»* Wenn er von seinem 14–18er Krieg erzählte, war mein Großvater ganz aufgeräumt. Er verdrehte die Augen zum Himmel und ließ seine breite Hand auf den Schenkel klatschen. Er gab den Spaßvogel. Der ganze Tisch lachte sich schief. Die Damen wollten noch mehr hören. Der komische Effekt der Schützengräben war garantiert. Der Krieg war eine folkloristische Episode in seinem Leben als junger Mann. Sein einziges, weit zurückliegendes Abenteuer. «Er war so lustig, dein Großvater!», erinnerte sich Marthe voller Zärtlichkeit. Joseph war ihr Verbündeter in der Familie. Sie waren beide reinblütige Elsässer. Sie waren brav und wurden ein wenig belächelt wegen ihrer mangelnden Bildung. Sie teilten sich denselben prahlerischen Humor.

Als im Gymnasium der Erste Weltkrieg auf dem Programm stand, fiel mir nicht ein, meinen Großvater zu bitten, mir dieses Kapitel aus der Geschichte zu erzählen, zu dem er einen bescheidenen Beitrag geleistet hatte. Die Schlachten gegen das blutrünstige Deutschland, die Heldentaten der «Poilus», der französischen Frontsoldaten, und des «Tigers» Clemenceau, die meine Lehrer beschrieben, hatten nichts mit ihm zu tun. Das Bildungsministerium belastete sich nicht unnötig mit unserem besonderen Schicksal: Wir Elsässer sind immer schon französisch gewesen. Dass mein Großvater auf deutscher Seite gekämpft hatte, interessierte niemanden. Unsere Geschichtslehrer übergingen schweigend diese allzu komplizierten Figuren. Vieil-Armand / Hartmannsweilerkopf, le Linge / Lingekopf, der Tête des Faux / Buchenkopf, wo sich die Schlachten des Ersten Weltkriegs abgespielt haben, waren für mich nur Stationen unserer Bergausflüge. Ich verbrachte ganze Sonntage damit, die großen Ereignisse der Dritten Republik zu wiederholen: der Panama-Skandal, die Boulangisten-Krise, die Dreyfus-Affäre, die Schaffung der laizistischen Schule und der Schulkrieg, der ihr vorausging, die Trennung von Kirche und Staat ... Weder Joseph noch Marthe oder Mathilde haben diese Momente der französischen Geschichte geteilt. Von 1870 bis 1918 waren sie Deutsche. Jules Ferry, Aristide Briand, Thiers, Jean Jaurès und Emile Zola waren mir vertrauter als Bismarck, Wilhelm II., Rosa Luxemburg oder Friedrich Ebert. Vor allem aber wusste ich nicht, wo ich meine Familie in dem Ganzen unterbringen sollte. «Für das Frankreich der Dritten Republik ist die Erwähnung der ‹verlorenen Provinzen› die patriotische Referenz schlechthin», hielt mein Geschichtsbuch lakonisch fest.

Joseph hat mir, wenn wir nebeneinander über die Höhenwege wanderten, nie von seinem Bruder Louis erzählt, der zu Beginn des Kriegs gestorben ist. Dachte er an Louis, wenn wir an den Militärfriedhöfen vorbeikamen, mit ihren kleinen weißen Kreuzen für die Franzosen und den schwarzen für die Deutschen? Er hat mir nie von den Leichen erzählt, die im Frühling mit dem Wasser wieder hochkamen. Louis, Josephs älterer

Bruder, wird gleich nach der Kriegserklärung Anfang August 1914 eingezogen. Der Infanterist Louis Klébaur dient im 143. Infanterieregiment der Basse Alsace. Er fällt am 25. August 1914 in Raon l'Etape bei den allerersten Kämpfen. Er bricht im Unterholz 70 Kilometer von Colmar zusammen. Er ist zwanzig. *«Viele hatten ihre hingebende Tapferkeit mit dem Tode bezahlt»*, schreibt der Chronist des 143. Regiments. «Das muss man erst mal hinkriegen. Stirbt schon am dritten Kriegstag, der wusste sich zu helfen!», hieß es Jahre später in der Familie. Louis' Leiche wurde nicht zurückgeführt. Ist er am Grunde einer Böschung verfault? Hat ein Kamerad die Zeit gehabt, das groteske Puzzle seiner zerstreuten Glieder im Sommergras zusammenzusetzen? Allein die *«Hundemarke»*, diese nummerierte und in der Mitte geschlitzte Aluminumplakette, die jeder Soldat um den Hals trug, erlaubte es einem Berliner Behördenmenschen, dem «Verschollenen» einen Namen, ein Geburtsdatum und ein Regiment zuzuordnen. Er gibt keine Spur eines Einzelgrabes mit dem Namen Louis Klébaur. Unmöglich zu wissen, ob der Körper in einem der *«Kameradengräber»* der Militärfriedhöfe von La Broque oder Bertrimoutier begraben liegt, in denen die anonymen, zu Tausenden auf den Schlachtfeldern eingesammelten Körper übereinandergeworfen wurden.

Auf dem Standesamt der Gemeindeverwaltung von Colmar ist Louis Klébaurs Tod unter der Matrikel 756 eingetragen. Ein Tod ohne Körper, ohne Sarg, ohne Abschied, ohne Blumengrab am Rande seiner kleinen Geburtsstadt. Am Tag, als die Witwe Klébaur den Tod ihres ältesten Sohnes erfährt, schreibt sie auf eine Karte diese Verse von Victor Hugo:

«So sprach der Poet:
Wenn sich der Körper mit Erde vereint
Öffnet sich das Firmament.
Und was uns hier unten als Abschluss
erscheint
Ist der Anfang, nicht das End.»

Witwe Klébaur lässt in der Stiftskirche Saint Martin eine Messe lesen. Vier Jahre später, es ist Juli 1918, der Krieg fast zu Ende, schreibt sie ihrem Sohn: «*Wollte Gott dass Du mein lieber Sepp heil und gesund zurück kämest! Das Du weg kommst! Es graut und langt mir davon. Hoffen wir auf das Göttlich Hertz Jesus! Möge es Dich schützen!*» Es ist der einzige sentimentale Ausrutscher, den sich die Witwe erlaubt. Ihr Brief schließt mit dem Bericht über ihren Umsatz: «*Geschäft geht prima, werde mein Ziel erreichen.*»

Joseph ist 1916 eingezogen worden. Er ist zwanzig. Es ist das erste Mal, dass er Colmar, seine Mutter und seine Schwestern verlässt. Er zieht ohne große Begeisterung in den Krieg. Er geht nicht, wie noch die Archivbilder von den Einberufenen aus dem August 1914 zeigen, mit einer Blume im Gewehr, die Mütze fröhlich umgestülpt auf dem Hinterkopf, ganz schwülstig vor Liebe für das bedrohte Vaterland. Kaiser Wilhelm hat versprochen, dass die Soldaten im Herbst zurück sind. Die jungen Elsässer hoffen, zur Weinlese wieder da zu sein. Als Joseph zwei Jahre später an der Reihe ist, glaubt niemand mehr an einen kurzen, fröhlichen Krieg. Die Verletztenkolonnen, die von der Front kommen, führen über Colmar, das als Rückzugsbasis für die auf den Vogesenpässen kämpfenden Armeen und als Waffenplatz mit Generalstab, Dienststelle und Flugzeugbasis dient. Viele Männer sind am Lingekopf und am Hartmannsweilerkopf gefallen. Ab 1915 kommen die Flüchtlinge aus dem dezimierten Münstertal nach Colmar. Manchmal ist in der Ferne das Grollen der Kanonen zu hören. Joseph hatte die schauerliche Prozession der Verstümmelten vor dem Geschäft seiner Mutter vorbeiziehen sehen. Kompanien auf dem Weg zur Front hämmerten auf das Pflaster, sangen «Die Wacht am Rhein», dieses nationale antifranzösische

Lied. Joseph pfiff die martialische Melodie in der Werkstatt beim Zusammenfügen seiner Kacheln mit.

Joseph tritt ins 2. Litauische Feld-Regiment Nr. 37 ein. Es ist im ostpreußischen Insterburg stationiert. In einem Instruktionslager für junge Rekruten lernt er den Umgang mit den Waffen und absolviert ein intensives körperliches Training. Die «politisch verdächtigen» Elsass-Lothringer werden an die Ostfront geschickt. Die sogenannten *Wackes* werden als unzuverlässig angesehen und verdächtigt, für Frankreich zu spionieren oder zu desertieren. Ein *Wackes* bezeichnet auf Elsässisch einen Flegel, einen kleinen Samstagabend-Mofa-Rowdy. Joseph fühlt sich allein unter den Preußen seines Regiments. Er ist glücklich, wenn er Elsässer trifft. Das erste Kriegsjahr ist für Joseph eine willkommene Abwechslung. Er ist den Fängen seiner Mutter entkommen. Joseph schreibt aus Königsberg: «*Meine Lieben. Ich habe mir die Sache anders, schwerer vorgestellt, wenn das andere so geht, so will ich nicht klagen. Ich werde zum Fahrer ausgebildet. Die Ausbildung ist wohl ein bischen schwerer aber im Feld haben wir es dann besser. Liebe Mutter, der Krieg kann nicht ewig dauern. Du musst Dich trösten. Du muss viel schaffen aber die Zeiten kommen nachher besser. Ich will Schluss machen. Viele Grüße und Küsse. Joseph.*» Alle seine Briefe aus dem

Krieg sind in Deutsch geschrieben. Vor 1918 sprach mein Großvater elsässisch und schrieb nur auf Deutsch. Sein ganzes Leben lang wird er ein holpriges Französisch sprechen, das durch einen starken elsässischen Akzent noch gedrosselt wird. Hatte er etwas Wichtiges zu sagen, wollte er andere zum Lachen bringen oder zärtlich sein, dann sprach er elsässisch.

Josephs erste Briefe sprechen vom eintönigen militärischen Drill. Die preußischen Generäle bringen die Elsässer auf Linie: «*Mir geht es so lala. Es könnte besser gehen. Es ist keine Kleinigkeit den Drill auszuhalten. Ich will euch mal meinen Dienst beschreiben: Morgens 4 Uhr wecken. 4.30 antreten bis 7 Uhr Stalldienst (Pferdeputzen). 7–8 Uhr Morgenessen das aus schwarzem Kaffee besteht. 8 Uhr antreten zum Reiten bis 10 Uhr. 10–11 Pferdeputzen. 11 Uhr Mittagessen, Reissuppe mit Quetschen und Birnen und was da alles drin ist. 10 Minuten vor 1 Uhr Stalldienst (Pferdeputzen) bis 3 Uhr. Von 3 bis 4 Fußexerzieren. 5–6 Instruktion. 6 Uhr Appel mit Parolen Ausgabe und Postempfang dann wird es ½ 7 Uhr. 7 Uhr Nachtessen, schwarzer Kaffee nachher frei bis 10 Uhr dann schlafen gehen. Freitag Nachmittags habe ich dann allerdings frei. Wir haben feldgraue Kleider gekriegt alles verlumpte Kleider die ich nun zurecht flicken muss. Ihr könnt euch denken dass man wenig Zeit zum Schreiben hat. Am samstag*

Abend war ich in der Stadt es ist ganz nett wir haben eine Kahnfahrt unternommen beim Schlosspark. Indessen recht herzliche Grüße und Küsse liebe Mutter. Liebe Geschwister recht viele Küsse von Eurem Bruder. Joseph. Schreibt mir viel.»

Die Monotonie der Tage macht Joseph mehr zu schaffen als die Angst vor dem Kampf. Der Krieg ist weit weg. Die Briefe von der Front stellen das peinlich genaue Inventar der erhaltenen Pakete auf: «*Eine Dose Marmelade, 2 Paar Fusslappen. 2 Finette ohne Ärmel. 1 Dose Gelachs Fusscreme. Preservation (bei Wilms). Etwas für den Husten. Schick Konfiture, von dem Honig von Vierling, Sardinen und Konserven habe ich noch. Müsst nur schicken was ich verlange. Liebe Mutter ich sende Dir viele Grüße und Küsse, der Krieg kann nicht ewig dauern.*» Joseph ist der Hahn inmitten eines Hühnerhofes von Frauen, die nur damit beschäftigt sind, ihren Soldaten mit Konfitüren, Schinken und Kuchen einzudecken. Die Tanten und die Witwe Klébaur schicken sogar Präservative. «Er hat's gut getroffen», amüsierte man sich in der Familie.

Ab 1917 ging es bergab. Joseph leidet unter Kälte und Hunger. Die Urlaubserlaubnis kommt nicht. Der Kriegsminister überwacht die *Wackes* sehr genau. Sie dürfen nicht nach Hause. Auf dem Formular des letzten Urlaubs, der Joseph im Herbst 1917 gewährt wurde, ist mit Großbuchstaben eine Warnung gedruckt: «*Nicht ausfragen lassen! Nicht über militärische Dinge reden! (Spionengefahr)*». Die Post aus dem Elsass ist einer strengen Kontrolle unterworfen. Joseph schickt keine Briefe im Umschlag mehr, sondern graue Feldpostkarten, deren Inhalt leicht kontrolliert werden kann. Joseph beklagt sich über die Bedingungen der Kaiserlichen Soldaten: «*Ich weiß dass ich alles notwendig brauche. Wir kriegen immer weniger. Es wird manchmal Mittag ohne dass ich auch nur etwas Brot im Magen habe, aber ich halte es aus, man ist das Hungerleben bald gewohnt. Heute Nacht war ich auf Wache bei 33° Kälte. Hat mir nicht geschadet, bei mir noch so gesund wie früher. Schreibe mir recht oft. Es ist wenigstens ein Trost. Die Sache kann nicht mehr so lange weiter gehen.*» Ab jetzt beginnt Joseph die Monate zu zählen, die ihn von der Familie trennen. Er spekuliert über einen baldigen Waffenstillstand. Er beruhigt sich, indem er den Militärstrategen spielt. Sagt in jedem seiner Briefe das Ende der Feindseligkeiten voraus: «*Ich hoffe dass wir bis in zwei Monaten Frieden haben*», «*Das ist schon die zweite Ostern welche ich hier draußen im Felde lebe. Ich denke dass wir bis in drei bis vier Monaten Frieden haben werden.*» Ab Sommer 1917 hat Joseph nur noch einen

Wunsch: Frieden. Und er fürchtet sich nicht, es in den Briefen zu schreiben: *«Liebe Schwester, Ich habe wieder Hoffnung, dass wir zum Frieden gelangen, denn es ist, dass die Gerüchte vom Waffenstillstand verstummt sind, wollen wir noch abwarten, vielleicht ist es bis Weihnachten so weit. Hier ist ein großer Dreck. Nichts wie Regen und Schnee. Man versinkt bis an die Knöchel im Morast.»*

Am 3. März 1918 unterzeichnen das Deutsche Reich und das bolschewistische Russland den Friedensvertrag von Brest-Litowsk. Leo Trotzki mit einer Schapka auf dem Kopf, die Zigarette zwischen den Lippen, drückt die Hände deutscher Offiziere in Pickelhaube. Die Elsässer werden an die Westfront verlegt. *«Meine Lieben!»*, schreibt Joseph, bevor er Ostpreußen verlässt. *«Dies ist die letzte Karte aus meinem alten russischen Quartier. Heute haben wir Weinachten und Abschiedsfeier gehabt mit einer Ansprache von Herrn Oberleutnant. Nun gehts auf einen anderen Kriegschauplatz. Nun adieu meine Lieben. Viele Grüße und Küsse. Es lebe der Frieden. Nieder mit dem Krieg. Joseph.»*

Im Frühling nimmt Joseph an den letzten großen Offensiven der Kaiserlichen Armee an der Westfront teil. Er ist zunehmend demoralisiert. Am 26. März 1918 geht es nach ein paar Tagen Ruhe wieder ans Kämpfen: *«Nun sind die schönsten Tage wieder rum, und morgen geht es wieder zur Arbeit gegen die Engländer. Ich glaube nun voller Zuversicht dass der Frieden kommt. Die letzten Schlachten werden geschlagen. Vielleicht bis in 2 Monaten Frieden. Mir ist alles gleich wenn nur Frieden ist denn das Leben ist auf die Dauer nicht auszuhalten. Nun schließe ich mein Schreiben in der Hoffnung auf ein frohes Wiedersehen.»*

Joseph schreibt seine demütigsten Briefe. Es fehlen ihm die Worte, um das Grauen zu beschreiben, das er durchmacht. «*Bin immer noch gesund!*», setzt er an den Beginn jedes Briefes, als würde er ein Wunder verkünden. Die Post ist die einzige Verbindung zu seinem früheren Leben. Er bittet inständig, man möge ihm antworten: «*Es macht einen kolossale Freude, wenn man Abends um 6 bei der Briefausgabe Nachrichten von zu Hause erhält. Schreibe mir recht oft es ist wenigstens ein Trost.*» Joseph bewahrt sein Briefbündel in einer Tasche seines Überziehers auf. Mein Großvater wird seine Frontkorrespondenz nie wegwerfen.

Am 30. Mai 1918 ist Joseph in Steenwerk in Flandern, an der belgischen Grenze, zwischen Lille und Saint Omer. Die Kämpfe sind hart. «*Meine Lieben! Es ist hier bald nicht mehr zum aushalten. Wie weit seid Ihr mit dem Urlaub? Schreibt bald Bescheid denn ich sehne mich sehr nach euch. Ich hoffe dass es hier wieder besser wird da wir noch beim Chemin des Dames fünf und zwanzig tausend Gefangene gemacht haben. Es ist mir alles gleich wenn es nur zum Schluss kommt, man hat gerade genug wenn man dieses Unglück hier sieht. Was machen meine Kameraden ich habe schon lange keine Nachrichten mehr von ihnen außer Paul Schwartz welcher in meiner Nähe liegt, scheint ihm aber sehr schlecht zu gehen. Was machen Maria und Emilie und die drei großen Kleinen. Und du meine liebe Mutter sei unbesorgt der Krieg kann nicht mehr lange dauern dann komm ich wieder zurück u. dann wollen wir noch gute Tage verleben. Sendet mir Geld und Pakete und vor allem schreibt mir denn ich brauche viel Mut.»*

Während des ganzen Sommers 1918 sprechen Angst und Mutlosigkeit aus Josephs Briefen. Er hat nur einen Gedanken, Urlaub. Die elsass-lothringischen Soldaten bekommen keinen. Der deutsche Generalstab hat Angst, dass die *Wackes* sich von dem antideutschen Klima anstecken lassen, das im «Reichsland» herrscht. Der letzte Brief des Kanoniers Joseph Klébaur an seine Mutter trägt das Datum vom 19. August 1918. Joseph ist in Château-Salins. Er ist mit seinen Kräften am Ende. Nie wieder in seinem wortkargen Leben wird er sich zu solch sentimentalen Geständnissen hinreißen lassen: «*Da gerade einer meiner Lothringer Freunde in Urlaub fährt habe ich nun plötzlich solches Heimweh bekommen dass ich unbedingt mit Dir aus der Ferne ein wenig plaudern muss. Es wird ja nicht mehr lange dauern so wird auch die Reihe an mir sein, vielleicht schon anfangs September. Bald auf jeder Karte und in jedem Brief fragt man mich ob ich bald in Urlaub käme. Wie glücklich wäre ich nach all diesen Abenteuern in Russland und Nord Frankreich dich liebe Mutter wiederzusehen und meine lieben Geschwister! Jeden Tag bei klarem Wetter sehe ich die schönen Vogesen. Da denk ich mit Sehnsucht an mein liebes Mütterchen. Ihr werdet es wohl ein wenig lächerlich finden dass ein Junge von 22 Jahren so schreibt. Wenn man aber dieses Leben hier draußen mitgemacht hat und das Unglück gesehen hat dann ist es leicht zu begreifen. Bete für mich so Gott will werden wir in einer glücklicheren Zeit wieder froh zusammen leben.»*

Joseph ist auf dem Feld der Ehre nicht verletzt worden. Kein einziger Kratzer. War Mathilde ein wenig enttäuscht? Um das Bild ihres schwermütigen Landsers etwas aufzupolieren, machte sie aus ihrem Mann einen militanten Pazifisten. «Er hatte keine Soldatenseele, dein Großvater! Dafür liebte er den Frieden zu sehr!», sagte sie. Die banale, universale Angst vor dem Tod sah Mathilde nicht. «Er hatte *Heimweh*. Mein Gott, wie hatte er *Heimweh!*», rief sie aus, wie man über einen großen, allzu sensiblen Jungen lacht, den man zum ersten Mal den Rockschößen seiner Mutter entrissen hat und nicht ganz ernst nimmt. *Heimweh* … Mathilde wollte dieses deutsche Wort nicht übersetzen, das Josephs Melancholie so gut traf. Mathilde hätte vielleicht lieber einen hohen Offizier zum Mann gehabt, die Brust links, auf der Herzseite, mit Medaillen vollbehängt. So einen wie Marthes Gaston. Ein Mann in der richtigen Uniform. Sie hatte die Medaille, die dem Kanonier Klébaur durch Kaiser Wilhelm II. verliehen worden ist, aufbewahrt. Auf der Vorderseite: das Bildnis des Kaisers Wilhelm II. mit seinem langen Schnurrbart. Auf der Rückseite: das Eisenkreuz und der Adler auf einem Ast, von dem Blitze ausgehen. Mathilde erzählte gerne, dass Joseph diese Medaille überreicht wurde, weil er sein Leben aufs Spiel gesetzt hatte, um einen verletzten Kameraden vom Schlachtfeld zu retten. Sie war der Beweis für Josephs Heldentum. *«Bei der von Ihnen beschriebenen Medaille handelt es sich um eine nichtoffizielle patriotische Erinnerungsmedaille aus der Zeit des 1. Weltkrieges. Derartige Dekorationen wurden zu dieser Zeit in großer Vielfalt in Umlauf gebracht und waren an keinerlei Verleihungsbedingungen gebunden»*, informiert mich das Militärhistorische Forschungsamt der Bundeswehr.

Im Elsass tragen die Kriegerdenkmäler von 14–18

nicht die Inschrift «Gestorben fürs Vaterland», die auf den Ehrenmälern sämtlicher Gemeinden Frankreichs eingraviert ist, sondern Sprüche wie «Für unsere Toten» oder «Für unsere Kinder», «Gestorben im Krieg 1914–18». Die französische Behörde war nach dem Krieg zu diesem Arrangement mit der schwierigen Geschichte des Elsass bereit. Um die Elsässer wieder in seinen Schoß aufzunehmen, radierte Frankreich den Unterschied aus zwischen denen, die für Frankreich gekämpft, und jenen, die die Farbe Deutschlands verteidigt haben. Die *Wackes* werden in den nationalen Veteranenverband UNC integriert. Sie bekommen eine Kriegspension. Am 14. Juli defilieren die *Wackes* erhobenen Hauptes mit der Trikolore der UNC. Damit aber hat die Großzügigkeit ein Ende. Bei den Feiern zum 11. November 1995 bewilligt Jacques Chirac allen überlebenden Kämpfern des Ersten Weltkriegs, die noch nicht ausgezeichnet worden sind, den Orden der Ehrenlegion. Eine Ehrung für 3000 sehr alte Herren. «Frankreich ehrt seine ‹*Poilus*›», titeln die «Dernières Nouvelles d'Alsace». Unter dem Gewölbe des Arc de Triomphe steckt der Präsident der Republik Medaillen auf die Jackenrevers. Die *Wackes* aber haben kein Recht auf diese «letzte Dankbarkeitsbezeugung der Nation». Die 145 noch lebenden Elsass-Lothringer sind von der

Liste des Präsidenten gestrichen. Der Abgeordnete und Bürgermeister von Colmar ist einer der wenigen, der protestiert: «Wenn es in der Tat schwierig scheint, diese Auszeichnung aus militärischen Gründen zu verleihen, so hätte man es doch wenigstens in einem wiedergefundenen brüderlichen Geist zwischen Menschen tun können, die am selben Konflikt beteiligt waren. Es hätte ein zusätzliches Zeichen der Solidarität sein können, die fortan die Völker Europas verbindet, in einem entschiedenen Willen, dass es nie mehr zu einem solchen Grauen kommt.» Die «Dernières Nouvelles d'Alsace» nehmen die Antwort des Präsidenten in einer Kurzmeldung zur Kenntnis: «Als unvermeidliche Konsequenz eines Friedens, der Frankreich durch seine Niederlage im Jahr 1870 aufgedrängt worden war, kann den Betroffenen die Beteiligung der elsässisch-moselanischen Soldaten am Krieg von 1914–18 in der kaiserlichen Uniform nicht zum Vorwurf gemacht werden. Ihr kann als solche aber auch nicht die Dankbarkeit der Nation gelten, welche die Nomination in den Orden der Ehrenlegion bedeutet.»

Die Bütig

Bütig» bezeichnet auf Elsässisch einen kleinen Laden, eine Boutique. «*Das esch a Bütig!*» heißt so viel wie «Das ist ein Puff, ein Saustall». So hatte Mathilde mit diebischer Freude über den unverschämten Doppelsinn das Haus Klébaur getauft. Als ich Kind war, übernahm Mathilde jeden Nachmittag den Bereitschaftsdienst in der Bütig. Sie empfing die Kunden und kassierte. Sie kümmerte sich um die Bestellbücher und die Buchhaltung. Selbst als Joseph zu arbeiten aufgehört und sein Angestellter das Unternehmen übernommen hatte, ging Mathilde noch jahrelang zwei Nachmittage pro Woche in die Bütig, um auszuhelfen.

Die Bütig war ein winziges, dunkles Büro im Erdgeschoss, das nur durch ein einziges Fenster auf die Rue Kléber etwas Licht erhielt. Eine Glastür führte ins Geschäft, wo die Kachelöfen, Gaskochherde und Ölheizungen aufgereiht standen. Die Bütig war eine ausschließlich weibliche Domäne. Mathilde empfing nicht wie die Damen der guten Colmarer Gesellschaft zu Hause, um sich hinter den Tüllgardinen ihres Speisezimmers den neuesten Klatsch und Crème bavaroise mit Cassis zu Gemüte zu führen. Sie ging nicht ins Café Kohler-Rehm, um mit gieriger Stimme Gerüchte von Ehebruch und Konkursen zum Besten zu geben. Mathilde hielt ihre Audienzen in der Bütig ab. Es war ein geschäftliches Universum mit Stempeln, Heftklammern, Ordnerregalen und einem großen schwarzen Telefon. Mathilde verteilte den Kindern Buntstifte, Papier und ein *Teeweckele*. Ich setzte mich zu ihren Füßen unter den Schreibtisch. Zeichnete, umzingelt von den Schuhen der anwesenden Damen, Prinzessinnen mit langen gelben Haaren. Die durchbrochenen Mokassins von Tante Maria standen gut aufgesetzt auf dem Linoleum. Darin die lachsfarbenen, in dicke Stützstrümpfe aus Gummi und Rilsan gezwängten Beine. Die verfransten Laschen der Pumps von Marguerite – genannt Guite, von den Kindern Guiguite –, der Kindheitsfreundin von Marthe und Mathilde, fingen an zu hüpfen, wenn die Unterhaltung in Fahrt kam. Madame Berg, Mathildes ehemalige Nachbarin von der Rue Castelnau, machte mit ihren Bommel-Ballerinas auf jung. Marthes Riemchensandalen ließen einen Blick auf ihre gepflegten Füße und schlanken Beine zu. Die ganze Stadt verkehrte in der Bütig. Marthe kam jeden

Tag nach dem Mittagessen vorbei und blieb bis Ladenschluss. Auch Alice, Mathildes Nichten und ihre Kinder, Josephs Schwestern und zahlreiche Freundinnen kamen. Tante Maria war Stammgast. Aber sie kam nicht wegen Mathilde. Die Besuche bei ihrer Schwägerin waren nur ein Vorwand, um ihren gehätschelten Bruder zu sehen. Manchmal tauchte Josephs Kopf im Türrahmen auf. Er rief seiner Frau eine kurze Information zu, und schon war er wieder in der Einsamkeit der Werkstatt hinter dem Geschäft verschwunden. Tante Maria folgte ihm mit den Augen durch das Fenster, bis er mit langen eiligen Schritten um die Ecke der Rue Kléber gebogen war.

In der Bütig wurde politisiert. Mademoiselle Marie-Jeanne Brasseur, die sechzig längst hinter sich, kam einmal pro Woche. Sie beklagte sich über den algerischen Cousin, der jeden Abend «wie ein Bauer!» am Esszimmertisch seine Brennnesselsuppe hinunterschlang. Sie kam in die Bütig, um ihren Zorn loszuwerden. Mademoiselle Marie-Jeanne Brasseur hatte bis dahin allein mit ihrer alten Mutter gelebt. Nach Ankunft des Cousins aus Algerien war es mit diesem gemütlichen Tête-à-Tête vorbei. Mademoiselle Marie-Jeanne Brasseur musste diesem Rückkehrer, der mit seinem Schicksal haderte, ihr Zimmer abtreten. Alle vier Minuten wurde der Cousin aus Algerien von einem nervösen Zittern erfasst. Marie-Jeanne Brasseur, die ihm gegenübersaß, schaute fasziniert zu, wie sich das Gesicht ihres Cousins immer wieder von neuem verkrampfte. Ein Stoß ging über seine schlaffen Wangen. Die Lippen schlotterten, die Augenlider zuckten. Dann war für ein paar Minuten wieder alles normal. Der Cousin aus Algerien nutzte die Ruhepause, um einen neuen Löffel Suppe herunterzustürzen. Von Zeit zu Zeit stieß er einen Fluch aus. Diese «dreckigen Kameltreiber» hatten ihm alles genommen: seinen Besitz, seinen Garten, seine Tiere, seine Hausangestellten, seine Sonne, seine Gesundheit, seine Lebensfreude. Dann versank er wieder in diese Stille, in der er lebte, seit das Schiff, das ihn nach Frankreich zurückbrachte, den Hafen von Bougie bei Algeriens Unabhängigkeit im Jahr 1962 verlassen hatte. Sein Vater, der aus einem kleinen Dorf in der Nähe von Colmar stammte, war 1872 in die algerische Provinz Constantine emigriert. Nach dem Frieden von Frankfurt und der Zuteilung des Elsass zu Deutschland hatte er für Frankreich optiert. Die französische Regierung hatte der elsässischen Immigration im nördlichen Constantine 50 000 Hektar fruchtbaren Boden zur Verfügung gestellt. Die Geschichte des Cousins erinnerte Mathilde an das Schicksal ihrer eigenen Familie. Auch sie, dachte sie, als sie Mademoiselle Brasseur zuhörte, hätte ihr Land beinahe mit einem Koffer als einzigem Gepäck verlassen müssen. Auch sie hätte sich mittellos wiederfinden können, der Gnade eines feindseligen, zur Gastfreundschaft gezwungenen Verwandten ausgeliefert. Marthe ihrerseits dachte an das latente Duell zwischen ihren Söhnen. Norbert, Absolvent der Offiziersschule Saint-Cyr, Berufsoffizier, der Algerien mitgemacht hatte, gegen Pierre, Student der Hochschule der Künste, Architekt, der mit dem Mai 68 sympathisierte. Marthes Söhne sind übereingekommen, weder über General Massu noch über Daniel Cohn-Bendit zu reden, wenn sie sich einmal pro Woche zum Abendessen trafen. Mein Vater freute sich aufrichtig über die Berberdecken, die ihm sein Bruder von «da unten» mitgebracht hatte. Als Gegenleistung sprach mein Onkel nicht von der Studentenrevolte.

Der Mai 68 fegt durch die Bütig wie ein Tornado durch Florida. Tante Maria verdammte die Studentenunruhen. Sie verstand nicht, warum Mathilde von «Bewegung» sprach. «Bewegung» war der Begriff, den ihr Arzt gebrauchte, wenn er sich nach ihrer Darmtätigkeit erkundigte. Die ehemalige Lehrerin machte die «modernen Methoden» ihrer Kollegen verantwortlich für diese Entgleisung der Jugend. Sie, die die kleinen Elsässer mit Linealschlägen auf die Fingerglieder dressiert hatte, verurteilte das allgemein herrschende Sichgehenlassen. Mathilde erzählte von den Straßenkämpfen, die sie in Straßburg auf dem Boulevard de la Victoire gesehen hatte. Mit Pflastersteinen und Stuhlbeinen bewaffnete Studenten gegen die Polizisten der CRS mit Helm und Schild. Tränengasbomben und Steine trafen sich in der Mitte unter einem blauen Frühlingshimmel. Vor der Kirche Saint Paul, gegenüber dem Universitätspalast, stieg ein Rauchschleier auf. Mathilde berichtete auch von den Generalversammlungen der Langhaarigen im Wohnzimmer ihrer Tochter und ihres Schwiegersohnes. Die Freunde meiner Eltern verbrachten die Nacht in die Bauhaus-Sessel versunken oder im Schneidersitz auf dem Parkett damit, eine weniger autoritäre, weniger bigotte, weniger militärische, weniger konsumorientierte, weniger verklemmte und sexistische Gesellschaft zu entwerfen. Die Straßenkämpfe überließen sie den Jungen. Sie fanden, mit ihren vierzig Jahren, ihren Kindern im Schulalter, ihren Architektenbüros und Kinderarztpraxen hätten sie Anspruch auf eine bequeme Revolution. Nicht einmal die militantesten unter den Freunden meiner Mutter, die Regisseure, Schauspieler und Bühnenbildner, genierten sich, in einem wohligen Nest zu komplottieren, während die anderen auf den Boulevards Knüppelschläge einsteckten. Meine Eltern und ihre Freunde errichteten bei schottischem Whisky und Coca-Cola ihre theoretischen Barrikaden. Am nächsten Morgen hing ein Geruch von dreitägigem Schweiß und Gauloises ohne Filter in den doppelten Vorhängen. Bis Mam Hans, die elsässische Putzfrau, kam und die Fenster weit öffnete, das Parkett bohnerte, die Sofakissen ausschüttelte, die unter den Möbeln herumstehenden Gläser einsammelte und mit ihrem Staubwedel die verschrobenen Ideen der vergangenen Nacht verjagte. Meine Mutter hütete sich, ihren Freunden die Existenz von Mam Hans zu verraten. Sie hatte Angst, man könnte sie als Verräterin betrachten. Wenn Mam Hans verkündete: «Ich habe fertig», und nach Hause ging, war die Harmonie im «living» meiner Eltern wiederhergestellt. Das französische «salon» wirkte kleinbürgerlich, sagte meine Mutter. «Living» war besser. Und meine Tante Ariane in Paris folgte dem guten Beispiel und taufte ihre Küche «office».

Mathilde war stolz auf das Engagement ihrer Tochter. Sie bewunderte diese «schöne Jugend», die sich der etablierten Ordnung entgegenstellte. Sie verzieh den Aufständischen auf den großen Boulevards alles. Sie empfand eine spontane Zärtlichkeit für diese jungen

Leute, die sich wie Erdarbeiter abrackerten, wenn sie das Pflaster aufwarfen. Beneidete sie um ihre Energie. Sie waren überzeugt, dass sie die Welt verändern konnten. Mathilde war gerührt. Diese jungen Leute erinnerten sie an Georgette, die kleine Lehrerin, die in Decken versteckte Feuerwaffen durch das Berlin der zwanziger Jahre trug. Und die CRS glich der Reichswehr, die gegen die Arbeiter von Adlershof vorgegangen war.

Die Frauen in unserer Familie haben eine Schwäche für Weltverbesserer. Aber die Damen der Bütig fühlten sich von dieser ganzen Straßburger Subversion angewidert. Guite setzte eine säuerliche Miene auf, als wollte sie sagen: «Igitt! Wie unangenehm!» Tante Alice verkündete zitternd: «Ich stehe immer auf der Seite derer, die ohne Gewalt auskommen.» Madame Berg dachte mit großer Befriedigung an ihren Sohn Gilbert, einen glattrasierten Versicherungsvertreter. Gilbert war der Stolz seiner Mutter. Colette, Madame Bergs Tochter, war mit einem untadeligen Juristen verheiratet. Unter ihrem Trägerrock von Prénatal wuchs ihr drittes Kind heran. Die Schwiegersöhne dieser Damen trugen einen Bürstenschnitt, gestärkte Hemdkragen und Manschettenknöpfe. Sie dufteten nach Palmolive-Seife, und ihre Ideen waren genauso proper. Mathildes Schwiegersohn wuchsen die Haare über die Ohren, er steckte in Jeansjacken und schmiedete nachts im heimlich von Mam Hans auf Vordermann gebrachten «living» Komplotte zur Destabilisierung der Gesellschaft. An einem regnerischen Karnevalsmorgen, als wir uns in der Villa Primerose verkleideten, befreite Mathilde ihre langen Haare aus dem Dutt. Meine Großmutter als Hippie. Das Foto dieses denkwürdigen Vormittags hing in der Bütig an der Wand. Die wilden Strähnen über der Schulter, einen indischen Foulard um die Stirn, ein Armkettchen ums Gelenk, die Faust erhoben. Ein diabolisches Lächeln. Als wollte sie Tante Maria, Überlebende eines anderen Jahrhunderts, verspotten. *«Oh Jesus Maria! Oh Jesus Maria! Oh Jesus Maria!»* Dieses nervöse Mantra richtete Tante Maria an die Heilige Jungfrau, als sie 1969 von de Gaulles Abschied erfuhr. Tante Maria hatte «Tante Yvonne», der Gemahlin des Generals, einen bewegenden Abschied bereitet. Sie teilte mit ihr einen unverbrüchlichen Glauben und eine Schwäche für kleine Schleierhütchen und große Handtaschen.

Marthe lauschte, entzückt dazuzugehören zu diesem Zirkel «gelehrter Frauen». Niemand fragte sie nach ihrer Meinung. Sie saß schweigend in der Fensterecke, um das Licht des Tages aufzufangen. Strickte Pullover für ihre Enkelkinder. Sie begann schon im Juli damit.

Der Winter ist kalt im Elsass. Was finanzielle Fragen, die Immobilienkrise oder den Steuersatz anging, war ihre Schwester Alice sowieso viel besser qualifiziert als sie. Alice hatte ihren Unterhalt selbst verdient. Sie zog 1925 von zu Hause aus, um in Nancy an einer Einrichtung für junge Mädchen Klavier zu unterrichten. Die beiden Jahre im Pensionat Bienheureuse Jeanne d'Arc waren die glanzvollsten Erinnerungen ihres kargen Lebens. Es gab ihr jedes Mal einen Stich ins Herz, wenn sie an den nüchternen Speisesaal mit den Reihen von beschürzten Fräuleins an den langen Holztischen zurückdachte. Später war sie beim Finanzamt angestellt. Nach dem Tod ihres Vaters Henri kümmerte sie sich allein um die Verwaltung der beiden Häuser. Ständig war sie auf der Suche nach einem Blechschmied, um ein Mansardenfenster zu reparieren, nach einem Schornsteinfeger, um einen verstopften Kamin zu putzen. Sie stritt mit ihren Mietern herum, die ihrem Halbwüchsigen erlaubten, sein Mofa in der Wohnung abzustellen. Frédéric stürzte mit seiner Maschine auf der Schulter die Treppen hoch und zerkratzte dabei zuverlässig die Tapete des Treppenhauses. «Der Eigentümer gilt nichts mehr in Frankreich», sagte sie, «man muss sich alles gefallen lassen! Nichts als Sorgen hat man!» Tante Alice ließ die Dachrinnen reparieren, die Zentralheizung installieren, die Fenster auswechseln, machte die Keller sauber, schnitt die Geranien, kassierte die Mieten ein, füllte die Steuererklärungen aus und führte in großen, modrig riechenden Heften peinlich genau Buch. Sie hatte beide Füße fest auf der Erde und den Kopf voller wohlgeordneter Zahlen. Tante Alice warf dem Rest der Familie vor, das Geld aus dem Fenster zu schmeißen. «Man muss sparen, meine gute Kleine», schrieb sie mir auf das kleinkarierte Papier, auf dem sie ihre Rechnungen ausführte. «Ein Sou. Und noch ein Sou. Und eines Tages bist Du reich.» Für Tante Alice zählte vor allem eines, die Sicherheit. Sie träumte für ihre Nichten und Neffen, für meinen Bruder und mich, von einem *«Plätzele»*. Sie wollte, dass aus uns *«was wird»*. Die Elsässer benutzen diese wörtlich aus dem Deutschen übersetzte Wendung, um einen sozialen Aufstieg zu beschreiben, der Bewunderung verdient. Und für Tante Alice hieß *«was werden»* entweder Apotheker oder Steuerinspektor. Oder noch besser: Beamter. Wegen der lebenslangen Sicherheit und der geregelten Arbeitszeit. Wenn sie im Winter die Bütig betrat, erfüllte Mandarinenduft den Raum. Tante Alice parfümierte sich ihr Leben lang mit Mandarinenduft. Einen Spritzer aus der Schale hinter jedes Ohrläppchen. Die Familie, die wohl fand, sie hätte Besseres verdient, schenkte ihr zu Weihnachten ein Fläschchen Parfum. Doch aus Angst, man könnte sie mit ihrer Strickjacke, ihren Filzpantoffeln mit Reißverschluss und den geplatzten Äderchen auf den Wangen für eine Femme fatale halten, versteckte sie ihr Chanel tief im Schrank. Sie zog dem berauschenden Moschusduft die einfache Frische der Mandarine vor.

Von den großen feministischen Debatten der siebziger Jahre wurde in der Bütig nicht gesprochen. Mathilde, von ihren Töchtern beeinflusst, war ganz mit Simone de Beauvoir und Benoîte Groult einverstanden. An der Tür ihres Kühlschranks hing eine Karikatur von Valery Giscard d'Estaing als Akkordeonist. Sie schätzte diesen «modernen» Präsidenten, der ein Ministerium für Frauenfragen gründete. Sie freute sich über das Gesetz der Entkriminalisierung der Abtreibung, für das 1975 gestimmt wurde, und das Gesetz für die Ehescheidung im gegenseitigen Einvernehmen aus demselben Jahr. Mathilde testete regelmäßig die Eskalationsbereitschaft ihrer kleinen Versammlung. Die Gleichberechtigung der Frau, finanzielle Unabhängigkeit, das Recht auf Verhütung und Abtreibung ... Die Damen fühlten sich nicht betroffen. Sie waren stolz auf ihren gutgeführten Haushalt. Und wären sie von der Bütig zurückgekehrt mit der Lust, ihre Schürze in eine

Ecke zu schmeißen und ihren Lebensunterhalt selbst zu verdienen, so hätten die Herren ihren rebellischen Ehefrauen den Verkehr in dieser Brutstätte leichtsinniger Ideen rasch untersagt. Nur Marthe nickte mit dem Kopf. Eines Nachmittags, als sie mit einer Reihe rechter Maschen fertig war, ergriff sie sogar das Wort. «*Hesch racht, Mathilde.* Wenn ich in der Schule was gelernt hätte, wäre ich jetzt nicht da, wo ich bin.»

Rosa Luxemburg wurde regelmäßig herangezogen. Mathilde ließ keine Gelegenheit aus, die Heldin ihrer Schwester im Gespräch unterzubringen. Sie sprach den Namen deutsch aus, mit hartem «g» am Ende. Auch wenn sie nichts mit dem Thema zu tun hatte, Rosa Luxemburg war der Gnadenstoß, mit dem man die politischen Argumente der Gegenseite zunichtemachen konnte. Dabei war Rosa Luxemburg ein rotes Tuch. Konkubinat, jüdisch, polnisch und deutsch, Klumpfuß, antiklerikal, spartakistisch ... Sie hatte alles, um den Colmarer Damen zu missfallen. Doch niemand wagte es, die Schutzbefohlene der Dame des Hauses anzugreifen. Rosa Luxemburg verlangte Respekt. In der Bütig hatte man große Angst vor den «Roten». Guite sah eine beunruhigende Ähnlichkeit zwischen den Augenbrauen von Leonid Breschnew, KPdSU-Generalsekretär, und jenen von Georges Marchais, Generalsekretär der Kommunistischen Partei Frankreichs.

Am Tag nach der Wahl von François Mitterrand am 10. Mai 1981 sah man in der Bütig die Apokalypse dämmern. Marthe und Mathilde kehrten von einer Reise nach England zurück. Sie hatten mich in London besucht. Mit 78 Jahren hatte Marthe zum ersten Mal in ihrem Leben das Flugzeug bestiegen. Unter dem blauen Himmel über dem Ärmelkanal verkündete der Pilot den Sieg der Sozialisten durch das Mikrophon. Marthe war schon genug genervt von den kleinen Rasta-Zöpfen ihres Nachbarn. Sie, die seit der Ankunft der GIs in der Rue Michelet im Jahr 1945 keinen Schwarzen mehr gesehen hatte, saß nun Schulter an Schulter neben einem jamaikanischen Marihuana-Liebhaber. Marthe war meilenweit davon entfernt, den würzigen Geruch, der von ihrem Nachbarn ausging, identifizieren zu können. Dieser Grasduft erinnerte sie ein wenig an das Bohnerwachs, mit dem Alice das Treppenhaus auf Hochglanz brachte. Und als der Nachbar ihr mit breitem Lächeln den Brotkorb hinhielt, sah Marthe den netten senegalesischen Schützen im roten Fes von den Kakaopackungen Bon Banania vor sich auftauchen. François Mitterrand ... Drei angesäuselte Fluggäste stimmten die Internationale an. Von der anderen

Seite des Vorhangs, der die erste Klasse vom Rest der Kabine abtrennte, drang der schrille Schrei einer Dame. Die Stewardess kam noch einmal mit dem Wägelchen vorbei. Der Pilot rief eine Gratisrunde aus. Ein kleiner Muntermacher für die Enttäuschten, eine Gelegenheit, auf den Sieg anzustoßen für die Wähler der Sozialisten. «*Mathilde, was halstsch der vo?*», fragte Marthe mit lauter, besorgter Stimme. Mathilde, die drei Reihen weiter vorne saß, drehte sich nicht um. Machte mit der Hand ein kleines Zeichen, um ihr *Kamaradle* zu beruhigen. Auf dem Flughafen von Straßburg-Ensheim empfingen meine Eltern die Reisenden mit roten Rosen und erfreutem Kichern. Marthe war schon fast wieder beruhigt. An den Wahltagen befolgte sie wortwörtlich die Vorgaben ihres Sohnes. Und an jenem Abend strahlte ihr Sohn. Also war alles in bester Ordnung.

Am Montag darauf war in der Bütig kein einziger Stuhl mehr frei. Guite und Madame Berg standen mit dem Rücken an die Tapete mit den beigefarbigen Rauten gelehnt. Diese Damen wollten wissen, was Mathilde über die Sache dachte. Mathilde dachte nichts. Sie war von der Größe des Ereignisses überholt worden. An jenem Nachmittag stand ihr nicht einmal Rosa Luxemburg zur Seite. Madame Berg hatte erzählt, ihr Nachbar habe sich noch am selben Morgen auf den

Weg nach Basel gemacht mit einem so schweren Koffer, dass er zwei Anläufe brauchte, um ihn in den Kofferraum seines Wagens zu wuchten. Madame Berg hatte den Verdacht, dass er sein Geld in einem Schweizer Safe in Sicherheit bringen wollte. Sie selbst überlegte sich, ob sie wie damals bei der Befreiung von 45 ihre Silberwaren im Garten vergraben solle. Guite spielte mit dem Gedanken, ihre Perlenkette in ihren Banksafe zu bringen. Angesichts der Dringlichkeit der Situation war ausnahmsweise auch Tante Odile in die Bütig gekommen. Sie sah blutrünstige Rote, die sich, ein Messer zwischen den Zähnen, unter den Betten braver Colmarer Bürger verkrochen. Tante Alice fürchtete um ihre Ersparnisse bei der Sparkasse. Zum Glück waren ihre zwei Häuser sicher. «Stein, das ist solid!», sagte sie mehrmals, um die Panik, die sie in sich aufsteigen fühlte, einzudämmen. Marthe bemerkte, der neue Präsident habe seiner Funktion nicht gerade Ehre gemacht, als er mit zu kurzen Hosen die Stufen zum Panthéon hochgestiegen sei. «Der sah ja aus, als ginge er zum Erdbeerenpflücken!», mokierte sie sich, um die Atmosphäre etwas aufzulockern. Marthe versuchte sich dadurch zu beruhigen, dass sie diesem großen Augenblick der Geschichte eine skurrile Dimension verlieh. Guite setzte hinzu, die spitzen Eckzähne des Sozialisten versprächen nichts Gutes. Tante Alice befürchtete vor allen Dingen, dass dieses «kirchenfeindliche Pack» das im Elsass noch immer geltende Konkordat abschaffen würde. Sie war in die Sieben-Uhr-Messe der Kirche Saint Joseph gegangen. Hatte zu Füßen der heiligen Ottilie, der Schutzpatronin des Elsass, eine Kerze angezündet. Und gedachte mit Rührung Tante Marias, die im März verstorben war. Die Glückliche musste sich diese aufgezwungene Verweltlichung des Elsass nicht mehr mit ansehen! Der Papst war der einzige Mann im Leben der Tanten Alice und Maria. Tante Maria verehrte Paul VI. Tante Alice Johannes Paul II. Sie mochte die Säuglingshaut seines slawischen Gesichts und die Strenge seiner Dogmen. In den letzten Lebensjahren verfolgte Tante Alice die Reisen von Johannes Paul II. aus der Tiefe ihres großen Bettes am Fernsehen mit. Den Rücken durch eine Kissenwand gestützt, stopfte sich Tante Alice mit gezuckerten Erdbeeren und päpstlichen Predigten voll. Das waren ihre letzten Freuden. Bevor sie starb, rief sie mich in ihr kärgliches Zimmer. Ich betrat es auf Zehenspitzen und setzte mich auf den Bettrand. Eine fahle kleine Lampe beleuchtete das gequälte Gesicht der Sterbenden. «Ich muss die ganze Zeit daran denken, und das macht mir Sorgen», sagte sie und sah mir dabei scharf in die Augen. «Du wirst nicht in Weiß heiraten können!» Ich war rot geworden, stellte mir vor, dass Tante Alice über die Turbulenzen meines Liebeslebens Bescheid wusste. «Du hast doch deine Kommunion gar nicht gemacht!», bedauerte Tante Alice. Das war ihr letzter Aufschrei der Empörung.

In der Bütig wurde nicht Kaffee getrunken. Mathilde servierte an gewöhnlichen Tagen einen Port und vor Weihnachten einen kleinen Suze. Leicht beschwipst und den Kopf voller libertinärer Gedanken zogen die Damen davon. Sie wussten es nicht, aber sie kamen, um ein wenig über die Stränge zu schlagen. In der Bütig vergaßen sie die Vorschriften ihres wohlgeordneten Lebens. Sie vergaßen ihre strengen Ehemänner, ihre dominanten Schwiegermütter, ihre jammernden Mütter, den vorwurfsvollen Pfarrer, das Nähen, Bügeln und die großen freudlosen Betten. Ich wagte mir nicht vorzustellen, was sie wirklich von meiner Großmutter dachten. Mathilde ging nicht in die Messe. Mathilde hatte eine Putzfrau, eine Schneiderin und eine große Villa, die den Freunden ihrer Töchter offen stand. Mathilde hatte einen anarchischen Garten, in dem wilde Iris, Löwenzahn und Gänseblümchen gediehen. Mathilde arbeitete. Mathilde hatte ihre Töchter ermutigt, das Abitur zu machen und zu studieren. Mathilde sprach Englisch und las Faulkner im Original. Mathilde schmauchte ihre Menthol-Zigaretten auf den Caféterrassen zu einer Zeit, wo es sich in der französischen Provinz nicht gehörte, dass Frauen rauchten. Mathilde trug im Winter Hosen und im Sommer eine weite weiße Baumwollbluse, einen safranfarbenen Rock und Leinensandalen. Mathilde las dicke Romane. Mathilde mochte ganz besonders Colette und Céline. Mathilde lächelte auf der Straße die Männer an und vernarrte sich nicht selten wie eine Gymnasiastin. Mathilde fuhr Fahrrad. Mathilde mochte Italien und den Süden. Und wenn sie lange Zeit Shorts und zweiteilige Badeanzüge trug, dann, um sich für den heißen Augusttag im Jahr 1937 am Ufer des Soultzernsees zu rächen, den sie in ihrem Tagebuch beschrieb: «Ziemlich sonnige Tage. Blieb angezogen, ohne zu baden. Mein Mann findet mich zu alt. 35 Jahre! Die Hälfte des Lebens!» Sie, die so gerne badete. Sie, die in langen kräftigen Zügen die eiskalten Seen der Vogesen durchschwamm! An jenem Tag hatte sie der Prüderie ihres Mannes nachgegeben. Ab einem gewissen Alter, dachte Joseph, musste eine Frau auf die Freuden des Sonnenbads verzichten.

Die Aufregung war groß, als die Damen der Bütig zwei Schritte von der Werkstatt entfernt, hinter dem ehemaligen Katherinen-Kloster, die Existenz eines Freudenhauses entdeckten. Es war ihr Neffe, der es Mathilde erzählt hatte. Guite starrte zum Fußboden. Diese schöne elegante Frau war viele Jahre lang die Geliebte einer angesehenen Stadtpersönlichkeit gewesen. Immer, wenn das Gespräch auf sexuelle Dinge oder auf das Heiraten kam, hatte Guite Angst, es könnte herauskommen. Um abzulenken, biss sie eine Ecke ihrer Zan-Lakritztafel ab, die sich, wie der Werbeslogan sagte, «ohne Schrecken schlecken» lässt. Guite ließ ein leises Schnalzen vernehmen. Dieser Tick produzierte genau das Gegenteil des erwünschten Effekts. Statt die Anwesenheit der Schuldigen zu vergessen, rief die Lakritze bei den Damen die Sünde des Ehebruchs in Erinnerung. Mathilde war nicht geschockt, dass es in der Nähe der Bütig ein Bordell gab. «Sollen sie doch zu den Mädchen gehen! Na und?», warf sie der verblüfften Runde entgegen.

Mathilde hatte eine schwarze Katze namens Colibri und zwei Schildkröten, Tony und Juliette, die ich im Sommer in einem entzückenden tragbaren Bidet aus Mahagoni, das auf vier Füßen stand, badete. Mathilde lächelte, wenn sie an die ursprüngliche Funktion des weißen Porzellanbeckens dachte. Joseph ließ ein schallendes Gelächter ertönen, als er eines Tages Tony auf Juliettes Rücken am Grund des Bidets entdeckte. Genau in diesem Augenblick stieß Maria die Gartentür auf. Sie war empört, dass dieses skandalöse kleine Gerät – das Bände sprach über die fleischlichen Praktiken von Joseph und Mathilde! – mitten auf dem Kiesweg thronte. Es hätte nicht viel gefehlt, und sie hätte beim Anblick des unter dem Panzer verkuppelten Paares das Kreuz geschlagen. Sie riet Mathilde, das unanständige Objekt in der Waschküche zu verstecken.

«Mathilde war sehr couragiert. Sie hatte den Mut, sie selbst zu sein. Sie ging aus sich heraus. Gab sich so, wie sie war. Sie kleidete sich einfach. Kein Schmuck, keine Rüschen. Ihre Originalität kam von innen. Sie löste Eifersucht aus für ihre Freiheit, die die anderen mit ihrem Pflichtbewusstsein und ihren Bigotterien nicht hatten. Mathilde war keine Marmeladen-Großmutter. Mathilde verstörte, deswegen gefiel sie mir», hat mir die Tochter der Nichte meiner Großmutter erklärt. Sie hatte immer von einer Großmutter wie Mathilde geträumt. Eine Großmutter, die nicht die ganze Zeit brüllte: «Sag der Dame Guten Tag! Gib dem Herrn das Händchen! Sitz gerade! Nimm deine Finger aus der Nase!» Mathilde stellte keine überflüssigen Verbote auf. Verbrachte den Tag nicht damit, zu unterscheiden zwischen dem, «was sich gehört», und dem, «was sich nicht gehört». Nie wollte Mathilde meine Schulzeugnisse und die Farbe meiner Nägel inspizieren. Sie ließ ihre Enkelkinder halbnackt, mit aufgeschrammten Knien und verklebtem Gesicht bis zum Nachteinbruch im Garten herumtollen. Je «schmutziger und abstoßender» ein Kind abends nach Hause kommt, sagte sie, umso schöner muss der Tag gewesen sein. Mathilde war es, die meinem Bruder in den Herrlisheimer Matten das Radfahren beigebracht hat. Sie rannte atemlos neben ihm her und hielt ihm den Arm. Rannte und rannte. Und ließ auf einmal los. Sie war es, die mir im Schwimmbecken von Neubreisach das Schwimmen beigebracht hat. Stundenlang hielt sie mir das Kinn über das Wasser, bevor sie mich allein davonschwimmen sah und in die Hände klatschte: «Bravo, kleine Fisch-Göre!»

In der Bütig hatte man sich schließlich damit abgefunden. «Mathilde ist nonkonformistisch», sagten die Tanten. «Mathilde ist eine ungewöhnliche Frau. Sie hat fundierte Ideen», sagte ihre Nichte. «Mathilde ist modern, sie ist in», sagte Madame Berg, die einen YeYe-Wortschatz verwendet, um selbst auch dazuzugehören. «Es war ein anderer Schlag. Die anderen waren konservativer eingestellt», sagte ihre Nachbarin. «Mathilde lebte ihren Körper und ihre Sexualität aus. Die anderen waren verheiratet und lebten ihre Beziehung auf eine völlig andere Weise. Sie beugten sich der Pflicht», erklärte die Tochter ihrer Nichte. Die Tanten verstanden nichts von der Beherztheit dieses Eindringlings. Mathilde war ein Kind des liberalen und emanzipierten deutschen Bürgertums. Hätte der Krieg von 14–18 den Lauf ihres Lebens nicht geändert, so hätte sie wie ihre Schwester studiert und Europa bereist. Mathilde war im Vorsprung gegenüber ihrer kleinen Stadt. Manchmal gab sie sich eine erzieherische Mission. Sie sprach von Cézanne und Vasarely. Sie schenkte Madame Berg zum Geburtstag eine Kunstzeitschrift. Lud Guite ins Konzert ein. Schleppte Marthe ins Museum für Moderne Kunst nach Straßburg. «*Si esch gscheidt dini grand-mère!*», sagte Marthe zu mir. Sie ließ sich von ihrer Freundin mittragen. Hörte sich voller Bewunderung Mathildes Erklärungen an. Mathilde hatte sich die große messianische Idee ihrer Schwester zu eigen gemacht. Wie viele Zeitschriften über Mittelalterkunst hatte sie der Haushaltshilfe geschenkt, die ganz zufrieden gewesen wäre mit einer Dose eingelegter Früchte oder einem Trinkgeld als Neujahrsgeschenk. Die Damen der Bütig lobten Mathildes «Bildung». Und wenn sie schlechter Laune war, zischte Mathilde durch die Zähne, sie habe von all diesen «kleinen Leuten» die Nase voll. Eine Sekunde später nahm sie es sich übel, dass sie so ungerecht gewesen war. Mathilde hat ihre soziale Herkunft nie vergessen. Die Rückkehr des Elsass nach Frankreich hatte zu einer Deklassierung geführt, die sie bis zum Schluss als Ungerechtigkeit empfunden hatte. Sie, die davon träumte, Rosa Luxemburg zu ähneln, war die kleine Königin einer Kachelofenfabrik geworden.

Wenn sich die Bütig geleert hatte, kletterte ich Mathilde auf den Schoß. Ich mochte es, meinen Kopf in die Mulde ihres Halses zu legen, um die Geschichten, die sie mir stundenlang vorlas, mitschwingen zu hören. Wir liebten «Heidi» und «Struwwelpeter», «Les Malheurs de Sophie» und vor allem «Der kleine Dingsda» von Alphonse Daudet. Später, als ich schon lange nicht mehr kam, um zu ihren Füßen Prinzessinnen mit gelben Haaren zu zeichnen, als es still geworden war, weil Madame Berg, Guite und alle Tanten tot waren, schrieb mir Mathilde einmal pro Woche von ihrem großen Schreibtisch aus. Sie unterzeichnete auf Deutsch mit *«Deine treue Großmutter!»* Ihre große gotische Schrift brachte mir die letzten Gespräche der Bütig nach London und Berlin.

Yvette

Als Hommage an Frankreich nennt Mathilde ihre zweite Tochter Yvette. Yvette, das reimt sich auf Musette. Das ruft die Ufer der Marne wach, das Akkordeon und die Süße des Lebens. Mathilde verehrt Yvette Guilbert, die Diseuse des ausgehenden Jahrhunderts, die von Toulouse-Lautrec gemalt worden ist. Wenn sie den Kinderwagen mit ihrer Tochter schiebt, trällert Mathilde mit flötender Stimme:

«Jeder weiß, wer Madame Arthur ist,
Und nicht nur jeder, den sie küsst.
Die ganze Welt spricht von dieser Dame,
Sie braucht dazu nicht mal Reklame.
Jeder möcht sie näher kennen,
Denn so 'ne Frau vergisst man nie.
Schön kann man sie nicht grade nennen,
Doch das gewisse Etwas, das hat sie!»

Mathilde ist überzeugt, dass die Franzosen ein besonderes Talent besitzen, glücklich zu sein. Yvette ist ein so frivoler Name. Er wird ihre Tochter zu einer echten Französin machen. Da ist sich Mathilde sicher. Und ihr Kind scheint ihr recht zu geben. «Yvette, unsere fröhliche kleine Yvette!», schreibt sie in ihr Tagebuch. «So ein charmantes kleines Persönchen! Lacht, sobald man an ihre Wiege tritt, und wie köstlich ist ihr Lächeln! Einfach zum Aufessen! Sie ist kerngesund, von frischer Luft und Sonne gebräunt. Sie ist den ganzen Tag im Garten, wo sie allen das Herz erfreut. Ihre Windeln, ihre Laken flattern in der Sonne, dass es eine Freude ist. Was für ein Glück, dieses Kind.»

Als die Deutschen 1940 zurückkehren, wird nicht gespaßt bei der *«Entwelschung»*, der Entfranzösisierung. Für die Nazis sind die Elsässer ein durch Jahrzehnte französischer Besetzung besudelter germanischer Volksstamm. Jede Spur französischer Geschichte und Kultur muss so schnell wie möglich ausgemerzt werden. Das Tragen der Baskenmütze, der *«Gehirnverdunklungskappe»*, ist verboten. Es ist verboten, auf der Straße französisch zu sprechen. Yvette weiß, dass allen, die nicht gehorchen, das Umerziehungslager von Schirmeck droht. Sie spricht nur zu Hause mit ihrer Mutter französisch. Die Elsässer müssen in die Volksgemeinschaft zurückgeholt werden. Die deutsche Staatsbürgerschaft wird ihnen pauschal verliehen. Mathilde und ihr Vater werden ungewollt wieder Deutsche. Mathilde hat mir nicht viel von diesen Jahren der Annektierung erzählt. Ich habe nur ein paar verschwommene Bilder: Yvette, die unter den französischen Gefangenen heimlich Brötchen verteilt. Georgette, die stolz in ihrer BDM-Uniform defiliert. Yvette, die, weniger beflissen, den Nazigruß verweigert. Joseph, der von einem Bauernhof, wo er einen Ofen einbaut, einen Schinken, «so lang wie ein Giraffenschenkel», nach Hause bringt. Mathilde und Joseph, die abends schuldbewusst, wie zwei Bienen an dem großen Rundfunkgerät kleben und BBC hören. Das Foto von einem in die Herrlisheimer Matten gestürzten Flugzeug. Ein Cousin erzählte von der Plünderung jüdischer Wohnungen. Und Tante Madeleine, eine von Josephs Schwestern, hatte im Zweiten Weltkrieg General Rommel auf dem Anwesen ihres adeligen Mannes in Avranches untergebracht. Die Tanten waren stolz auf diesen illustren Gast. Mathilde ihrerseits hätte lieber General de Gaulle ein großes Bett mit weißen Laken bezogen. Aber was soll's. Rommel war besser als gar nichts.

Eine Handvoll Anekdoten. Das ist alles. Über das Wichtigste sprach Mathilde nicht. Was hatte sie gefühlt bei der Rückkehr der Deutschen? War sie glücklich, wieder frei deutsch sprechen zu können? War diese neuerliche Wende der Geschichte ein Schock für sie? Kam es ihr vor, als würde sie 1918 in umgekehrter Richtung noch einmal erleben? Und was hat sie gedacht 1940, als sie sah, wie Franzosen, Juden, all diese «Unerwünschten», das Elsass in aller Eile mit 30 Kilo Gepäck und einer lächerlichen Summe Geld in der Tasche verlassen mussten. «Die Geschichte ist eine unendliche Wiederholung», sagte sie nur.

Diesmal ist Frankreich der Feind. Die neuen Herren im Elsass versuchen die Vergangenheit auf ihre Weise zu neutralisieren. Mathilde beobachtet diese absurden Maßnahmen. Die Statuen von Jeanne d'Arc und General Rapp werden geschleift. Die Denkmäler des französischen Siegs von 1918 zerstört. Colmar wird zu Kolmar. Die Avenue de la Liberté, in der Marthes Eltern wohnen, wird zur Avenue des 17. Juni, dem Datum, an dem die deutschen Truppen 1940 in Colmar einmarschiert sind. Die Avenue de la République, in der Mathilde und Joseph wohnen, wird zur Adolf-Hitler-Straße.

Die allzu französisch klingenden Namen und Vornamen der Elsässer werden germanisiert. Yvette dulden die Nazis nicht. Am 23. Januar 1942 wird Yvette durch ein Dekret des Oberstadtkommissars von Kolmar, geprägt mit Adler und Hakenkreuz, umgetauft: «*Yvette Klebaur führt auf Grund der dritten Anordnung des Chefs der Zivilverwaltung im Elsass zur Wiedereinführung der Muttersprache vom 16. 8. 1940 (Änderung französischer Vor- und Familiennamen) künftig den Namen: Margarete Marie Magdalena Kleebauer.*» Aber Yvette ist unkompliziert. Sie macht ihrem angestammten Vornamen Ehre. *Kleebauer* ... Dieser Name ist doch ganz hübsch. Sie freut sich über diese kleine Anpassung. Sie mag es, dass das bukolische Kolorit ihres Familiennamens die Strenge ihres neuen Vornamens etwas abmildert. Sie findet es vor allem ehrlicher, ihrem Familiennamen den ursprünglichen Klang zurückzugeben. Warum es verheimlichen: Klebaur ist nun mal kein französischer Name und der Accent aigu hat auf dem e nichts zu suchen. Noch viel später, in den siebziger Jahren, wird sich Yvette über diese affektierten Elsässer mokieren, die ihren Familiennamen französisieren und ihre Wurzeln verleugnen. Wenn sie den Bauherrn, den Zahnarzt und den Notar traf, mit denen mein Vater im Lions Club verkehrte, sprach sie die Namen Pfeiffer, Reuligen oder Chachinger systematisch deutsch aus. Sie entledigte die Gébauers ihres hochstaplerisches Accent aigu und gab den Weigels ihren Diphthong und das harte g zurück. Mit dieser Provokation sorgte sie schon beim

Martini orange für eine frostige Stimmung. Der Abend fing gut an. Mein Vater tötete seine Frau mit Blicken. Er war außer sich, dass sie nicht für ein einziges Mal über eine unbedeutende kleine phonetische Koketterie hinwegsehen konnte.

«Französisch sprechen ist schick!», war nach dem Krieg auf kleinen Plakaten auf Colmars Straßen zu lesen. Deutsch ist verpönt. Sobald sie wieder Franzosen geworden sind, wollen die Elsässer diese kompromittierenden Jahre, die sie mit Nazideutschland geteilt haben, so schnell wie möglich vergessen. Doch Yvette hält an beiden Sprachen fest. Sie bekommt bei der Befreiung wieder ihren französischen Vornamen und liest weiterhin deutsche Bücher. Sie mag Kurt Tucholsky genauso wie Montaigne, Rilke genauso wie Romain Rolland. Sie hat die Jahre des Zweiten Weltkriegs in der deutschen Schule verbracht, aber ein französisches Abitur gemacht. Ihre Mutter und ihr Großvater waren Deutsche. Ihr Vater hatte erst Deutsch gesprochen, bevor er Französisch lernte. Yvette ist nicht bereit, ihre doppelte Identität zu verraten: «Und sowieso», sagte sie. «Im Herzen sind wir Elsässer alle ein wenig deutsch!»

Yvette ist Mathildes deutsche Tochter.

Meine Mutter liebte ihre beiden Kulturen. «Es wäre doch dumm, auf eine von beiden zu verzichten», sagte sie. Es gefiel ihr, zwischen den beiden hin und her geschaukelt zu werden, zwischen Frankreich und Deutschland zu pendeln. Manchmal war es schwierig, damit umzugehen. Doch trotz der Kriege, trotz dieses Kommens und Gehens, trotz all dieser inneren Zerrissenheit und der ideologischen Dressur durfte diese Chance nicht vertan werden, indem man sich von Deutschland abschnitt. Sie war entrüstet, dass die Straße, in der sich mein Kindergarten befand, mit Rue des Veaux, «Kälberstraße», den Namen einer Rinderherde bekam, wo doch die von Kalbs eine noble Straßburger Familie gewesen waren. Und wenn sie zum Bäcker ging, mokierte sie sich über die bornierten Linguisten, die die Knoblochstraße, benannt nach einer großen Drucker-Familie, in eine vulgäre Rue de l'aïl, Knoblauchstraße, verwandelten: «Himmel noch mal», entrüstete sie sich. «Das Elsass ist nun mal zweimal nacheinander deutsch gewesen, ob wir es wollen oder nicht, und man verfälscht die Geschichte, wenn man die Straßburger Namen so lächerlich verhunzt!» Sie war empört über diese Absurdität.

Sie nahm es den Elsässern übel, dass sie mit allen Kräften versuchten, den deutschen Teil ihrer selbst zu verdrängen. Sie freute sich, dass der *Recteur*, der hohe Beamte, der die Oberaufsicht über alle Bildungseinrichtungen einer Region innehat, Deutsch 1985 als Schriftsprache des Elsässischen anerkannte. Sie hat den Mut dieses Mannes, der aus Lille kam, bewundert, als er zu sagen wagte: «Somit ist das Deutsche eine französische Regionalsprache.» Meine Mutter war die Einzige in der Familie, die ihre Zuneigung zu Deutschland ungeniert zeigte. Deutschland war so nah, und alle taten so, als sähen sie es nicht. Das war völlig unsinnig.

Sie hat mich gezwungen, auf dem Gymnasium Deutsch als erste Fremdsprache zu lernen. Sie, die einem nie irgendetwas aufdrängte, forderte: «Das ist die Sprache unserer Nachbarn. Damit muss man anfangen. Es wäre absurd, Englisch den Vorzug zu geben!» Ich beneidete meine Cousine, die Spanisch wählen durfte und den ganzen Juli in Madrid verbrachte. Deutsch als erste Fremdsprache und das Veto gegen Barbie-Puppen, die sie für vulgär hielt, waren die einzigen erzieherischen Maßnahmen, über die meine Mutter nicht mit sich reden ließ. Montags las sie auf dem Balkon bei einer Tasse Nescafé den «Spiegel». Das war der Moment, der ihr allein gehörte. Niemand durfte sie stören. Sie legte einen dicken schwarzen Schal um und eine nachdenkliche Miene auf. *«Der internationale Frühschoppen!»*, rief sie an Regensonntagen mit respekteinflößender Stimme von einem Ende der

Wohnung zum anderen, wenn unser Vogesenausflug ins Wasser gefallen war. Und «*Der internationale Frühschoppen*», das hieß: Ruhe! Geht auf eure Zimmer! Ich will keinen im Wohnzimmer sehen! Gegessen wird später! Sie saß vor dem Fernseher auf dem Fußboden, die Knie bis unters Kinn gezogen und rührte sich nicht mehr. Ich hatte Hunger. Ich fragte mich, wie eine junge, quicklebendige Frau so fasziniert sein konnte von dieser dozierenden Altherrenrunde, die geopolitische Theorien aufstellte, die genauso nebulös waren wie die Rauchkringel, die von ihren Zigaretten aufstiegen.

Was jenseits des Rheins vor sich ging, interessierte Yvette. Sie verfolgte die großen deutschen Debatten: die Wiederaufrüstung, die RAF, die Vergangenheitsbewältigung, den Kniefall im Ghetto von Warschau. Sie fand Willy Brandt so verführerisch, dass sie imstande gewesen wäre, zusammen mit den anderen Bewunderinnen vor dem Schlafzimmer des Bundeskanzlers Schlange zu stehen. Sie bewunderte Petra Kelly. Sie fand, Kanzler Kiesinger habe die von Beate Klarsfeld verpasste Ohrfeige wohl verdient. Deutschland war aus meinen Kinderaugen ein Land voller exaltierter Frauen. Yvette liebte Gisela May und Pumpernickel, Bertolt Brecht und Lodenmäntel, Bienenstich und Schuberts Lieder. Sie wagte es sogar, auf den Elternversammlungen zu sagen, sie finde, dass das deutsche Schulsystem der Persönlichkeit der Jugendlichen besser gerecht werde als diese geisttötende Paukerei, die uns das Programm des staatlichen Schulwesens aufdrängte. «Weniger Schulstunden, weniger Hausaufgaben, leichtere Schulranzen und mehr Sport und künstlerische Aktivitäten!», verlangte sie. Der Direktor starrte sie ganz entgeistert an. Die anderen Eltern verlangten mehr Disziplin und mehr schriftliche Arbeiten in den Altsprachen.

Mein Vater betrachtete die Germanophilie seiner Frau mit Sorge. Er hatte sein Abitur im Lycée Descartes in Tours gemacht und Deutsch im Krieg als Fremdsprache, über der «Jungfrau von Orleans» dösend, gelernt. Er zog Amerika vor. Er sagte nie die Vereinigten Staaten, sondern «Amerika», mit ekstatischer Stimme. Diese Faszination ging auf einen Nachmittag bei der Befreiung von Tours zurück. Ein amerikanischer Jeep raste durch die Rue Michelet. Ein GI, schwarz wie der Kohlenberg im Keller von Tante Alice, warf irgendetwas auf meinen Vater, der auf dem Gehsteig dem Durchzug der Befreier zusah. «Der Arsch, der spuckt auf mich!», schrie mein Vater. Aber was er für öligen Geifer gehalten hatte, waren in Silberpapier gewickelte Pfefferminzbonbons. Mein jugendlicher Vater warf sich mitten auf der Straße auf die Knie und stopfte sich die Taschen seiner Shorts mit den Bonbons des GIs voll. Es war Liebe auf den ersten Blick.

Eine Liebe fürs Leben. «*L'Amérique, l'Amérique, je veux l'avoir et je l'aurai*», «Amerika, Amerika, dich will ich und dich kriege ich», swingte Joe Dassin morgens aus dem Transistor auf dem Küchenregal. «*L'Amérique, l'Amérique, si c'est un rêve je le saurai*», «Amerika, Amerika, wärest du nur ein Traum, das würde ich wissen.» Mein Vater trank seinen kleinen Schwarzen und träumte von den «großen Weiten». Er fühlte eine jugendliche Freude in sich aufsteigen. Lust, die Fesseln zu sprengen und aufzubrechen, immer weiter weg. Ins Land der unbegrenzten Möglichkeiten. John Wayne neben Joan Baez. John F. Kennedy war aus demselben Stoff wie Humphrey Bogart. «Die amerikanische Herausforderung» von Jean-Jacques Servan-Schreiber, dem «Kenedillon» der französischen Politik, war die Lieblingslektüre meines Vaters. Management, Technologie, Informatik, alle diese Wörter von der anderen Seite des Atlantiks übten eine große Anziehungskraft auf ihn aus.

Frankreich kam ihm eingerostet, altmodisch vor. Marthe legte für ihren Sohn die Nummern der Zeitschrift «Jour de France» zur Seite, in denen Jackie

Kennedy, Bibi-Hütchen auf dem Kopf und ihre beiden Kinder in Lackschühchen und weißen Socken an der Hand, das *ovale office* betritt. Als im September 1979 auf der Place des Halles in Straßburg der erste McDonald's Frankreichs seine Tore öffnete, war mein Vater einer der ersten Kunden. Er meinte, meiner Mutter eine Freude zu machen, wenn er uns Samstagmittags zu einem Big Mac einlud. Meine Mutter wollte ihn nicht enttäuschen. Sie klaubte das schlappe Brötchen aus der Pappe und stocherte an den von Mayonnaise triefenden Karottenstängelchen herum.

Jeden Sommer unternahm mein Vater eine große Reise nach Amerika. Er mietete einen gigantischen himbeerroten Wagen mit Automatik. Ein unverschämter Schlitten, der aussah wie ein riesiger Schuhanzieher. Damit fraß er Meilen auf den Highways. Er sah die Landschaft vor dem Fenster vorbeiziehen. Er trug eine Wrangler Jeans und die Haare bis in den Nacken. Ernährte sich ausschließlich von Big Macs und Coca-Cola, die er in den Drive-ins kaufte. Ein Verkäufer mit Papierhut schob die Hand durch das schmale Fenster seiner Verkaufsbude und streckte ihm die Tüte mit dem Essen entgegen. «Thank you!», sagte mein Vater und drückte aufs Gas. Das war sein einziger menschlicher Kontakt während eines Tages. Er verließ das

Auto nur für die drei Schritte, die ihn von seinem Bett im Motel trennten. Und da «Macbeth» noch weniger Spuren hinterlassen hatte als «Die Jungfrau von Orleans», verbrachte er einen ganzen Monat, ohne mit jemandem ein Wort zu wechseln. Yvette hat ihn nur ein einziges Mal bei diesem seltsamen Roadmovie begleitet. Sie mochte weder die Vereinigten Staaten noch diese gefräßige Art, Meilen und literweise Coca-Cola zu verschlingen. Das Schlimmste aber war für sie, die so kontaktfreudig war, diese Quarantäne zu zweit, in ein großes klimatisiertes Spielzeug gesperrt.

Yvette wusste, was sie wollte. Jeden Sommer ließ sie ihren abenteuerlustigen Ehemann ausziehen, die Autobahnen zu erobern, und verbrachte die Ferien mit ihren Kindern und Thomas Mann in den Vogesen. Sie mietete einen umfunktionierten Hühnerstall, der Gott allein weiß durch welches Wunder das offizielle Tourismus-Label bekommen hatte. Es war nichts als eine an die Bergflanke geklebte Sperrholzbaracke. Ein Vorhang in dem einzigen Schlafzimmer trennte das Bett meiner Mutter von unserer Kinderecke. Auf der anderen Seite der geblümten Membran brannte die ganze Nacht das Licht. Dahinter zeichnete sich der aufrechte Schatten meiner Mutter in ihrem Bett ab. Sie bewegte sich nur, um die Seiten umzublättern oder ein Kissen hinter dem Rücken zurechtzurücken. Die Nacht gehörte ihr. Meine Mutter verschlang den «Zauberberg». Sie verlor sich auf den vielen Seiten. Am Morgen beim Frühstück war sie abwesend. Sie war noch immer auf den zur Sonne gerichteten Liegestühlen auf der Terrasse des Sanatoriums. Schritt, in metaphysische Diskussionen vertieft, die verschneiten Wege von Davos ab. Während ihre Kinder die Tage damit verbrachten, in der Scheune schlängelnde Tunnels durchs Heu zu bahnen, malte sich Yvette auf einem Liegestuhl im Schatten eines Mirabellenbaums die seltsamen Höhlen aus, die die Tuberkulose in die Lungen der schönen Madame Chauchat gefressen hatte.

Wenn mein Vater aus Amerika zurück war, besuchte er uns an den Sonntagen. Er traf am späten Vormittag ein und blieb nie über Nacht. Yvette empfing ihn in Shorts beim Sonnenbad, mit nackten Füßen, die widerspenstigen Strähnen von einem kleinen getupften Foulard zurückgehalten. Jeder Versuch, unseren primitiven Lebenswandel zu ändern, war zum Scheitern verurteilt. Eines Tages setzte sich mein Vater in den Kopf, unser Frühstück zu amerikanisieren. Er kam mit einer riesigen Packung Cornflakes an. Die unpasteurisierte Kuhmilch aus dem Stall hinterließ graue Krümel auf den goldenen Flocken. Wir blieben unseren unzeitgemäßen kulinarischen Gewohnheiten treu: großzügig mit Nutella bestrichene Brote und eine Schale heiße Schokolade. Mein Vater, der es ungemütlich fand auf dem zusammenklappbaren Campingsessel, verstand nicht, wie seine Frau es einen Monat lang in dieser Hütte aushielt, die nach nasser Katze und Industriereinigungsmittel roch. Yvettes glückliche Untätigkeit verwirrte ihn.

Yvette benutzte ihren zerbeulten R4 nur, um nach Straßburg zurückzufahren. Der R4 war in den Augen meines Vaters ein groteskes Gerät, eine verkümmerte Blechkiste, die gallische Missgeburt seines himbeerroten Amerikaners. Yvette lobte die Vorzüge dieses beliebten kleinen Wagens, einfach, praktisch, bescheiden wie seine Fahrerin. Zum Einkaufen stieg Yvette am liebsten zu Fuß mit einem riesigen Rucksack ins Dorf hinunter.

Zu Beginn der achtziger Jahre, als die Leidenschaft meines Vaters für Motels und gerade Asphaltlinien noch schlimmer wurde, besuchte meine Mutter an der Sommeruniversität Heidelberg eine Vorlesung in deutscher Literatur. Yvette zog Heidelberg Chicago vor. Den Philosophenweg der Road 66. Das Renaissanceschloss den modernistischen Wolkenkratzern. Das alte Europa der neuen Welt. Sie wusste, dass sie, einsam auf ihrer kleinen Barke, gegen den Strom ruderte. Wer konnte Deutschland vorziehen, wenn man ihm Amerika anbot? Sie lebte in einer kleinen Studentenbude von *Birchermüsli* und den Buddenbrooks, bei einer nicht sehr gesprächigen Vermieterin. Mein Bruder und ich waren ausgezogen. Unsere Mutter fand wieder Geschmack an der Freiheit. Sie entdeckte die Autoren neu, die sie an der deutschen Schule studiert hatte, und die langen, auf Caféterrassen durchphilosophierten Nächte. Sie war von Studenten aus der ganzen Welt umgeben. Sie fühlte sich verjüngt. Schrieb auf Deutsch lange Brief an Mathilde. Sie lernte eine junge Ärztin aus der Gegend von Gorleben kennen, dem Dorf in Niedersachsen, das von der deutschen Regierung für die «Verwaltung» der radioaktiven Abfälle vorgesehen war. Rita und Yvette waren sich gleich sympathisch. Rita erwartete ihr erstes Kind. Yvette war ganz gerührt. Rita lud Yvette ein, den Sommer in ihrer Wohngemeinschaft im Wendland zu verbringen. Yvette packte den Koffer und stieg in den Zug. «Es ist ein Backsteinhaus mit englischen Fenstern, zwei Katzen und vielen Zimmer mit vielen kleinen Schätzen, die den fünf Bewohnern gehören. In einem kleinen Zimmer unter dem Dach ein Bett mit Decke, ein Nachttischchen aus Weide, eine Leiter, an der man seine Kleider aufhängt.

Die Tür ist in zwei Farben gestrichen. Rita hat meinen Namen an die Tür geschrieben – ein hübsches Symbol!», schreibt meine Mutter voller Begeisterung in ihr Reisetagebuch.

«Frieden schaffen ohne Waffen!», «Das Private ist politisch!», «Ärzte warnen vor dem Atomkrieg!», «Wussten Sie schon? Es kostet im Durchschnitt das Gleiche, einen Soldaten auszurüsten und ausbilden zu lassen oder 80 Kinder zu erziehen!», stand auf den ernsten Flugblättern, die wie Schmetterlinge auffliegen, wenn man das Tagebuch schüttelt. Jörn, Walter und Joachim waren Wehrdienstverweigerer. In einem Brief an meinen Vater schreibt Yvette: «Ich glaube nicht, dass Du Dich hier wohl fühlen würdest. Aber ich mag diesen radikalen Wechsel in meinem Leben. Ich finde dieses Leben in der Gemeinschaft gut. Diese jungen Leute sind sehr praktisch veranlagt. Sie essen von morgens bis abends zu den unglaublichsten Zeiten Salate und *Birchermüsli.* Sie verzichten auf Fleisch – was ich nicht ganz nachvollziehen kann. Ich habe Hunger!» Im Wendland findet meine Mutter verwandte Seelen. Yvette war immer zwischen zwei Weltanschauungen hin und her gerissen. Die Reize des bürgerlichen Lebens ließen sie nicht gleichgültig, aber sie widerstand auch nicht dem Ruf der Revolte. Sie konnte sich nicht entscheiden zwischen

dem Pelzmantel, den Mathilde ihr zum fünfzigsten Geburtstag geschenkt hatte, und den ausgewaschenen indischen Tuniken, die sie mit Rita auf dem Alternativmarkt von Uelzen kaufte. Sie legte Wert auf geregelte Mahlzeiten und aufgeräumte Schränke, beeilte sich aber, die Fransen des Wohnzimmerteppichs, die Mam Hans sorgfältig gekämmt hatte, zu verstrubbeln.

Im Wendland entdeckte Yvette das Nichtstun. Sie saß auf einer Bank mitten in Lüneburg und verschlang zu ungebührlicher Stunde allein ein ganzes Körbchen Erdbeeren. Sie hielt ihren Mittagsschlaf, wann sie Lust dazu hatte. Sie entdeckte «nach zwanzig Jahren Abstinenz» das Fahrrad wieder. Sie erzählte von ihren Spaziergängen in der Lüneburger Heide, von der Heidelandschaft mit den leuchtend violetten Erikapflanzen, den sanften Hügeln, dem weiten Himmel, der reinen Luft, dem unendlichen Horizont. Sie machte Fotos und klebte sie in ihr Tagebuch. «Der schönste Ausbruch dieses Aufenthalts», schrieb sie in ihrem Zimmer, als sie von einer langen Fahrt mit dem Rad zurückkehrte, «wahrscheinlich weil ich die Einsamkeit so liebe.» Manchmal fühlte sie sich ein wenig fremd in dieser Hausgemeinschaft, wo nachts diskutiert, tagsüber gekämpft und am Wochenende protestiert wurde. «Rita läuft splitternackt im Garten herum wie eine Indianerin. Sie hat einen imposanten Bauch, ganz rund, mit einem schönen Nabel in der Mitte», amüsiert sie sich. Die Vegetarier machen ihr zu schaffen. Sie hatte Heißhunger auf Fleisch. Sie nahm sich vor, sich heimlich abzusetzen und sich in einem bürgerlichen Restaurant der kleinen Nachbarstadt eine saftige Schweinshaxe zu gönnen. Rita hatte ein indianisches Gebet vor Yvettes Melissentee auf den Frühstückstisch gelegt: *«Großer Geist gib, dass ich meinen Nachbarn nicht eher tadle, als bis ich eine Meile in seinen Mokassins gewandert bin.»* Yvette fand diese jungen, stets alarmbereiten Moralisten doch etwas sehr ernst. Sie warnten die Welt vor den Katastrophen, die die Zukunft unweigerlich für uns bereithielt. Sie hatte Lust, ihre schönen Theorien etwas zu zerpflücken. Hatte Lust, ihnen beizubringen, sich vom Leben tragen zu lassen, ohne zu viel zu grübeln, ohne zu viel zu reden. Manchmal kam die Leichtigkeit ihres französischen Vornamens wieder zu ihrem Recht.

In jenem Sommer entdeckte Yvette das Soja, die Esoterik und die Frauenbewegung. Als sie nach Straßburg zurückkehrte, ließ sie ein kleines graues Buch auf das kleine Tischchen neben dem Kamin knallen: *«Ich bin ich»*, deklarierte in dicken grellrosa Buchstaben der Titel dieser Bibel des hartgesottenen deutschen Feminismus. Mein Vater erzitterte. Er hatte gleich gewusst, dass diese Tour im Land der Frauen ohne BHs unangenehme Folgen zeitigen würde. Die neuen Lesegewohnheiten seiner Frau ließen das Schlimmste vermuten. Und wenn sie sich nun wirklich auf die Suche nach sich selbst begab, dann war Schluss mit dem Pascha-Leben. Die militanten Atomgegner von Gorleben hatten seine Frau einer Gehirnwäsche unterzogen. Sie kam mit sektiererischen Ansprüchen zurück. Fühlte sich Yvette etwa unterdrückt? Würde sie sich in Zukunft weigern, die leckeren Abendessen zuzubereiten und sich die Beine zu enthaaren? Auf solche Ideen können auch nur Deutsche kommen!

«Ich bin ich» beschreibt die Emanzipation einer Ehefrau von einem tyrannischen Universitätsprofessor. Während der Unterdrücker Wolfgang eine brillante akademische Karriere zurücklegt, eine Stufe nach der andern in einer konservativen politischen Partei erklimmt, One-Night-Stands aneinanderreiht und seine Frau schlägt, verbittert das Opfer Judith in ihrem Haus zwischen verkackten Windeln und Waschpulver vor sich hin, verliert ihre Identität und ihre Haare. *«In meiner Ehe war ich ein Nichts»*, stellt Judith fest. *«Mein Mann selbst hat es mir immer wieder gesagt: ‹Du bist ein Nichts und Niemand. Du wirst in deinem Leben keine Spur hinterlassen. Alles, was du bist, bist du nur aus mir.› Ich bin*

ein Nichts geworden. Mit zweiundzwanzig war ich kreativ und eigenständig; aber dann habe ich geheiratet und bin in einem unheimlich schleichenden Prozess die Frau von … geworden, das Zubehör von …, das Anhängsel von …, das Eigentum von …» Mit neununddreißig Jahren beschließt Judith, sich vom Joch der Ehe zu befreien. In einer großen Nachbarstadt findet sie Arbeit, eine Wohnung und verlässt ihren Mann mit den beiden Töchtern ohne einen Cent in der Tasche.

Neben «*Ich bin ich*» ist Beauvoirs «Das andere Geschlecht» von einem faden Konformismus. Yvette teilte den Radikalismus von «*Ich bin ich*» nicht. «Diese Geschichte ist überzogen», sagte sie. «Wie konnte diese Frau sich in einen solchen Kerl verlieben? Und den Männern den Krieg zu erklären, ist auch nicht die Lösung.» Nie hätte sie ihre schicken Kostüme gehen eine lila Latzhose getauscht, nie hätte sie darauf verzichtet, sich die Nägel zu lackieren. Der Feminismus von «*Ich bin ich*» gefiel Yvette nicht. «Zu trist. Zu larmoyant», fand sie. Aber auch wenn sie sich über Judiths Forderungen mokierte, ich spürte genau, dass sie verlockt war.

Mit der Abtreibung war meine Mutter absolut einverstanden. Sie war eine der Ersten gewesen, die in Straßburg für das Recht auf den eigenen Bauch auf die Straße gingen. Ich hatte mich gekränkt hinter den Vorhängen versteckt. Ich sah meine Mutter mit erhobener Faust unter den Fenstern meines Zimmers vorbeigehen. Als der «Hite Report» über die weibliche Sexualität erschien, demontierte sie mit ihren Freundinnen bei Tee und Kirschcake den Mythos des vaginalen Orgasmus. Vor allem aber setzte sich Yvette für das Dogma der finanziellen Unabhängigkeit der Frau ein. «Ob die Deutschen uns voraus sind?», fragte sie sich abends beim Geschirrspülen, während sich mein Vater im «living» eine Mahlersymphonie anhörte. Er achtete sorgfältig darauf, dass die Türen gut geschlossen waren, damit er nicht durch das Scheppern von Geschirr im Spülbecken aus seiner Träumerei gerissen wurde.

«Bloß in Sicherheit, die deutschen Grünen kommen!», hatte mein Vater gerufen, als Rita Yvette nach der Geburt ihrer Tochter in Straßburg besuchte. Er kam einfach nicht zurecht damit. Er fand diese Müslifresser höchst anstrengend. Er verfolgte herablassend ihre okkulten Riten, ihren elementaren Mangel an Schamgefühl. Rita packte am Mittagstisch ihre Brust aus, um ihr Neugeborenes zu stillen. Mein in der Theorie anarchistischer, in der Praxis eher prüder Vater hätte sich beinahe verschluckt. Das Stück Lauchkuchen, aus Vollkornmehl und ohne Speck, das Yvette zubereitet hat, blieb ihm im Hals stecken. Er hustete in die Serviette, wagte aber nicht zu protestieren. «Platsch, eine Titte, wirklich, da neben mir, auf der Tischdecke», wird er später erzählen. Er fixierte die Turmspitze der Kirche Saint Nicolas durch die hohen Fenster des Esszimmers. Er hatte Angst, in den Augen Ritas seinen Ruf als Macho zu bestätigen, Angst, diese weibliche, vor Milch strotzende Brust neben ihm auf dem Tisch anzusehen.

«Ich bin ich» lag noch lange nach Yvettes Tod auf dem Tischchen vor dem Kamin. Niemand wollte diese Erinnerung an einen letzten strahlenden Sommer beiseiteschaffen. Wenn wir von einem Raum in den nächsten gingen, warfen wir einen gerührten Blick auf das kleine graue Buch. Dachten an Yvettes Fahrrad und an Ritas Brust. Und dann, eines Tages, war *«Ich bin ich»* plötzlich verschwunden. Die alte Wohnung hatte es verschlungen.

Die verleugnete Heimat

Wenn ihre Schritte nach ein paar Stunden Wandern langsamer und ihr Körper schwerer wurde, stimmte Mathilde ein deutsches Wanderlied an. Die Müdigkeit war augenblicklich verflogen. Das Singen verlieh ihr Flügel. Die Familie spaltete sich in zwei Gruppen. Vorneweg Mathilde und ihre Töchter, die auf die Feldlinie des Höhenwegs zuschritten und sich von dem kräftigen Takt der Melodie mittragen ließen. Ihre beinahe männlichen Stimmen waren kaum wiederzuerkennen. Der Rest der Familie bildete hinter ihnen kleine aufsässige, schwatzende Trüppchen. Wir Kinder sammelten mit einer Schaufel die noch feuchten Kuhfladen ein und ließen sie in eine Plastiktüte gleiten. Das geschah auf Anweisung von Mathilde. Sie brauchte Dünger für ihre Gartenbeete. «*Das Wandern ist des Müllers Lust*» sind meine ersten deutschen Wörter, die ich im Schlepptau meiner Großmutter auf einem Vogesenpfad aufgelesen habe. Mathilde marschierte drauflos, die Augen zum Himmel gerichtet. Sie war abwesend, in einer Welt voller *lustiger Müller, blauer Berge, Jäger, Nachtigallen, Blümelein, Hüten mit drei Ecken,* von *kleinen Wanzen auf einer Mauer* und *valleri, vallera, vallera-ha-ha-ha-ha.* Es war die frische und fröhliche Welt ihrer deutschen Kindheit.

«Wir haben alles verleugnet!», stellte Mathilde fest.

Nach Georgettes Tod brachen die Goerkes die Verbindungen zu ihren deutschen Familien ab. Sie gaben den Briefwechsel mit ihrer Cousine Anna auf. Onkel Fritz kam im Frühling nicht mehr aus Berlin zum Mittagessen nach Drei Ähren. Als sein Bruder 1935 in Lichterfelde starb, schrieb Karl Georg Anna einen Kondolenzbrief. Aber zur Beerdigung fuhr er nicht. Karl Georg Goerke hat den Rhein nie wieder überquert. Nach ihrer Heirat machte Mathilde ganz auf Französin. Tat alles, um nicht aufzufallen. Sie verbarg ihre deutschen Wurzeln unter koketten Pariser Kostümen. Mathilde hatte ein Leben lang Frankreich verehrt. Alles, was schick und vornehm war, war zwangsläufig französisch. Frankreich war das Land der eleganten Männer, die den Frauen die Türen aufhielten und sich auf den Straßen bewundernd nach ihnen umdrehten. Charmeure mit «Stil und Wortgewandtheit». Frankreich, das war Fröhlichkeit, Ritterlichkeit, Freiheit. Vor allem aber war für Mathilde «das echte Frankreich» nicht das Elsass. Das «innere Frankreich», wie die Elsässer sagen, begann auf der anderen Seite des Vogesenkamms. Mathilde war eine große Bewunderin Napoleons, den die Elsässer «Napi» nennen. Es war Napoleon, der das Elsass an Frankreich gekoppelt hatte. Keine Provinz Frankreichs hat der Großen Armee so viele Generäle gestellt. Auf Mathildes Regal stand eine kleine Büste des Kaisers. Joseph, der seit seinem Dienst in der *feldgrauen* Uniform auch seine Gründe hatte, seine Loyalität zu Frankreich unter Beweis zu stellen, setzte auf die andere Seite das Foto von General de Gaulle. So starrten sich der Kaiser und der General auf dem Regal meiner Großeltern von einem Ende zum anderen an.

Einzig die Sprache verriet Mathilde. Ab und zu wurde ihr tadelloses Französisch von einem Germanismus sabotiert. Für «das Essen» machte sie einfach wie im Deutschen das Verb zum Nomen, was «le manger» ergab statt «la nourriture», und für Verben wie «monter» oder «descendre» hängte sie nach deutschem Muster noch eine Präposition an, was eindeutig des Guten zu viel ist und für französische Ohren ungefähr klingt wie «nach oben hinaufgehen» und «nach unten hinuntergehen». Manche Wendungen übersetzte sie wortwörtlich, so wurde aus «elle m'emmène» («sie nimmt mich mit») «elle me prend avec», und aus dem deutschen «Komm, mach doch mit!» das buchstäbliche «Allez viens! Fais donc avec!», was nicht sehr viel zu tun hat mit dem französischen «Allez viens! Participe donc à notre excursion!». Für jemanden, der gerne allein und nicht sehr gesprächig war, wurde das deutsche «Sie war immer für sich» direkt importiert zu «Elle était toujours pour elle», auf Französisch ein ziemliches Kauderwelsch. Diese kaum wahrnehmbaren Schlacken, diese eigenartig zusammengebastelten Satzteilchen, diese eigene Art, die Wörter zu formulieren, verrieten sie. Mathilde schmuggelte deutsche Wörter wie *«Stück»* und *«Schluck»* in ihre französischen Sätze. Ihr ganzes Leben hatten Chicorée und Porree keine anderen als deutsche Namen, und ein *«Donnerwetter!»* war und blieb ein deutsches Donnerwetter mit rollendem «r», das von ganz tief aus der Kehle kam. Mathilde torpedierte das Französisch. Sie gönnte sich diese hinterhältige Demontage. Diese Aufmüpfigkeiten wurden gegen Ende ihres Lebens mehr. Je älter sie wurde, desto mehr getraute sich Mathilde, deutsch zu sprechen. Das Deutsche drängte sich in ernsten Momenten ganz von alleine auf. Wenn sie mürrisch, sentimental oder einfach nur nachdenklich war, trat ihr das Deutsche auf die Lippen. Sie kostete diese schöne, etwas gelehrte Sprache aus, wiegte sich in Aphorismen und Zitaten. Deutsch war die Sprache der Kultur. Die Sprache ihres Vaters und der Schule.

Mathilde behielt ihre Geschichte das ganze Leben für sich. Als am Ende des Zweiten Weltkriegs die Gräueltaten der Nazis vor den Augen der Welt enthüllt wurden, machte sich Mathilde noch kleiner. 1945 wird im Elsass das deutsche Erbe, das bereits tabu war, zum nationalsozialistischen Erbe. Nach dem Holocaust, nach dem großen Gemetzel in Russland, nach den zerstörten Städten und den zerstörten Völkern wagt im Elsass niemand mehr ein positives Wort über Deutschland zur Zeit des «Reichslands» zu äußern. Millionen von Deutschen sind aus den Territorien im Osten vertrieben worden. Dagegen war Mathildes Drama bloß eine kleine Anekdote. Die Vertreibung der Deutschen im Jahr 1918 wird in den elsässischen Geschichtsbüchern nur mit wenigen Zeilen erwähnt. Eine Bagatelle. Die französischen Geschichtsbücher sprechen überhaupt nicht davon. Die «Unerwünschten» des Elsass von 1918 fallen nicht ins Gewicht gegenüber den Kolonnen von Deutschen aus dem Sudetenland und aus Ostpreußen, die mit ihren Handkarren, ihren Bündeln und den Kindern mit den verstörten Augen das kollektive Gedächtnis Nachkriegsdeutschlands besetzen. Und in den Zeiten der großen deutsch-französischen Versöhnung wäre es niemandem eingefallen, diese unschönen Grenzepisoden auszugraben.

Mathilde schämt sich ihres Kummers. Das Schicksal der Familie Goerke hat nicht das Kaliber der großen historischen Tragödien. Je mehr Zeit vergeht, umso mehr wird 1918 zu einem unbedeutenden Zwischenfall in der Geschichte einer zwischen zwei nationalistischen Schwergewichten zerrissenen kleinen Provinz. Mathilde wäre es anmaßend vorgekommen, Anspruch auf ihren Leidensteil zu erheben. Sie tut, als habe sie vergessen. Während sich die Vertriebenen aus Schlesien, Ostpreußen, aus dem Sudetenland und Memelland in Deutschland innerhalb mächtiger Verbände organisieren und die Rückkehr der verlorenen Territorien nach Deutschland und Entschädigung für ihre beschlagnahmten Güter fordern, während sie gemeinsam mit großem Tamtam und Trachtentänzen der Sehnsucht nach der verlorenen *Heimat* frönen, schlägt sich Mathilde ganz allein mit ihrer Lebensgeschichte herum. Die wenigen Deutschen, die nach 1918 in Colmar geblieben sind, leben isoliert. Sie verschmelzen mit der Elsässer Gesellschaft. Jeder wusste, dass Mathilde als Deutsche geboren war. Man vermied es, darüber zu sprechen, wie man aus Taktgefühl über einen unästhetischen Makel mitten im Gesicht hinwegsieht. Bald interessierte die Vergangenheit meiner Großmutter niemanden mehr. Ihre Töchter fragten sie nie danach.

Mathilde war ein Zwitterwesen. Zwar vollkommen assimiliert, hatte sie doch eine mächtige Nostalgie für diesen anderen Teil ihrer selbst. «Man hat nicht mehr an Memel gedacht, und nach Georgettes Tod haben wir Deutschland einfach aus unserem Leben gestrichen. Es ist eigenartig. Dabei befand sich die Grenze nur wenige Kilometer von Colmar», sagte sie zu mir. Memel war ein auf immer verlorenes Paradies. Manchmal fragte sich Mathilde, ob die zehn Geschwister ihres Vaters, die vielen Cousins und Cousinen den Krieg überlebt hatten. In den letzten Kriegsmonaten waren die Deutschen aus Memel vor der Roten Armee geflüchtet. Viele starben unterwegs an Erschöpfung oder ertranken im eisigen Wasser des Haffs. Nach dem Krieg blieben in Klaipeda, wie Memel nun hieß, kaum tausend Deutsche übrig. Sie wurden in Arbeitslager nach Sibirien verschleppt. Nur wenige kamen zurück. Hatte Karl Georgs Familie überlebt und in einem der beiden Deutschlands ein neues Leben angefangen? In den fünfziger Jahren strahlte die Deutsche Welle jeden Tag stundenlang Suchanzeigen des Internationalen Roten Kreuzes aus. Dezimiert, auseinandergerissen, ohne

Nachricht, versuchten sich die deutschen Familien neu zu bilden. Mathilde lauschte allein in ihrer Küche der monotonen Stimme des Sprechers. Sie hoffte, den bekannten Namen eines Verwandten ihres Vaters zu hören. Aber nie hätte sie den Mut gehabt, selbst eine Suchanzeige aufzugeben.

Mathilde näherte sich Deutschland aus der Einsamkeit ihrer Küche. Tastete sich vorsichtig heran. Sie hatte Angst, dabei ertappt zu werden. Deutschland glitt über die Kurzwellen eines rosaroten Océanic-Transistors, der auf dem Büfett stand. Kleine Papierstreifen auf der Skala bezeichneten die Frequenzen. Kabbalistische Zahlen verbanden Mathilde mit ihrer verlorenen Heimat. Sie hörte von morgens bis abends deutsches Radio. «Ich mag Schnattermäuler!», sagte sie und drehte am Knopf des Geräts. Die distinguierten Stimmen, die belehrenden Kommentare, die Neujahrsrede des Kanzlers, Glockengeläut, Schluckgeräusche und Knistern von Papier ... Deutschland war die Geräuschkulisse ihres Alltags. Dieses Volk aus Stimmen brachte etwas Leben in die einsamen Tage der alten Dame. Mathilde durchstreifte das Land ihres Vaters unter Umgehung der Staus auf den Autobahnen. Fünf Kilometer zwischen Rastatt und Karlsruhe aufgrund von Bauarbeiten auf der linken Fahrbahn. Zwanzig Kilometer zwischen Bielefeld und Gutzlow wegen eines Unfalls. Sie sah den Regen auf Hannover niedergehen und erschrak angesichts der Windstärke auf Langeoog. Sie schrieb eigenartige Sätze auf Zettel, die sie an die Küchenwand heftete: «*Das dunkle Loch der Vergangenheit. Südwestfunk. Baden-Baden.*» Sie notierte die Namen von malerischen Städten, die in einer kulturellen Sendung erwähnt wurden: «Lucca, elegante Stadt», «Bäder von Buda Pescht», «Lugano: villa favorita», «Charles Péguy: die Kathedrale von Chartres». Dagegen verheimlichte sie uns, dass sie sich am Samstagabend «*Zum blauen Bock*» ansah. Alleine vor dem Fernseher trällerte Mathilde zu den Schlagern eines blonden Sängers mit Edelweiß-Lächeln und Lederhose.

Mathilde hatte sich im Laufe der Jahre ein virtuelles Deutschland errichtet. Sie war nie nach Landau zurückgekehrt. Sie hatte meine Eltern nie gebeten, mit ihr in die Stadt zu fahren, in der sie geboren wurde. War nie in Berlin, nie in Köln, in München oder Hamburg. Mathilde war nicht über Freiburg im Breisgau hinausgekommen. Sie sprach es französisch aus mit geschlossenem «o» am Ende, «Brisgo». Von Zeit zu Zeit blätterte sie in dem nachtblauen Band «*Die schöne Heimat. Bilder aus Deutschland*», einem schwarzweiß bebilderten Buch, das sie während des Kriegs Yvette geschenkt hatte. Das Motto von «*Die schöne Heimat*» war wie zugeschnitten auf diese idealistische alte Dame: «*Ein Buch, das nicht ein methodisch geordnetes Herbarium, sondern ein frei gebundener Blumenstrauß sein will. Es wendet sich nicht an den Verstand, sondern hofft ohne Empfindsamkeit zum Herzen zu sprechen.*» Mathilde mochte die weiten stürmischen Himmel über Ostpreußen. Die breiten Mäander des Rheins. Den Odenwald im Frühling, seine blühenden Apfelbäume. Und die Schlösser: Schönhubel an der Donau, die Wartburg im Thüringer Wald, Sanssouci, die Marienburg und die dunklen Ruinen hoch über dem Rhein. Das Straßburger Münster, das Kurische Haff und die Memel zählten noch immer zu den Juwelen des Reiches. In «*Die schöne Heimat*» war Mathildes Deutschland intakt.

Im Schwarzwald fühlte sich Mathilde wohl. Das behaglich gute Gewissen des Wirtschaftswunders, die akkurate Ordnung der Geranienkästen beruhigten sie. Wenn uns die sonntäglichen Familienausflüge auf die andere Seite der Grenze führten, begann mein Vater stets mit einem Loblied auf Deutschland. Diesseits des Rheins sind die Restaurants den ganzen Tag geöffnet! Die Bedienung ist freundlich! Das ist etwas anderes als unsere elsässischen Megären, die einem vernichtende

Blicke zuwerfen, wenn sie die Bestellung aufnehmen! Meinem Vater gefielen die rot-weiß karierten Tischtücher besser als die Wachstücher von zweifelhafter Sauberkeit in den Landgasthäusern der Vogesen. «Wie angenehm, wenn es nicht nach Kuhfladen riecht!», sagte er, wenn er sich an den Tisch einer Gasthofstube setzte. Ich lauerte auf den Augenblick, wo er seine Kehrtwendung vollziehen würde. Und dieser Augenblick kam spätestens, wenn die Kellnerin einen Teller *Knödel* vor meinen Vater stellte. Ich merkte, dass er sich freute. Gleich würde er zu seinem Paradestück kommen. «Also so was! Dieses Rezept muss ich unbedingt haben. Verwendet man Tapezierleim oder besser Zement, um diese köstlichen Boulekugeln herzustellen?» Die Kinder schüttelten sich vor Lachen. Und mein Vater legte nach. Ein solch dankbares Publikum wollte er nicht enttäuschen: «Hier stehen sogar die Tannen stramm!» Dieses Bonmot ließ mein Vater nie aus, wenn er das Panorama bewunderte. Es war sein Lieblingsscherz. Er war überzeugt, dass gegenüber, in den Vogesen, eine sympathische pflanzliche Anarchie herrschte, ein lebendigeres Temperament, ein freierer Geist. Plötzlich begann er sich über die Kellnerinnen lustig zu machen, über die forschen Walküren, die ihre Brüste in genestelte Boleros pressten und ihre schwindelerregenden Dekolletés zur Schau stellten. Sie hatten keinen Charme. Sie verstanden es nicht, mit den Blicken der Männer zu spielen. Unsere Tischnachbarn fand mein Vater ungehobelt. Er entrüstete sich über diese «Manie der besessenen Innenschau», wenn sich die Deutschen einer krampfhaften Analyse ihrer Schuld unterzogen. Deutschland fehlte es an Leichtigkeit. Als Sohn eines Hauptmanns der französischen Armee fühlte er sich zu diesem Verdikt berechtigt.

Man hätte meinen können, unsere Familie sei bei der Rollenverteilung für eine Komödie zusammengestellt worden. Mein Vater: der heitere Überfranzose, stets bereit, eine Ladung Sarkasmen in Richtung der Boches abzuschießen. Mathilde: die vom Schicksal ihres Landes, das sie für eine weniger komplizierte Heimat verraten hatte, gedemütigte Deutsche. Yvette: die militante Germanophile, die entschlossen war, die Ungerechtigkeit wiedergutzumachen, die dem reumütigen Nachbarland – und ihrer Mutter – angetan worden war. Ariane, die vor dem Elsass und ihren Identitätsproblemen Reißaus genommen hat. Und Marthe, ach Marthe, die mit ihrer Lage ganz zufriedene Elsässerin. Ohne Bedauern, ohne Nostalgie, ohne Bitterkeit, ohne Zorn. Marthe, die sich wohl fühlte in ihrer Haut. «Ach, tut das gut, wieder ins schöne französische Chaos zurückzukehren!», jubelte mein Vater, wenn der Peugeot die aalglatte deutsche Autobahn verließ und wieder über die Schlaglöcher der französischen Nationalstraßen holperte. Mathilde saß auf dem Beifahrersitz. Ich glaube, sie hat das Gespött ihres Schwiegersohnes mit der Zeit einfach überhört. Das friedliche Deutschland unserer Sonntagsausflüge hatte keine Ähnlichkeit mit diesem blutrünstigen Monster, das für so viele Verbrechen verantwortlich war. Deutschland zeigte ein freundliches Gesicht. Mathilde fand ihre Wurzeln wieder. Sie war voller Nostalgie.

Was Mathilde über alles liebte, waren die alten mondänen Hotels von Baden-Baden, einer der prominentesten Kurstädte Europas. In den tiefen Samtfauteuils fand sie den süßen Schokoladenduft wieder, der sonntagnachmittags im kleinen Louis-XV-Salon von Adèle Goerke geschwebt hatte. Sie fühlte sich zu Hause unter diesen steifen Damen, die mit gezieltem Strahl die Sahne aus dem Döschen in ihren Kaffee spritzen ließen. Sie trugen grüne Filzhüte, mit einer Kordel gesäumt. Für Mathilde war das Aufbehalten des Hutes in einem Teesalon, selbst wenn an den Haarwurzeln der Schweiß aufperlt, der Gipfel an Vornehmheit. Mathilde war stolz auf die Gesellschaft dieser Herren im Blazer mit den Silberknöpfen. Sie saßen vor den großen hohen Fenstern und lasen die «Frankfurter Allgemeine Zeitung». Sie hatten die Stirn in Falten gezogen und eine Nickelbrille auf der Nase. Mathilde folgte mit dem Blick den Kellnerinnen im Bubikragen und mit weißer Schürze, die den mit Patisserien beladenen Servierwagen vor sich her schoben. Linzertorten-Rauten, grellrosa Erdbeer-Biskuits, Mandelgebäck, ziseliert wie Flanderner Spitzen, glänzende Sachertorten. Um jeden Teller herum den Elfenbeinschaum der *Schlagsahne*. «Das ist doch etwas anderes als in Frankreich!», flüsterte mir Mathilde zu, und ich konnte aus dieser Behauptung ein klares Überlegenheitsgefühl heraushören. Vergessen waren die Schleus, die Boches, die Teutonen, die Fridolins, die Fritz, die Spunzis und all diese verächtlichen Schimpfnamen, mit denen die Franzosen die Deutschen bedachten. In den Hotels von Baden-Baden erholte sich Mathilde von all diesen Erniedrigungen. Deutschland konnte auch schick und kultiviert sein. Es war nicht dieser Schmutzfink, wie es die französische Propaganda während all der Jahre behauptet hatte. Badenweiler, Todtnauberg, Titisee ..., diese Ziele, eineinhalb Autostunden von Colmar, kamen dem Paradies nahe. Mathilde ließ sich die Namen auf der Zunge zergehen. Sie genoss die vertrauten Klänge. Legte eine hochmütige Pause ein, die zu sagen schien:

«Nehmt euch ein Beispiel, ihr kleinen provinzlerischen Elsässer!»

Mathilde idealisierte Deutschland, wie sie Frankreich verherrlichte. Sie kannte das «echte Deutschland» genauso wenig wie das «echte Frankreich». Sie lebte hin und her gerissen zwischen zwei imaginären Ländern. In der Kommodenschublade ihres Zimmers gab es zwei Kartenspiele – ein deutsches in Schwarzweiß, ein französisches in Farbe. Die asketischen Lehrer- und Pfarrerfamilien von «*Quartettspiel. Zeitgenössische deutsche Schriftsteller*» lagen neben den Zirkusleuten unseres Spiels «Sept Familles». Zwei in meinem Kleinmädchenkopf klar getrennte Welten. Deutschland, das waren Dichter mit Spitzbärtchen, Autoren dicker kulturhistorischer Erzählungen, von Schicksalsromanen, Schuldramen und ländlichen Volksschauspielen. Frankreich: die Familie Flottenlair, Trapezkünstler, und die Familie Casse'cou, Seiltänzer. Otto Ernst, früher Volksschullehrer von Großflottbek bei Hamburg, Autor von «*Semper der Jüngling – Ein Bildungsroman*», gegen Vater Flottenlair, der im pinkfarbenen Body auf seinem Trapez turnte. Gustav Frenssen, friesischer Pastor mit befremdlichem Lächeln, Autor von «*Jörn Uhl – ein friesischer Heimatroman, die Geschichte einer*

Seelenentwicklung», gegen Großvater Gugusse mit großer roter Nase und Hütchen auf dem Kopf. Peter Rosegger, Dr. phil. h. c., Autor von *«Die Schriften des Waldschulmeisters – Niederschriften eines seltsames Mannes, der sich aus dem Weltgetriebe in die Einöde zurückgezogen hat»*, gegen den Großvater Ki Lan Stou, einen alten Chinesen, der mit sechs bunten Bällen jongliert. Diese Repräsentanten des deutschen Bildungsbürgertums machten mir Angst. Ich mochte ihre überlegene Miene nicht. Ich wich ihrem Blick aus. Diese Bewacher der schönen Literatur waren so anders als die gequälten französischen Dichter, die ich in der Schule las. Klar, dass mir die Späße der Gugusses und der Ki Lans Stous lieber waren.

Das Schwimmbad von Kehl

Mein Deutschland, das war ein blaues Viereck mit grünem Rasen drum herum. Der Geruch von Chlor und frisch gemähtem Gras. Das Öl der Frittiergeräte und ein Vanilleduft von Sonnenöl. Das Schwimmbad von Kehl war für die Straßburger Jugend der siebziger Jahre vielleicht nicht gerade die große weite Welt. Aber sein Moped zu besteigen, die Stadt hinter sich zu lassen, erst ein Stück den Hafen entlangzufahren, dann den Rhein zu überqueren, das schien doch schon eine beachtliche Reise.

Auf der anderen Seite der Brücke verspürten wir immer einen kleinen Stich ins Herz, wenn wir den deutschen Zöllnern unsere Identitätskarte vorweisen mussten. Von den Fahndungsplakaten, die an den Scheiben des Zollhäuschens klebten, warfen uns die Terroristen der RAF finstere Blicke zu. Ich musste an Billy the Kid und die anderen Banditen denken, die in den Lucky-Luke-Comics «Wanted» waren. Baden-Württemberg bekam auf einmal etwas vom Far West. Wir betraten die Gefahrenzone. Die bleiernen Jahre waren für uns eine sehr deutsche Angelegenheit. Wäre Hanns Martin Schleyers Leiche nicht im Kofferraum eines Audi in der Rue Charles Péguy in Mülhausen gefunden worden, wäre diese ganze Geschichte beinahe unbemerkt geblieben.

1977 ist in Frankreich ein unbeschwertes Jahr. Das Jahr der Einweihung des Centre Pompidou, des Pompidoleums, wie jene sagten, denen dieses Mausoleum zum Ruhm des verstorbenen Präsidenten ein Dorn im Auge war. Das Jahr, in dem Jacques Chirac zum Bürgermeister von Paris gewählt wird. Eine große friedliche Demonstration gegen den Bau des Brüters Superphénix in Creys-Malville und eine Versammlung gegen den Truppenübungsplatz Larzac. Der Untergrundkampf beschränkte sich auf einige Anschläge der korsischen Unabhängigkeitsbewegung. Nichts wirklich Schlimmes im Vergleich mit dem, was in Deutschland los war. Giscard schwebte mit Helmut Schmidt im siebenten Himmel. Wir schauten uns im Cinéma Vox Truffauts «Der Mann, der die Frauen liebte» an. Frankreich tanzte im Minijupe auf «Il a neigé sur yesterday» den Engtanz. Für seinen Vergleich der Bereitschaftspolizei CRS mit der SS, «CRS-SS = Arschficker», bekam ein Jugendlicher zwei Jahre Gefängnis aufgebrummt.

Am 20. Oktober 1977 titelte die Tageszeitung «Libération»: «Die Rätsel um den ‹Suizid› der RAF-Mitglieder im Gefängnis von Stuttgart» und erinnerte an den Besuch Sartres in Stammheim ein paar Jahre zuvor. Auf deutscher Seite ging es eindeutig turbulenter zu als bei uns.

Hinter dem Zoll musste man am Wechselstand D-Mark eintauschen und dann vor dem Hotel Europa nach rechts abbiegen. Dieser triste Klotz am Straßenrand markiert noch heute den Eintritt nach Deutschland. Dann ging es über die lange Geschäftsstraße, vorbei an den Schaufenstern mit ihren Haushaltsgeräten Made in Germany und den längs des Gehwegs geparkten BMWs und Volkswagen. Nach dem Krieg hatte Deutschland die Ärmel hochgekrempelt. Hatte sich an den Wiederaufbau gemacht. Ich dachte an Marthe, die sich aufregte, wenn sie diesen Katalog des ökonomischen Erfolgs sah: «Haben den Krieg verloren und sind reicher als wir!» Dann kam noch ein Villenviertel, und wir waren beim Schwimmbad. Das Schwimmbad von Kehl war sauberer, besser ausgestattet, großzügiger als die Stadtbäder von Straßburg. Die Fülle von Vorschriften wirkte einschüchternd: Tragen einer Badekappe obligatorisch, ins Wasser stoßen verboten, am Beckenrand rennen verboten, auf dem Rasen küssen verboten. Pfiffe vom Bademeister. Argwöhnische Blicke der Stammgäste.

Das Schwimmbad von Kehl war eine kleine, in der Hitze vor sich hin brütende Insel. Eine Welt aus Liegestühlen, Klappsesseln, Schwimmringen, Stricknadeln, Kreuzworträtseln, Rezepten für scharfes Gulasch aus der «Bild der Frau», von «Krem mir mal den Rücken ein» und «Hast du ein Mittel gegen Hühneraugen», von Schwarzbrotschnitten und in der Tupperware schwitzenden hartgekochten Eiern. Eine Welt aus Plastiklatschen und silbernen Gliederarmbändern. Die Hits von Udo Jürgens vermischten sich mit dem kurzen Plopp der Pingpongbälle. Jeder reservierte sich zu Beginn der Saison seinen Platz – und wehe dem, der es wagte, sein Badetuch auf dem Terrain seines Nachbarn auszubreiten! Ich lag im Gras und las Agatha Christie. Meine beste Freundin, eine Katalanin, hob von Zeit zu Zeit den Kopf neben mir, um sich über diese lauten *Teutonen* zu beklagen. Manchmal rannte ein Bademeister vorüber, um einen Exhibitionisten zu vertreiben, der sich mit ausgepacktem Penis hinter dem Drahtzaun am Rasenende postiert hatte.

«Mach mal Pause – trink Coca-Cola!» stand in großen Buchstaben über dem Getränkeausschank. Das waren die ersten deutschen Wörter einer ganzen Generation

von Elsässern, die im Gymnasium die Gesellschaft der Schmidts über sich ergehen lassen mussten, der typischen Familie aus dem Deutschlehrbuch. Frau Schmidt, Herr Schmidt, Karl und Inge, ihre beiden Kinder mit dem dümmlichen Gesicht, quälten uns mit dem Genitiv und den unregelmäßigen Verben. Unsere Deutschlehrer waren alte Elsässer Opas, mit großer Wahrscheinlichkeit ehemalige «Malgré-nous». Aber sie sprachen nie von ihren Jahren in der Wehrmacht. Sie erzählten nicht von ihrem Russlandfeldzug. Wir sangen zu Beginn jeder Stunde im Chor *«Ich hatt' einen Kameraden»*. Unsere Deutschlehrer waren autoritär. Sie hatten beunruhigende Ticks und trugen Hosenträger. Wir paukten stundenlang absurde Texte: Frau Schmidt bestreicht ihre Scheibe Schwarzbrot mit Leberwurst. Herr Schmidt zieht die Vorhänge seines Schlafzimmers auf, und Frau Schmidt, im taillierten Bademantel, ruft aus: *«Wie schade, Schatz, es regnet!»* Die Jungen malten purpurrote Brustwarzen auf die spitzen Brüste von Frau Schmidt. Die Mädchen erröteten. Die Mundart sprechenden Elsässerinnen, dicke Mädchen mit blonden Zöpfen, die morgens im Bus von den Weindörfern der Region angefahren kamen, hatten immer die besten Noten. Für mich, die ich kein Elsässisch sprach, war Deutsch eine Fremdsprache. Ich langweilte mich im Unterricht. Bis zu dem Tag, an dem das Schwimmbad von Kehl in unser Klassenzimmer schwappte. Der neue Deutschlehrer hatte breite Schultern, einen dichten schwarzen Schnurrbart, dunkle Augen und ein gewinnendes Lächeln. Er glich aufs chlorierte Haar dem amerikanischen Schwimmer Mark Spitz, der bei den Olympischen Spielen von München in seinen enganliegenden Stars-and-Stripes-Badehosen gerade sieben Goldmedaillen eingeheimst hatte. Die Mädchen drängten rehäugig in die erste Reihe. In jenem Jahr machte ich rasende Fortschritte.

Unter diesen Umständen kam es nicht in Frage, nach Stuttgart zu fahren, um bei der Brieffreundin einen Austausch inklusive Depression zu machen. Im Herbst 1977 war eines Sonntagnachmittags ein dickes, schamhaftes, von ihren Eltern flankiertes Mädchen bei uns aufgetaucht. Sie hieß Sabine. Und sah aus wie Inge Schmidt. Sie war 20 Zentimeter größer als ich. Sie trug ein Blumenkleid und ich verfranste Jeansbermudas. Sie mochte Mireille Mathieu und Schwarzwälder Kirschtorte. Ich stand auf Jacques Brel und die makrobiotische Küche. Wir saßen einander bei einer Limonade auf einer Terrasse zwischen den Souvenirläden am Münsterplatz schweigend gegenüber. Um das Gespräch in Gang zu bringen, fragte ich Sabine nach den Gefangenen von Stammheim. «*Hunde!*», schrie sie. Ihre Stimme zitterte vor Wut. Dann fuhr Sabine wieder weg mit ihren Eltern. Wir haben uns nie mehr geschrieben.

Es gehörte zum guten Ton, die Deutschen zu verachten. Es war ein automatischer Reflex, den meine Freunde vom Lycée Fustel de Coulanges und auch ich nicht in Frage stellten. Die Deutschen waren arrogant, plump und laut. Wenn wir zwischen zwei Schulstunden den Vorplatz des Straßburger Münsters überquerten, um im Eiscafé Italia eine Menthe à l'eau zu trinken, ließen wir es nie aus, eine süffisante Bemerkung über die deutschen Jugendlichen mit den langen Haaren zu machen, die bei den Afrikanern in Boubous breitkrempige Lederhüte kauften. «*Schön! Schöne Ketten!*», riefen die Malier und schwenkten die Kettchen unter den Nasen von Thorsten und Martin. Wenn die Deutschen nichts kauften, zischte der Malier ein bedrohliches «Scheeße» durch die Zähne.

Der deutsche Touristenbus ist unumgänglicher Bestandteil der elsässischen Identität. Was wäre die Weinstraße ohne den dickbäuchigen Bus der Touristik Cityline Hetzler? Was wären die hinter den Geranienschalen erstickenden Dörfer ohne den zweistöckigen Schmitz Exclusiv, der etwas abseits geparkt war, um zu zeigen, dass er mit seiner Minibar und Klimaanlage, seinen Toiletten und Rauchglasscheiben einer höheren Kaste angehörte? Der Parkplatz hinter dem Unterlinden-Museum am Rand der Altstadt von Colmar ist eine extraterritoriale Zone, ein deutsches Herrschaftsgebiet. Die Stadtverwaltung hat ein Schild aufgestellt: *«Besucher! Bitte lassen Sie keine Wertsachen in Ihren Autos!»* Die Warnung ist auf Deutsch geschrieben. Der Kreisverkehr, die öffentlichen Toiletten, die Parkautomaten, die Mülleimer und Banken wurden eingerichtet, um die Tausenden von Touristen zu empfangen, die jeden Tag in die Stadt einfallen. In Colmar schreiben die deutschen Busse die Gesetze. Die Einbahnstraßen und Fußgängerzonen sind nach ihren Bedürfnissen eingerichtet worden. «Die reinste Invasion», beklagen sich die Elsässer am 3. Oktober, am Tag der Wiedervereinigung, wenn in Deutschland Feiertag ist. Die Busse spucken kleine kompakte Gruppen schwäbischer Rentner aus. Die Männer in Shorts und Wanderschuhen. Die Frauen mit Rucksack. Sie kommen nach Colmar, als ginge es auf eine Bergwanderung.

Das Elsass ist für die Deutschen ein Zipfel Frankreich direkt vor der Haustür. Das Elsass ist nicht die fremde Auvergne, auch nicht der exotische Roussillon, wo sie sich verloren fühlen. Es ist ein Frankreich, das ihnen sehr bekannt vorkommt. Glücklich wie Kinder sitzen sie nachmittags um zwei bei ihrer großen Schale Milchkaffee in der prallen Sonne. Die Deutschen verehren das Elsass. Doch es ist eine einseitige Liebe. Die Neugier der Elsässer auf Deutschland beschränkt sich auf den kleinen Grenzhandel. Wenn das Benzin in Deutschland billiger ist, füllen die Elsässer ihren Tank auf der anderen Seite der Kehlbrücke und sehen zu, dass sie schleunigst wieder nach Hause kommen. Wenn sie nach Italien fahren, benutzen sie die deutsche Autobahn. Sie ist gratis und ohne Geschwindigkeitsbegrenzung. Manche nehmen es den Deutschen übel, dass sie ihre Zweithäuser in den Vogesen kaufen. Sie fühlen sich «kolonialisiert».

Das Deutschland des Kehler Schwimmbads, das Deutschland der Autobusse und das Deutschland von Sabine waren für mich kein Traum. Nie war der Wunsch erwacht, über Kehl hinauszugehen. Ich hatte nur London im Kopf. Carnaby Street, Soho, Patschuli und die nach Ziege stinkenden Afghanenmäntel waren unwiderstehlich. Familie Schmidt hatte keine Chance gegen Deep Purple. Das Kehler Schwimmbad konnte nicht mit dem Eastbourne Beach konkurrieren. Ich hatte nichts am Hut mit Deutschland. Deutschland ging mich nichts an. Weder Mathilde noch meine Mutter konnten meine Meinung ändern. Ich tat, als existierte es nicht.

Dabei war es unübersehbar. Deutschland hatte überall seine Spuren hinterlassen. Gut sichtbar, trotz aller Verbissenheit, mit der man versucht hatte, sie auszulöschen. Ich habe, ohne es zu merken, meine gesamte Kindheit in einem deutschen Dekor verbracht. Die neugotische Post, das Straßburger Nationaltheater, das im Gebäude des ehemaligen Landtags des «Reichslands» Elsass-Lothringen untergebracht war, die Universitätsbibliothek, all diese monumentalen Gebäude, an denen ich jeden Tag vorbeikam, waren von deutschen Architekten erbaut worden. Mein Weg in die Bibliothek führte mich regelmäßig den Kaiserpalast entlang, der zum Palais du Rhin geworden ist. Er befindet sich auf der Place de la République, ehemals Kaiserplatz. Kaiser Wilhelm II. von Hohenzollern hatte ihn 1889 persönlich eingeweiht. Hier residierte er, wenn er ins Elsass kam. 1940 beherbergte der Kaiserpalast die Kommandantur. 1945 wurde er zum Hauptquartier der Truppen von General Leclerc, Straßburgs Befreier. Dieses architektonische Monument in «reinstem germanischen Stil», wie die Reiseführer sagen, wäre 1950 beinahe abgerissen worden von einem Präfekten, der darauf bedacht war, auf der Place de la République sämtliche Spuren der deutschen Vergangenheit zu tilgen. Erst 1993 wird es unter Denkmalschutz gestellt.

Als ich nach Berlin kam, sprang mir die Ähnlichkeit in die Augen. Ich fühlte mich überhaupt nicht fremd. Berlin war wie die Place de la République in Straßburg, nur größer und kaputter. Um endlich das Deutschland meiner Geburtsstadt zu entdecken, musste ich einen großen Umweg über Berlin machen. Die Berliner Wohnungen mit dem Stuck an den Decken und den Terrazzoböden ihrer Küchen waren die genauen Abbilder der Wohnungen im Gebäude der Rue Joffre, das unter dem «Reichsland» erbaut worden war, wo ich unter dem Dach mein Studentenzimmer gemietet hatte. Die Häuser des Weißen Hirschs in Dresden erinnerten mich an die Villa Primerose in Colmar. Ich fühlte mich zu Hause. Das Land meiner Großmutter war auch ein wenig meines. Vielleicht war es nicht nur Zufall, dass es mich nach Berlin verschlagen hat.

Liebe Kusine

Die Postkarte trägt das Datum vom 6. Dezember 1949. Der Krieg liegt schon weit zurück. Karl Georg Goerke ist tot. Marthe ist mit ihren Söhnen aus Tours zurückgekehrt. Ariane lebt in Paris. Yvette wird in zwei Tagen zwanzig und studiert in Straßburg Vergleichende Literaturwissenschaft. Mathilde und Joseph haben die Villa Primerose bezogen. Mathilde hat sich seit drei Tagen in ihre große Küche eingeschlossen. Keiner darf sie betreten. Joseph isst mittags allein im Restaurant Meistermann. Mathilde hat keinen Hunger. Diese ganzen Karamell- und Vanilledüfte haben ihr den Appetit genommen. Manchmal schiebt Marthe den Kopf durch den Türrahmen: «*Besch verrückt, Mathilde. Die ganz miej vo du der machsch!* Aber für mich gibt's auch eine kleine Dose, *gell?*» Mathilde macht *Winächts Bredeler*, Weihnachtsplätzchen. Sie knetet den Mürbeteig, klebt Mandelsplitter, streut Zuckerpailletten, zerstößt Haselnüsse, reibt schwarze Schokolade, schlägt Eiweiß steif, ordnet Baisers zurecht und ziseliert Lebkuchenrauten. Mathilde ist Goldschmiedin, Spitzenklöpplerin und Malerin in einem. Sie trällert *Stille Nacht*, während sie die *Zimtsterne* in große Blechdosen legt. Bald kommen die Töchter für die Feiertage nach Hause. Maria und Odile werden dieses Jahr auch dabei sein. Und Silvester feiern sie mit Marthe und ihren beiden Söhnen. Es wird Blutwurst mit Äpfeln und Glühwein geben. Mathilde ist glücklich. Endlich hat sie das Gefühl, in der kleinen Stadt angekommen zu sein. Und genau in diesem Moment wird sie von der deutschen Vergangenheit wieder eingeholt. Der Briefträger hat geklingelt.

Mathilde sitzt am Küchentisch. Sie lässt die Arme hängen und schaut mit rundem Rücken durch das Fenster auf die Birken im Garten. Sie hat die Karte in ihren Schoß gelegt.

«*Absender:*

Dipl-Ing. Rolf Goerke

Zarrentin Meckl.

An:

Frau Georgette Klebaur

Colmar

Liebe Kusine,

Ich versuche die Verbindung aufzunehmen. Bitte Dich aber, mir frei zu sagen, ob Dir oder Euch so eine Verbindung mit uns schaden kann.

Wir – meine Frau, Kinder – sind lebendig durch den Zusammenbruch gekommen. Mein Schwager, der Mann meiner Schwester, kam am 1. 5. 45 um. Ich bin russischer Sprachlehrer. Habe also Arbeit und Brot. Unser Sohn erkrankte nach dem Zusammenbruch an Kinderlähmung und muss den Rollstuhl benutzen. Die Älteste ist Säuglingsschwester, die Jüngste in Zürich. Aber es geht uns gut. Viele Grüße von uns allen. Dein Vetter Rolf.»

Cousin Rolf verwechselt Mathilde und Georgette. Ihre Schwester auf einem Briefumschlag wiederauferstanden zu sehen, ist ein zusätzlicher Schock für Mathilde.

Die zweite Postkarte kommt etliche Jahre später per Einschreiben, am 30. März 1961. Zarrentin, die kleine Gemeinde in Mecklenburg, befindet sich inzwischen im anderen Deutschland hinter dem Eisernen Vorhang. Im August wird die Mauer errichtet werden.

«Liebe Kusine,

Beim Blättern durch die Familiengeschichte kam mir der Gedanke, ob wir nicht doch eine Verbindung bekommen könnten, die einst so abrupt zu Ende ging. Also, wenn ich nur Deine Adresse bekomme, schreib ich Dir, wie es uns gegangen ist und geht. Bis dahin von uns beiden herzliche Grüße Euch allen. Ich werde im Mai 77. Vetter Rolf G.»

Mathilde hat die beiden Postkarten nie weggeworfen.

Aber geantwortet hat sie Cousin Rolf nicht. «Joseph musste schon so lange für meinen Vater sorgen ... Stell dir mal das Gesicht deines Großvaters vor, wenn diese Goerkes aus dem Osten mich um Pakete gebeten hätten! Er hat sich schon so sehr um meine Familie gekümmert. Das konnte ich ihm nicht auch noch zumuten!», verteidigte sie sich, als ich ihr von meiner Absicht erzählte, die deutsche Familie ausfindig zu machen. Und sie warnte mich: «Pass gut auf, ma chérie. Hast du dir das auch gut überlegt? Ich möchte nicht, dass sie etwas von dir verlangen.»

Erst in den letzten Lebensjahren fing Mathilde an, nach ihrer deutschen Familie zu suchen. Die Mauer war gefallen, und die Lage in Deutschland hatte sich mit dem Segen der internationalen Gemeinschaft normalisiert. Mathilde ging das Risiko einer Annäherung ein. Wenn einer von uns in eine Stadt reiste, in der Mathilde noch Verwandte haben konnte, schob sie ihm eine Visitenkarte mit ganz vergilbter Adresse in die Hand. Sie bat, im Telefonbuch nachzusehen: «Goerkes müssten sich doch in Berlin finden lassen!» Allein in Berlin gibt es 116 davon. Ich rief ein halbes Dutzend an, die ich nach dem Zufallsprinzip herausgefischt hatte. Die Methode schien mir so einfach, so vernünftig, dass ich ganz vergaß, dass das Wahrscheinlichkeitsgesetz mir keine große Chance ließ. Mein Vorgehen brachte mir ein paar aufgeknallte Hörer ein, die Geständnisse eines depressiven Alkoholikers und misstrauische: «*Kein Interesse! Ich habe mich nie mit früheren Dinge befasst.*» Ein alter Herr Goerke vertraute mir eines Abends an: «*Alle auseinander durch den Krieg.*» Nein, dieser frühpensionierte Bankangestellte hatte seinen kurz vor seiner Geburt von Partisanen erschossenen Vater nie gekannt. Er hatte keinen Kontakt zu seinen Großeltern, die ostpreußische Bauern waren. Nach der Umsiedlung der Deutschen 1945 hat er nichts mehr von ihnen gehört. Seine Cousinen in der DDR hatte Herr Goerke aus den Augen verloren. Seine Geschichte gleicht der unseren. Es war die zerstückelte Geschichte Deutschlands. Wir unterhielten uns bis spät in die Nacht. «*Keine Beziehung dazu! Keine Nachforschung! Mutter hat sehr wenig erzählt! Kein Stammbaum! Keine Fotos! Nichts! In Deutschland gibt es immer irgendwo eine offene Tür, wo man sich verstecken kann.*» Herr Goerke hatte in seinem Schrank keinen Schuhkarton zwischen Wäschestapeln. Er hatte keine Erinnerungen mehr, keine Vergangenheit. «*Die menschlichen Beziehungen sind Schicksal*», schloss er. Wir wünschten uns «*Gute Nacht*» und «*Weiterhin alles Gute*» und legten auf, etwas enttäuscht, dass kein genealogischer Faden von meiner Großmutter Mathilde zu seinem Vater Kurt führte.

Mit Ella Goerke, einer pensionierten Säuglingsschwester, war es ganz einfach. Ich kam sehr schnell auf die Spur der ältesten Tochter von Rolf Goerke. Mathilde ist seit zwei Jahren tot, als ich Ella Goerke anrufe. Ich versuche mich aufgeräumt zu geben. Ich fürchte nur eines: dass sie den Hörer aufknallt, mich zum Teufel wünscht. Aber Ella Goerke ist direkt, sie hält sich nicht lange mit Höflichkeitsfloskeln auf. «Sie sind die Tochter von Yvette!», stellt sie fest. Ich verstehe, dass das Dokument, das sie holen geht, während ich ihr den Grund meines Anrufs mitteile, eine Kopie des «*Stammbaums*» ist, den mir Mathilde vor dem Sterben übergeben hat. Wenn Mathilde von der Ahnentafel der Familie Goerke sprach, die ihr der Cousin Rolf aus Zarrentin geschickt hatte, verwendete sie stets die deutsche Bezeichnung, mit einer ironischen Spitze in der Stimme. Mathilde hatte dieses braune Heft aus Dünndruckpapier im Altersheim in ihrer Nachttischschublade aufbewahrt. Der «*Stammbaum*» war die letzte Verbindung Mathildes zu ihrer deutschen Familie. Meine Großmutter hatte tiefe Wurzeln, die bis ins siebzehnte Jahrhundert zurückreichten. Eine vierundzwanzigseitige Liste von deutschen Persönlichkeiten, die sie diesen französischen Beamten, die ihren Vater 1918 so gering geachtet haben, am liebsten um die Ohren geschlagen hätte. Vierundzwanzig Seiten Holzhändler und Dolmetscher, Ärzte und Telegrafisten, viele Lehrer, Ingenieure, Grundbesitzer, die Kammerzofe der Prinzessin von Anhalt und ein Tellerwäscher auf einem großen Überseedampfer der Hapag, ein Freimaurer in England, ein Züchter persischer Schafe in Südafrika und ein Professor für chinesische Architektur an der Hochschule von Berlin-Charlottenburg. 308 Verwandte insgesamt. Ich bin die 309., eine von ganz wenigen Französinnen. Ich fahre mit dem Finger den Ästen des großen Holzgewächses der Familie Goerke nach. Ich finde Ella Goerke auf einer verkümmerten Gabelung. Sie ist am 11. Juni 1921 in Ligat geboren, ungefähr sechzig Kilometer von Riga in Lettland. Sie ist nicht verheiratet und hat keine Kinder.

Eine Woche später klingele ich an Ella Goerkes Haustür. Zweimal, wie sie mir gesagt hat. Um die Spannung zu steigern, gehe ich die drei Stockwerke zu Fuß hinauf. Am Ende des Flurs steht eine Silhouette im Gegenlicht. Wie sieht meine Frohnauer Verwandte aus? Hat sie dieselbe Nase wie Mathilde? Dieselben blauen Augen? Ich gehe auf dieses Lichtloch zu, das mich blendet.

Ella Goerke streckt mir die Hand entgegen. Keinerlei Ähnlichkeit. Ella Goerke bittet mich mit einer Geste einzutreten. Wir sind beide etwas verlegen. Sie greift zu energischer Gastfreundschaft. «So treten Sie doch ein! Legen Sie ab! Nehmen Sie auf dem Sofa Platz! Ein Glas Wasser? Eine Tasse Kaffee?» Ella Goerke ist lange Säuglingsschwester in einem großen Berliner Krankenhaus gewesen. Sie hat noch immer die Gabe, schwierige Situationen zu überbrücken. Auf dem Beistelltischchen im Wohnzimmer steht ein Kaffee bereit, daneben ihr *Stammbaum*. Ihrer ist dicker als meiner. Er ist von Hand geschrieben. Meiner mit der Schreibmaschine. Wir überprüfen: Dieselbe Nachkommenschaft von Siefert Geerken, 1805 von Bremen nach Memel emigriert. Es war die junge Ella, die nach dem Diktat ihres Vaters Rolf stundenlang mit der Hand und später mit der Maschine Hunderte von Namen und Daten abgeschrieben hatte. Es war im Frühling 1936 in Ligat. «*Es ergibt sich, dass natürlich Leid neben Freude lebt, aber letzten Endes das Erfreuliche überwiegt, und die Nachkommen des Siefert Geerken haben durch rastlose, tüchtige Arbeit dem Namen viel Ehre gemacht*», schreibt Rolf Goerke in seiner Einleitung. «*Ich hoffe, mit meiner Schrift und den Gedanken, die ich in sie hineinflocht, das Gefühl der Zusammengehörigkeit des Blutes geweckt zu haben und damit auch größeren Zusammenhang und Sippensinn gefördert.»* Ella Goerke zerquetscht mit dem Daumen Yvettes Namen: «Und Sie, Sie sind da.» Sie setzt mit Bleistift meinen Namen unter den meiner Mutter. Sie freut sich, einen Teil zu dem kolossalen Puzzle ihres Vaters beigetragen zu haben. Rolf Goerke hatte jahrelang Zivilstandsakten, Kirchenregister und Grundbücher, Archive und Telefonbücher durchforstet. Er hat seine Nachforschungen betrieben, bevor die Bombardierungen und die massiven Zerstörungen in der Folge des Zweiten Weltkriegs das Gedächtnis der Familie Goerke verschlungen haben. Der Winter 1945 war besonders hart in Memel. Alles, was als Brennstoff dienen konnte, wurde verbrannt. Beim Eintreffen der Roten Armee sind die Spuren der deutschen Vergangenheit systematisch vernichtet worden. Was deutsch war, galt als Synonym für Faschismus. Memel wurde zu Klaipeda.

Rolf Goerke hat die Mitglieder der Familie angeschrieben, um Details über die einzelnen Schicksale zu erfahren. Er war passioniert: *«Immer waren es nicht die nackten Zahlen, die ich suchte, sondern immer das, was ich von dem Leben der Sippenangehörigen hörte, wozu die nackten Zahlen das Gerippe gaben.»* Der *Stammbaum* ist eine wahre Familiensaga. Es gibt viele gewalttätige

Todesfälle: Masernepidemien, Diphtherie, Lungensucht, Schwindsucht, Nervenfieber, Gelbfieber. Ein Kind, das auf dem Sarg seiner Mutter notgetauft wird, ein im Kurischen Haff Ertrunkener, mehrere in Verdun und Flandern gefallene Soldaten. Da ist Paul Goerke, der von den Bolschewiken in Nowonikolajewsk getötet wurde. Ein Zimmermann und seine *Wanderbriefe*, ein Carl Eduard Goerke, der am 7. Dezember 1835 in Fürth bei der Einweihung der ersten Eisenbahn dabei war. Die Goerkes sind sehr reiselustig. Sie sind auf der ganzen Welt, von Südafrika bis Argentinien zu finden. Auch in Berlin sind meine Ahnen zahlreich vertreten.

Rolf Goerke, seine Frau und ihre drei Kinder gehörten in Lettland zur deutschen Minderheit. Rolf Goerke war Ingenieur in einer Papierfabrik. Als Molotow und Ribbentrop, die Außenminister der Sowjetunion und des Dritten Reichs, am 23. August 1939 den Hitler-Stalin-Pakt unterschreiben, teilt ein Zusatzprotokoll Osteuropa in sowjetische und deutsche Einflusszonen auf. Die baltischen Staaten werden zu Einflussbereichen der Sowjetunion und von der Roten Armee besetzt. Die deutsche Minderheit in Lettland wird «*Heim ins Reich*» geholt. Die Goerkes sind gezwungen, ihr Haus und ihr bisheriges Leben zurückzulassen. Rolf Goerke und seine Familie werden auf deutschen Boden, nach

Schlesien, umgesiedelt. 1942, nach Stalingrad, glaubt Rolf Goerke nicht mehr an einen Sieg. Er schickt den Stammbaum einem Freund in Wolfsburg, um ihn vor den Russen in Sicherheit zu bringen. Als die Rote Armee im Mai 1945 in Schlesien einmarschiert und die Potsdamer Verträge Schlesien Polen zuteilen, flüchten die Goerkes zum zweiten Mal. Es ist eine sehr deutsche Geschichte, die mir Ella Goerke erzählt. Eine Geschichte von Brüchen und ständigem Neubeginn. Sie handelt von einem Flügel, der die verlorene *Heimat* auf einer Schiffsbrücke verlässt, von Wollsocken, die in der Eile des Aufbruchs auf einem Radiator vergessen werden, von jüdischen Leichen im Schnee längs einer Eisenbahnlinie, von jungen Mädchen, die mit hochgeschobenen Röcken in der Küche ihrer Mutter vergewaltigt werden, von rohen Kartoffeln, um das Hungergefühl zu bekämpfen, von einem Neugeborenen, das in einem Viehwaggon an Entkräftung stirbt, von der Durchquerung des zerstörten Berlin zu Fuß, von einem 1945 an Hunger gestorbenen Großvater, weil man, entrüstet sich Ella, «von 70 Gramm Fleisch die Woche nicht leben kann!», von einem Onkel, der von einem sturzbetrunkenen russischen Soldaten aus nächster Nähe erschossen wird, von einer durch die Mauer auseinandergerissenen Familie. Rolf Goerke, erst aus Lettland, dann aus Schlesien vertrieben, lässt sich in Zarrentin, in der sowjetischen Zone, nieder. Bald wird die Familie durch die Mauer getrennt. Ella lebt in Westberlin. Sie schickt ihren Eltern jede Woche ein Päckchen Kaffee. Von einem Tag auf den anderen wird Russisch in der DDR zur ersten obligatorischen Fremdsprache. Als deutscher Balte kann Rolf Goerke Russisch. Er wird Russischlehrer. «Überlegen Sie sich mal: Wenn man das heute einem Menschen erzählt, was wir alles erlebt haben. Die fassen sich an den Kopf und sagen: Die Deutschen sind blöd!», sagt Ella Goerke.

Ella Goerke zeigt auf zwei blondbezopfte Mädchen auf einem Foto: «Meine Schwester und ich 1933 in Ligat am Tag der goldenen Hochzeit unserer Großeltern. Das hier ist meine Mutter. Sie war in ihren besten Jahren 95 Kilo schwer. Es wurde damals gut gegessen bei uns. Wir hatten eine Köchin, eine Gouvernante und ein Dienstmädchen.» Status. Sicherheit. Eine erfüllte Familie. Ella Goerke klammert sich an das Glück, das von diesem Bild ausgeht. Und dann kommt es, was ich die ganze Zeit befürchtet hatte: «Mein Bruder Heinz war groß, schlank, blond und in der Waffen-SS.» Ella Goerke hält mir das Foto eines braven Jungen im Matrosenanzug hin. Ich erschaudere. Heinz Goerke hat 1945 die Polio bekommen. Als die Russen Berlin erreichen, liegt er im Krankenhaus. Er hat den Rest seines Lebens, bis er mit 79 Jahren stirbt, im Rollstuhl verbracht. Ella Goerke hat die politischen Ansichten ihres Bruders nicht geteilt. Und ich hatte mich vor jedem schlechten Familiengeheimnis in Sicherheit gewähnt. Ich sage mir, ich hätte besser daran getan, nicht das dichte Gestrüpp des Goerke'schen Stammbaumes zu durchforsten.

Wir gehen beim Griechen unten im Haus essen. Ella Goerke bestellt einen Seniorenteller und ein Warsteiner. Ich, die ich von gerührtem Wiedersehen, ausgetauschten Fotos, ausgewechselten Adressen, einem großen deutsch-französischen Essen mit reichlich Champagner geträumt hatte, von Reden und Tränen, finde mich allein mit einer Urgroßcousine, 5. Seitenlinie, in einer griechischen Kneipe in Frohnau. Aus meinen Wunschphantasien der großen grenzüberschreitenden Versöhnung ist nichts geworden. Ich bin enttäuscht. «Der Name Klébaur ... ja, ja, das sagt mir was. Aber mein Vater hat uns nichts davon erzählt.» Ella Goerke sticht ihre Gabel in einen labbrigen Broccolizweig. Ich zeige ein Foto meines Urgroßvaters in Kostüm und Galoschen. Das war in Memel. Karl Georg muss acht gewesen sein. Er sieht aus wie ein kleiner ernster Mann. Er hat den Daumen in die Jackentasche gesteckt, um sich eine Haltung zu geben. Ich zeige Adèle, die elegante Brüsselerin in ihrem extravaganten Hut mit Vogelflügeln, mit ihrer Tochter Georgette zu Besuch in Memel. Und ich zeige meine uralte Großmutter vor der Wickenhecke auf ihrem Balkon in Colmar. Aber Ella Goerke schert sich nicht um meine Lebensgeschichte. Sie hat es eilig, den Faden ihrer eigenen wiederaufzunehmen. «Ich durfte zur Beerdigung meiner Mutter nicht nach Zarrentin. Das war wieder mal typisch für die!» Sie zeigt mit dem Finger auf mich, und ich schrecke zusammen. Ich erkläre, dass Mathilde und Karl Georg auch nicht zu Georgettes Beerdigung nach Berlin fahren konnten. Jedes Mal, wenn ich versuche, die kleine Geschichte meiner Großmutter in ihrer großen stürmischen Erzählung unterzubringen, fällt mir Ella Goerke ins Wort. Mathilde interessiert sie nicht. Nein, sie will keine Fotokopie von den beiden Postkarten ihres Vaters. *«Nein, nein, brauch ich nicht»*, ruft sie aus. *«Oh, Gott! Diese ganze Geschichte! Schwamm drüber!»* Ella Goerke hebt ihr Gläschen Ouzo, das der Besitzer uns auf Kosten des Hauses gebracht hat. Schaut mir tief in die Augen: *«Bevor ich die Beine ein bisschen hochlege, wollte ich dir aber das ‹Du› anbieten, liebe Kusine!»*

Evakuiert

Das Grab von Karl Georg und Adèle Goerke auf dem Friedhof Ladhof existiert nicht mehr. Kein kursiv oder auch in Blockschrift auf Marmor eingravierter Name. Kein Engelchen aus dem rosa Vogesensandstein, das über ihren zu Staub gewordenen Körpern wacht. Kein gekreuzigter Christus, der sich mit barmherzigem Lächeln über sie beugt. Kein «Wir werden Dich nie vergessen» versichert sie des ewigen Gedenkens ihrer Nachkommen. Das Grab von Karl Georg und Adèle Goerke ist geräumt worden. Im Französischen sagt die Friedhofsverwaltung, wenn ein vernachlässigtes Grab freigemacht wird, es wird «evakuiert». Wenn die Nachkommen die Konzession nicht erneuern, ist die Stadtverwaltung berechtigt, den Platz einer anderen Familie zur Verfügung zu stellen. Das Grab Nummer 26, zweite Reihe, Feld T ist am 1. Januar 1979 «evakuiert» worden. Heute ruhen ein Joseph und eine Marguerite Baly in Frieden an Karl Georg und Adèle Goerkes Platz.

Als Adèle 1921 stirbt, ist Karl Georg Goerke nicht sicher, ob er im Elsass bleiben kann. Er weiß, wie schwierig es für die ausgewiesenen Deutschen war, einen Passierschein zu bekommen, um die Gräber ihrer Angehörigen zu Allerheiligen mit Blumen zu schmücken. So hat er für seine Frau keine Dauerkonzession gewählt. 1941 wird er an Adèles Seite beerdigt. Zu diesem Zeitpunkt leben Mathilde und Joseph Klébaur in der Adolf-Hitler-Straße. Im Friedhofsregister ist die unwürdige Adresse in aller Eile mit rotem Kugelschreiber durchgestrichen und durch die respektable Avenue de la République ersetzt worden. Am 26. April 1946 erneuert Joseph Klébaur die Konzession für das Grab seiner Schwiegereltern um weitere dreißig Jahre. 1976 leitet der Bürgermeister von Colmar ein Verfahren ein, um die Nutzungsberechtigten des Grabes Nummer 26 ausfindig zu machen. Meine Großmutter erhält einen eingeschriebenen Brief. Der Bürgermeister bittet sie, beim Zivilstandsamt vorbeizukommen, um die Miete für das Grab ihrer Eltern zu erneuern. Falls kein Erneuerungsgesuch unterzeichnet wird, geht das Grab in den Besitz der Stadt Colmar über. Die Bepflanzung, Steine und Trauergegenstände werden Eigentum der Stadt.

Mathilde beantwortet den Brief nicht. 1976 ist sie

seit vier Jahren Witwe. Wir nennen sie die «Fröhliche Witwe». Sie hat Joseph die letzten Jahre seines Lebens gepflegt. Jetzt ist sie frei. Sie lebt auf. Sie trägt Hosen und pinkfarbene Seidenblusen. Sie reist nach Venedig und Florenz. Sie verpasst kein einziges Konzert in Colmar. Sie hat viele Freunde. Vor allem junge Frauen, die ihre anregende Gesellschaft schätzen. Sie hat eine eiserne Gesundheit und klare Gedanken. Warum weigerte sie sich, ihren Eltern ein Grab zu geben am Rande dieser kleinen Stadt, die sie nicht verlassen wollten? Sie, die so sentimental war? Sie, die jede Todesanzeige und jeden Kondolenzbrief aufbewahrt hat? Sie, die so großen Wert auf Symbole legte? Wie konnte sie auf diesen Ort der Sammlung verzichten? Hat sie Angst, dass ihre Töchter das Grab ihrer Großeltern nach ihrem Tod vernachlässigen? Ist sie vor der Ausgabe zurückgeschreckt, sie, die ständig in der Angst lebte, in der Armut zu enden wie ihr Vater?

Ein Jahr später schickt ihr der Bürgermeister einen letzten eingeschriebenen Brief. Mathilde reagiert noch immer nicht. Da setzt die Friedhofsverwaltung ein Schild «verlassen» auf das Grab des Ehepaars Goerke. Vielleicht würde ein Passant die Familie informieren. Die Nachkommen werden gebeten, sich beim Wärter zu melden. Nach zwei Jahren hat sich kein Nutzungsberechtigter gemeldet. Die Stadtverwaltung «evakuiert» das Grab.

«Evakuieren» ist ein anderes Wort für «vertreiben». Die Symmetrie der Wörter ist brutal. Was Karl Georg und Adèle Goerke ihr ganzes Leben befürchtet haben, ist ihnen schließlich nach dem Tod zugestoßen. Nach all diesen Jahren der Angst, «vertrieben» zu werden, wurden sie «evakuiert», um anderen Platz zu machen. Der Staub ihrer Gebeine wurde mit der Schaufel gepflügt und mit frischer Erde vermengt. Ihre Spur ist beseitigt worden. Die Angestellten des Friedhofs Ladhof haben den Marmor, die Einfassung und Seitenblenden, die kleinen Statuen und Gedenktafeln entfernt. Sie luden die Stele mit den Namen meiner Urgroßeltern auf einen Lastwagen und brachten sie in die Steinmühle. Marmor und Stein wurden zu Straßenbelag recycelt. Mathilde wird nie mehr ins Feld T im Westteil zurückkehren. Sie sprach mit niemandem über die eingeschriebenen Briefe von der Stadtverwaltung von Colmar. Weder mit Marthe noch mit ihren Töchtern oder mit mir. Es hat sie aber auch nie jemand nach dem Vorhandensein eines Grabes gefragt.

Muss i denn

Mathilde arbeitete schon seit vielen Jahren an ihrem Tod. Sie war stolz darauf: «Nach all dem, was passiert ist, werde ich am Ende im schönsten Grab von Colmar liegen!» Man hätte glauben können, sie freue sich schon drauf. Sie stellte sich vor, wie sie in ganzer Länge zwischen den Tanten Maria, Odile und Madeleine, der Witwe Klébaur und deren frühverstorbener Kinderschar lag. Die wohltätigen Erben haben sogar Eugénie Amann einen kleinen Platz in der Familiengruft freigemacht, dem ergebenen Dienstmädchen, das ein halbes Jahrhundert im Dienste der Familie gestanden hatte. Mathilde liebte diese Gewissheit: An diesem Tag, wenn es, den Kopf auf ein violettes Satinkissen gebettet, die Hände auf dem Bauch gefaltet, gut geschützt im Tannenholzsarg über den geharkten Kies der Hauptallee des Friedhofs Ladhof geht, wenn die beiden Bestatter den Sarg in die Grube gleiten lassen und wir darum herum stehen und weinen, an diesem Tag wird sie als große Französin vor den Ewigen treten.

Mathilde war stolz auf das Grab der Klébaurs. Sie mochte das Steintürmchen und die vielen Namen, die seit zwei Jahrhunderten eingraviert waren. Als Joseph starb, ließ Mathilde eine Sandsteinplatte errichten. Eine Birke warf ihren luftigen Schatten auf die Namen der Verstorbenen. «Dadrin ist eine feine Gesellschaft!», freute sie sich, wenn wir vorbeigingen, um nach dem Rechten zu sehen. Sie fühlte sich geschmeichelt, bald das zerbröselte Skelett von François-Xavier zum Nachbarn zu haben, Urkundsbeamter am Königlichen Hof, verstorben am 19. Mai 1829 im Alter von 53 Jahren. Die Nähe zu den Gebeinen des Priesters Heinrich Franz Antoni missfielen ihr bestimmt auch nicht. Mathilde hatte ihre Freude an diesen seit Generationen aufeinandergeschichteten Ahnen. General Rapp, Held von Austerlitz und Sohn der Stadt Colmar, befand sich nur ein paar Reihen von den Klébaurs am anderen Ende der Zentralallee. Und das Grab des Zeichners Hansi war auch in Sichtweite, worüber sich Mathilde köstlich amüsierte. Sich wenige Meter von dem großen französischen Patrioten bestatten zu lassen, wenn man als Deutsche geboren ist, das war schon ziemlich unverschämt. Der Zeichner, der während der Periode des «Reichslandes» die Preußen boshaft karikiert hatte, konnte sie nicht mehr einschüchtern.

Vor allem aber wäre Marthe ganz in der Nähe von Mathilde. Das Grab der Familie Réling befand sich nur ein paar Schritte weiter. Es war ein bisschen so, als würden sie wieder im selben Haus wohnen. Jede in einem anderen Stock. Niemandem wäre es übrigens in den Sinn gekommen, Marthe neben ihrem Mann Gaston in Ventavon zu bestatten. Auch für sie – trotz ihrer vieljährigen ehelichen Treue post mortem – stand es außer Frage, dass ihr Platz in Colmar neben ihrer Schwester, ihren Eltern und Großeltern, nicht allzu weit von Mathilde war. Da sie nichts für diese obligatorischen kontemplativen Treffen übrighatte, ging Mathilde zu Allerheiligen nicht ans Grab, um ihr Blumengebinde niederzulegen. Es war Alice, die noch einen kleinen Abstecher machte, um den Klébaurs einen Topf Chrysanthemen zu bringen, nachdem sie das Grab ihrer Eltern mit Blumen versorgt hatte. Am Tag der Toten unternahm Mathilde lieber mit ihren Enkelkindern einen Ausflug in die Vogesen. Sie ging zum Friedhof, wenn ihr danach war, sommers mit einem Strauß Feldblumen und im Frühling mit drei Primeltöpfchen. Diese Besuche beruhigten Mathilde. Sie wusste, dass am Rande der Stadt ein erlesenes Plätzchen auf sie wartete.

Mit neunzig änderte Mathilde auf einmal ihre Meinung. «Auf keinen Fall auf diesem Friedhof, ma chérie, versprich es mir!», flehte sie bei jedem Besuch. Sie wollte das Grab der Klébaurs gegen eine vulgäre Vogesentanne eintauschen. Die Gesellschaft einer Herde Milchkühe war ihr lieber als die stellvertretenden Urkundsbeamten. Vielleicht wollte sie nicht zu den Tanten und zur Witwe Klébaur stoßen, zu all diesen Erinnerungen, die im selben Erdloch vergraben sind. Sie hatte die Freiheit gewählt. Sie wollte einen Ort, an dem sie glücklich gewesen war. Sie wollte den Wind auf den Gipfeln der Vogesen. Sie hielt in einem großkarierten Clairefontaine-Schulheft, neben der Einkaufsliste, fest, wie der Tag ihrer Beerdigung abzulaufen hatte: «Zeitung, Pantoffeln, Medikamente, Brille, Klebstift, Pudding, Assugrin, Bonbons. Wie vereinbart: Lasst meinen Körper einäschern. Ich sage Euch von Herzen Danke für das Glück, das Ihr mir bereitet habt! Ihr Körper ist eingeäschert worden. Ihre Asche ist unter einer Vogesentanne beigesetzt worden. Sie hat uns beauftragt, allen zu danken, die ihr Freundschaft entgegengebracht, Hilfe und ein paar unvergessliche Momente bereitet haben. Bitte von allen Kondolenzen abzusehen. Die Bank wird sich um alle Kosten kümmern. ‹Salut›, wie wir sagten, möge das Leben Euch gnädig sein! *Verlassen aber nicht einsam. Erschüttert aber nicht zerdrückt.*»

Mathilde verabschiedete sich jedes Mal, wenn ich von ihr wegging, endgültig von mir. Sie blieb auf dem Treppenabsatz stehen und folgte mir mit den Augen. Wenn ich mich umdrehte, um ihr noch einmal «Auf Wiedersehen» zu sagen, neigte sie den Kopf und trällerte eine Wiener Operettenmelodie: *«Sag beim Abschied leise ‹Servus›. Nicht ‹Lebwohl› und nicht ‹Adieu›!»* Ihre Stimme gurrte durchs Treppenhaus. Ich konnte diese sentimentalen Exzesse nicht leiden. Aber jedes Mal ließ ich mich wieder überlisten. Auf den letzten Treppenstufen war ich dem Heulen nah. Meine Großmutter hatte beschlossen, dass ihr Tod ihr gehören sollte. Sie hatte den Ablauf ihrer Beerdigung bis in die kleinsten Details geplant. Sie wollte eine Messe in der Stiftskirche Saint Martin, in der sie geheiratet hatte, in der ihre Töchter getauft worden sind, wo die Totenmesse für Joseph gelesen wurde. Dass sie nicht katholisch war, hatte Mathilde ganz vergessen. Dieser kleine Betrug in letzter Minute machte ihr nichts aus. Sie wollte eingeäschert werden. Das war sauberer, unkomplizierter, moderner. Mathilde war schon immer eine Vorreiterin.

«Das Fehlen einer festen Bindung an einen Ort könnte die starke Tradition der Einäscherung in Hafen- und Grenzstädten erklären, wo die Menschen von überall herkommen und keine festen Gräber oder Ruhestätten haben. Das Elsass ist diejenige Region Frankreichs, in der die Praxis der Einäscherung am weitesten verbreitet ist», hatte ihr Monsieur Hoffmann, der Filialdirektor des Bestattungsinstituts erklärt, als Mathilde kam, um ihren Bestattungsvertrag zu unterzeichnen. «Ist alles bezahlt, Kinder!», sagte sie danach zu uns. Sie wollte, dass ihre Asche am Schnepfenried – einer Skistation im Münstertal – unter einer Vogesentanne auf einer Weide zwischen Kühen und wilden Stiefmütterchen beigesetzt wurde. Sie wollte, dass ihr Enkelsohn die Urne trägt, das Loch aushebt und die Asche in die Erde fallen lässt. Sie wollte keine Kränze und erst recht keine künstlichen Blumen. Kein Stammeln aufrichtiger Beileidsbekundungen. Kein Gedenkbuch aus Stein oder Marmor. Keinen durchs Megaphon knackenden Trauermarsch. Keine arterielle Formolinjektion, um ihren Körper die sechs legalen Tage vor der Kremation (Sonn- und Feiertage nicht eingeschlossen) zu konservieren. «Ich will doch nicht ausgestopft werden!», lachte sie, als ihr Monsieur Hoffmann eine kleine Behandlung vorschlug, «um den Körper schön herzurichten». Keine betrübten Gesichter. Keine schwarze Kleidung, die nach Tod riecht. Sie wollte, dass wir alle gemeinsam in einer Vogesenherberge zum Kaffee gingen und «wie immer» miteinander plauderten. Den

Riesling für die Herren nicht vergessen und ein kleines Geschenk für die Kinder. Sie wollte vor allem, dass wir alle im Chor *«Muss i denn, muss i denn zum Städtele 'naus»* sangen. Ein schwäbisches Volkslied, das vom Abschied eines jungen Mannes von seiner Verlobten erzählt. Er verlässt die Stadt, aber er kommt zurück. Er schwört es. Er wird ihr treu bleiben, und sie werden heiraten. Elvis Presley hat das Lied unter dem Titel «Wooden heart» unsterblich gemacht, als er als GI in Deutschland war. «Got to go, got to go, got to leave this town» ging als Bluesmelodie um die ganze Welt. «Alle im Chor! Das musst du mir versprechen!» Das war der letzte Handstrich an ihrer Inszenierung. Wie oft habe ich diesen lächerlichen Schwur geleistet. Ich hoffte, sie würde diesen letzten Willen wieder vergessen. Aber Mathilde blieb stur. «Alle im Chor!», rief sie mir noch vom Balkon herunter nach, als ich ins Auto stieg, um nach Berlin zurückzufahren.

Wir sind zu siebt, als wir den Pfad zu der Tanne hinaufsteigen, die wir vom Parkplatz aus gewählt haben. Mathildes Nichte und Neffe sind da, deren Tochter, eine junge Freundin meiner Großmutter mit ihrem Mann, mein Bruder und ich. Sieben Leute, nicht gerade viel für einen Leichenzug. Zu Zeiten der Bütig wäre ganz

Colmar da gewesen. Mein Bruder ist der Einzige in Schwarz. Mathildes Freundin trägt eine violette Tunika. Ich habe mich für eine hellrote Jacke entschieden. Unser bunter Zug hat sich Zeit genommen, bevor er sich in Bewegung setzte. Gar nicht so einfach, in der freien Natur eine Grabstätte für seine Großmutter auszusuchen. Wir haben zuvor einen Katalog mit Kriterien aufgestellt, die uns wichtig schienen: eine Tanne auf halber Höhe, nicht zu weit von der Straße, aber auch nicht zu nah, etwas abseits von den anderen, damit man sie wiedererkennt. Wir haben einen schön grünen Baum mit langen Ästen auserkoren, der im Sommer vor der Sonne schützt. Außerdem droht er nicht schon in den nächsten Jahren einzugehen. Einsam, vom Wald weggerückt, ist er leicht identifizierbar. Wir hatten den Frühling abgewartet, die Rückkehr der wilden Stiefmütterchen und der Kühe auf den Anhöhen. Der Schnepfenried ist ein Ort voller Erinnerungen. Hier war es, dass Karl Georg Goerke eines Sonntags ganz außer Atem aus dem Tal auftauchte. Er war den ganzen Weg gerannt. Er wollte rechtzeitig kommen, um die Tugend seiner Tochter zu retten, die keine Lust hatte, einem drängenden jungen Verehrer allzu viel Widerstand entgegenzusetzen. «Mit achtzehn», schrieb mir Mathilde einmal, «verbrachte ich meine Ferien am Schnepfenried. Eines Tages stürmte mein Vater in Rekordzeit hinauf, weil er fürchtete, mein Verehrer wäre da. Er war eben gegangen! Die alte Dame, die auf mich aufpasste, beruhigte ihn. Aber Freunde von uns hatten weit oben ein kleines Domizil, wo wir den Nachmittag verbringen konnten.» Hier war es, dass Mathilde mit ihren Töchtern die Ferien im Chalet von Naturfreunden verbrachte. «Ende unseres schönen Aufenthalts am Schnepfenried», schreibt Mathilde im September 1931 in ihr Tagebuch. «Fast fünf Wochen haben wir hier verbracht. Die letzte war die schönste. Herrliche Sonne ohne Wind, wir sind ganz braun bis zur Taille. Die Kinder haben friedlich mit ihren kleinen Freunden gespielt. Das waren schöne Ferien für mich, und ich fühle mich viel weniger nervös, ich hoffe, es noch lange zu spüren, damit mein lieber Mann und meine Kinder eine etwas angenehmere Maman haben. Lieber Schnepfenried! Was wird bloß aus uns, wenn wir wieder in unser Colmarer Gefängnis eingesperrt sind. Wo wir den Honeck und die Spitzköpfe und den Hohrodberg nicht mehr sehen können. Man sollte im Winter an diese schönen Tage zurückdenken.» Joseph fügt unten an der Seite hinzu: «Wir sind wirklich glückliche Menschen und sollten uns nie beklagen und einzig wünschen, dass es so bleibt.» Mathilde ist auf diesem Berg immer glücklich gewesen. Am Schnepfenried ist sie mit Joseph Ski gefahren. Auf dieser Wiese sind ihre Töchter im Sommer halbnackt und barfuß herumgerannt. Hier hatte sie mit Marthe und Alice Heidelbeeren gepflückt. Hier fanden unsere Familienpicknicks statt. Von ihrer Schottendecke aus schauten Marthe und Mathilde zu, wie sich ihre Enkelkinder über das frische Gras rollten. Sie schwatzten den ganzen Nachmittag, spielten Scrabble, verteilten Butterbrote. Sämtliche Darsteller dieses Frühstücks im Grünen waren bereits im Jenseits. Georgette und das Paar Goerke, Joseph, die Tanten, Alice und Yvette, sogar Marthe ist ihr vorangegangen. Heute beschließt Mathilde den Marsch.

Mein Bruder hielt die Urne während des ganzen Aufstiegs im Wagen zwischen die Knie geklemmt. Er ist froh, dass die Mission bald erfüllt sein wird: «Verstehst du, monatelang seine Großmutter als Pulver auf der Treppe seiner Wohnung aufzubewahren, ist schon ein bisschen merkwürdig!» Mathilde hat mehrere Wochen auf einem Regal zwischen dem Wörterbuch Petit Robert und der Büste von Joseph gestanden, die sein vergötterter Enkelsohn geerbt hatte. Und wenn die Urenkel fragten: «Was ist denn in dieser kleinen Dose?», antwortete man ihnen ganz natürlich: «Das ist Grand-Maman!» Monsieur Hoffmann war so aufmerksam, die Urne in eine kleine Tasche aus blauem Satin zu stecken und mit einem malvenfarbigen Band zu verschließen. «Das ist praktischer für den Transport», sagte er. Mathilde sieht aus wie ein riesiges Osterei. Bei den vielen Beerdigungen in meiner Familie bin ich eine gute Kundin von Monsieur Hoffmann. Er ist ganz beflissen. Seine Institution war schon mit Marthes Beerdigung betraut gewesen. Als ich ihn neun Wochen später wieder anrief, meldete ich mich mit dem «Ich bin's schon wieder!» einer Stammkundin. Monsieur Hoffmann war erfreut. Ein paar Tage später empfing er mich mit offenen Armen wie eine alte Bekannte. Viele Jahre vor ihrem Tod hatten Marthe und Mathilde gemeinsam Monsieur Hoffmann aufgesucht, um den Bestattungsvertrag zu unterzeichnen. Marthe und Mathilde müssen an jenem Nachmittag, wie sie in ihren Persianermänteln nebeneinander im Büro des Bestattungsinstituts saßen, wie zwei bucklige Pudel ausgesehen haben. Zur Feier ihres achtzigsten Geburtstags waren sie gemeinsam zum Pelzhändler gegangen. «In unserem Alter, Marthe, trägt eine Frau, die auf sich hält, im Winter einen Pelzmantel!», hatte Mathilde verkündet. Marthe hätte es absolut nichts ausgemacht, weiterhin in ihrem abgeschabten Kamelhaar-Dreiviertel zu gehen. Sie war gegen den Persianer.

In dieser «alten Haut», die Tonnen wiegt, sehen wir ja aus wie «alte Schachteln»! Aber wie immer wagte sie sich Mathildes Entscheidungen nicht zu widersetzen. Als sie vom Pelzhändler kamen, gingen sie auf einen Tee in die Boulangerie-Pâtisserie Helmstetter gegenüber der Dominikanerkirche. «Findest du nicht, dass es an der Zeit wäre, uns um unseren Tod zu kümmern, Marthele?», fragte Mathilde und biss in einen Eclair. «Hast recht, Mathilde!», antwortete Marthe erleichtert, dass ihre Freundin die Initiative ergriff. Ein paar Tage später verhandelten sie mit Monsieur Hoffmann. Von der Einäscherung ließ sich Marthe mühelos überzeugen. «Mathilde hat recht. Ich will doch nicht von Würmern und Ameisen aufgefressen werden!», dachte Marthe und kreuzte das Kästchen mit «Kremation» an. Das war ihre einzige Konzession an die neue Zeit. Für alles andere hatte Marthe nicht die Phantasie Mathildes. Die Symbole waren ihr weniger wichtig als die Gewohnheiten. Sie wollte auf dem Friedhof Ladhof im Familiengrab bestattet werden. Marthe fand die Idee mit der Vogesentanne ausgeflippt. «Ich, Kinder, ich will neben meiner Schwester und meinen Eltern liegen. Braucht euch nicht den Kopf nach einer originellen Idee zu zerbrechen. Ich bin klassisch und werde es auch noch sein, wenn ich mal da oben auf meiner

Wolke sitze.» Marthe konnte sich schlecht eine Beerdigung zwischen Kuhfladen und Heidelbeersträuchern vorstellen. Für sie keine heidnische Zeremonie! Alice, vorausschauend wie immer, hatte ein paar Jahre vor ihrem Tod auf dem Grab der Rélings eine nagelneue schwarze Marmorplakette anbringen lassen. Alles war bestens vorbereitet, um die beiden Schwestern aufzunehmen. Marthe wollte geharkte Alleen, das Knirschen der Kieselsteine unter den Schuhen ihrer Trauerfamilie, von jedem eine Handvoll Erde auf die Urne und zum Schluss einen Feldblumenkranz auf die Marmorplatte. Sie vertraute dem Pfarrer: «Fragt den Pfarrer von Saint Joseph. Er weiß, wie das geht.» Als ich ihm meine Berliner Adresse diktierte, zuckte der Pfarrer der Pfarrei Saint Joseph zusammen: «Sie leben bei den Roten, meine Tochter!» Er schaute mich merkwürdig an. Er nahm mich bei der Hand, und wir sagten im stillen Pfarrhaus gemeinsam das Vaterunser auf.

«Warum wollte sie nicht auf den Friedhof zu den anderen?», fragte Mathildes Nichte unter der großen Tanne kniend. Es klang wie ein Vorwurf. Dabei war es die Frage, die wir uns alle stellten. Warum wollte sich Mathilde absondern? Warum hatte sie sich geweigert, sich wie Marthe den überkommenen Riten zu unterziehen? Warum dieser letzte rebellische Ausbruch?

Warum will man sich wie ein Paria abseits von Colmar zur Ruhe betten? Warum so weit von Marthe? Die Angst vor der Vernachlässigung des Grabes durch die Nachkommen, das Auseinanderbrechen der Familienzelle ... Monsieur Hoffmann hat mehrere Antworten auf unsere Fragen parat. Wir blieben ratlos. Das Grab ihrer Eltern auf dem Friedhof Ladhof und das ihrer Schwester auf dem Waldfriedhof in Adlershof sind zerstört worden. Fand Mathilde, dann hätte sie auch nicht das Recht auf einen ordentlichen Ort der Sammlung? Wie auch immer, die Großmutter machte uns mit ihrer Forderung das Leben jedenfalls nicht gerade einfach. Soll die Urne ganz beerdigt werden oder soll sie geöffnet und die Asche in die Erde gestreut werden wie Puderzucker auf ein Mehlnest? Frankreich verfügt über eines der liberalsten Friedhofsgesetze Europas. Die Familien können frei über ihre Urne verfügen. «Bei uns in Frankreich können Sie die Asche verstreuen, wo und wann Sie wollen, außer auf öffentlichen Wegen, in Bächen, Flüssen und im Meer mindestens dreihundert Meter vom Ufer. Aber ich rate Ihnen von den Champs-Élysées an einem 14. Juli ab!», sagte Monsieur Hoffmann. Er ist stolz, Franzose zu sein. Frankreich ist das Land der Freiheit. Und wenn Monsieur Hoffmann immer eine Prise Humor einstreut, ganz behutsam, ohne in den schlechten Geschmack abzugleiten, dann um unseren Kummer zu erleichtern.

Unsere kleine Gruppe drückt sich unter der Tanne etwas hilflos aneinander. Ich habe noch nie die Asche eines Toten gesehen. Ich habe noch nie in meinem Leben eine Leiche gesehen. Nur das Foto von Joseph auf seinem Totenbett. Es war mit allen anderen in eine Schachtel geräumt. Zwischen Fastnachten, Neugeborenen, Geburtstagen tauchte auf einmal Joseph auf in himmelblauem Pyjama, auf dem Rücken liegend, das Laken bis unter das Kinn gezogen, mit schwarz geränderten Eulenaugen. Ich habe immer Angst gehabt, dieses Foto anzusehen. Unter der Tanne nimmt mein Bruder die Sache in die Hand. Er hat daran gedacht, eine Schaufel mitzubringen. Er gräbt der Wurzel entlang ein Loch, öffnet die Urne und lässt den grauen Pulverfaden in die Erde rieseln. Er hätte gerne eine oder zwei Handvoll behalten, um sie auf dem Friedhof zu beerdigen. Aber halbe-halbe zu machen, kam nicht in Frage. Monsieur Hoffmann hat uns in ernstem Ton die Ordnung vorgelesen: «Ein Gerichtsurteil des Großinstanzgerichts von Lille besagt, dass die menschlichen Überreste unantastbar sind. Die Asche darf nicht aufgeteilt werden!» Mathildes Neffe macht ein Foto. Ihre Nichte legt drei Nelken an den Baumstamm. Ihre Tochter spricht im Moos kniend ein buddhistisches Gebet. Jeder wirft eine Handvoll Erde hinein. Mein Bruder füllt das Loch wieder zu. Niemand hat daran gedacht, ein Holzkreuz mitzubringen. Ich habe den Text des Liedes kopiert. Verteile ihn. Und wir singen, erst zaghaft, dann aus voller Kehle im Chor *«Muss i denn, muss i denn zum Städtele 'naus»*. Mit einem Mal ist dieser letzte Akt überhaupt nicht mehr lächerlich. Zum ersten Mal verstehe ich den Sinn dieser Worte. Das Lied handelt von Abschied, vom Heimweh. Aber es verspricht eine baldige Rückkehr in die Stadt. Es ist dieses Lied, das Horden gehässiger junger Elsässer grölten, als sie die 1918 vertriebenen Deutschen zu Fuß, die Koffer in der Hand, über die Rheinbrücke gehen sahen. Mathilde wollte diesen symbolischen Faden ihres Lebens von einem Ende zum anderen spannen. Es ist ihre Lebensgeschichte, die sie uns singen lässt. Dem Schnepfenried gegenüber kann Mathilde bei klarem Wetter in der Ferne den Schwarzwald sehen. Deutschland ist ganz nah.

Dank

Dieses Buch ist eine Hommage an eine sehr französische Einrichtung: das Mittagessen. Am großzügig gedeckten Tisch meiner Großmutter Marthe habe ich – während langer Stunden und im Laufe vieler Jahre – die Geschichten unserer Familie gesammelt. Betty und André Scheibling haben später die letzten Teile zum Puzzle von Mathildes Leben beigetragen.

Mein besonderer Dank geht an Barbara Wenner, meine Agentin und allererste deutsche Leserin, für ihre Ruhe, ihren Humor und ihre sichere Hand. An die Übersetzerin Lis Künzli, die mit viel Geschick den Sprung vom Französischen ins Deutsche schaffte und einen Weg durch das Dickicht fand, das die beiden Sprachen im Elsass so oft bilden. An meinen Lektor Frank Wegner, der die Entstehung meines Textes begleitet hat. An Uwe Naumann und Frank Strickstrock vom Rowohlt Verlag für ihren Enthusiasmus und ihren scharfen Blick. An meine Freundin Bettina Faryar-Grünewald, die die manchmal unleserlichen

Schriften der Korrespondenz zwischen Berlin und Colmar entziffert hat. Und an die Übersetzerin Anne-Marie Geyer, die über das französische Manuskript gewacht hat.

Den Historikern Francis Lichtlé, Archivar der Stadt Colmar, der seine Stadt kennt wie seine Westentasche und die kniffligsten Fragen postwendend beantworten kann, François Uberfill, einer der ganz wenigen Historiker, der sich eingehend mit dem Schicksal der «Altdeutschen» befasst hat, Nicolas Stoskopf von der Université de Haute-Alsace, Rainer Rother von der Stiftung Deutsche Kinemathek und Catherine Amé vom Deutschen Historischen Museum für ihre kostbaren Ratschläge. Ein ganz besonderer Dank geht an Rudi Hinte, Ortschronist von Adlershof, der mich in seinem Viertel wie eine Verwandte von Fräulein Goerke empfangen hat.

An Ingeborg und Georg Ullrich im Oderbruch, an Almut und Jupp Fricke auf Usedom. In ihre Häuser habe ich mich zurückgezogen, um zu schreiben. Und an Francis Streicher, den aufmerksamen Hüter des Dachbodens in der Avenue de la Liberté.

Danke vor allem an meinen Mann Thomas Kufus, für die Freundschaft, die er Mathilde in ihren letzten Lebensjahren entgegengebracht hat. Dank ihm und unseren Kindern war meine Großmutter nicht mehr «die einzige Deutsche in der Familie»: für sie ein letztes, wundervolles Geschenk.

Über die Autorin

Pascale Hugues, geboren 1959 in Straßburg, arbeitet seit 1989 als Korrespondentin in Deutschland, zunächst für die Zeitung «Libération», seit 1995 für das Magazin «Le Point» und für deutsche Zeitungen wie «Der Tagesspiegel» und «Süddeutsche Zeitung». Daneben hat sie Filme für ARTE gedreht und ein Buch geschrieben: «Deutsches Glück» (2000). Sie wurde zweimal mit dem deutsch-französischen Journalistenpreis ausgezeichnet.